역사적 예수

역사도서관 027

역사적 예수

예수는 누구인가

정기문 지음

도서출판 길

지은이 정기문은 1967년 전남 순천에서 태어나 서울대 역사교육과를 졸업하였다. 같은 대학교 대학원 서양사학과에서 『디오클레티아누스 대제의 경제 정책』으로 박사학위를 받았다. 현재 군산대 사학과 교수로 있다.

저서로 『역사보다 재미있는 것은 없다』(신서원, 2000), 『역사를 알면 세상이 달라 보인다』(아름드리미디어, 2000), 『내 딸들을 위한 여성사』(푸른역사, 2004), 『한국인을 위한 서양사』(푸른역사, 2004), 『역사란 무엇인가』(민음인, 2010), 『로마는 어떻게 강대국이 되었는가』(민음인, 2010), 『왜 유다는 예수를 배반했을까』(자음과모음, 2010), 『왜 로마 제국은 기독교를 박해했을까』(자음과모음, 2010), 『역사학의 성과와 역사교육의 방향』(공저, 책과함께, 2013), 『그리스도교의 탄생』(도서출판 길, 2016), 『역사학자 정기문의 식사(食史)』(책과함께, 2017), 『역사는 재미난 이야기라고 위한 믿는 사람들을 위한 역사책』(책과함께, 2018), 『역사를 재미난 이야기로 만든 사람들에 대한 역사책』(책과함께, 2018), 『14가지 테마로 즐기는 서양사』(푸른역사, 2019), 『교회가 가르쳐주지 않은 성경의 역사』(아카넷, 2020), 『예수의 후계자들』(도서출판 길, 2020) 등이 있으며, 역서로는 『공간과 시간의 역사』(그레이엄 클라크, 푸른길, 1999/2011), 『종말의 역사』(공역, 루이스 H. 라팜, 청어람미디어, 1999), 『그림으로 보는 세계 고대문명』(앤 밀라드, 기린원, 1999), 『성인 숭배』(피터 브라운, 새물결출판사, 2002), 『교양, 다시 읽기』(커크 헤리엇, 이마고, 2006), 『청소년의 역사』(장 클로드 슈미트, 새물결출판사, 2007), 『지식의 재발견』(커크 헤리엇, 이마고, 2009), 『고대 로마인의 생각과 힘』(이디스 해밀턴, 까치, 2009/2020), 『세계고대문명』(앤 밀라드, 루덴스, 2009/2020), 『역사, 시민이 묻고 역사가 답하고 저널리스트가 논하다』(리처드 에번스, 민음사, 2010), 『인문정신의 역사』(루 돌프 파이퍼, 도서출판 길, 2011), 『아우구스티누스』(피터 브라운, 새물결출판사, 2012) 등이 있다.

역사도서관 027

역사적 예수
예수는 누구인가

2024년 10월 15일 제1판 제1쇄 인쇄
2024년 10월 25일 제1판 제1쇄 발행

지은이 | 정기문
펴낸이 | 박우정

기획 | 이승우
편집 | 김춘길
전산 | 최원석

펴낸곳 | 도서출판 길
주소 | 06032 서울 강남구 도산대로 25길 16 우리빌딩 201호
전화 | 02)595-3153 팩스 | 02)595-3165
등록 | 1997년 6월 17일 제113호

ⓒ 정기문, 2024. Printed in Seoul, Korea
ISBN 978-89-6445-283-7 93900

■ 서론을 대신하여: 지은이의 말

산속을 헤매다가 알라딘의 램프를 주웠는데, 램프의 거인이 딱 하나의 소원을 들어준다면 무엇을 빌까? 재산, 권력, 사랑, 건강, 청춘 이런 것은 다 필요 없고 딱 하나 알고 싶은 것이 있다. "예수는 누구입니까?" 너무나 잘 알려진 분이라 모든 사람이 알고 있는 인물이지만 예수가 누구인지 정확하게 아는 사람은 아무도 없다. 평생 예수를 연구해 대학자라고 불리는 사람들이 다양한 의견을 제시해왔다. 마술사, 갈릴래아 랍비, 주변부 유대인, 사생아, 하찮은 사람, 에세네파 이탈자, 영지주의 유대인, 체제에 저항하는 유대인, 행복하게 결혼하여 자식을 둔 사람, 의적, 성전 의례에 반대한 열광주의자, 견유철학자 등등.[1] 이렇게 많은 대답이 나왔지만 누군가 어떤 견해를 내면 많은 학자가 이제 정답이 나왔다고 공감을 표현하는 것이 아니라 다른 의견을 제시하면서 반대하는 일이 반복되고 있다.

예수에 대한 논쟁이 끊이지 않고 계속되는 것은 예수에 대한 1차 사료가 오직 신약성경밖에 없는데,[2] 신약성경이 사료로서는 두 가지 큰 약점

---

1 George Albert Wells, *The Jesus Legend*, Open Court, 1996, p. viii. 이 책의 성경 번역은 한국천주교중앙협의회, 『신약성경』, 2007에 근거했다. 그러나 문맥에 따라 내가 헬라어 원본에서 번역했다. 성경에 나오는 인명과 지명은 가급적 이 성경을 따랐지만, 바울과 같이 몇몇 경우에는 널리 알려진 이름을 따랐다.

을 가지고 있기 때문이다. 먼저 신약성경의 기록들은 신앙의 관점으로 깊이 채색되어 있다.

가령 「마태오 복음서」에 따르면, 예수가 태어날 때 동방박사 세 사람이 이스라엘 왕의 출생을 축하해주기 위해서 왔다. 그들은 예루살렘에 가서 이스라엘의 왕이 태어난 곳이 어디냐고 물었고 베들레헴이라는 소리를 듣고는 그곳으로 향했다. 「마태오 복음서」는 그들이 베들레헴으로 가는 길을 이렇게 묘사했다.

> 동방에서 보았던 그 별이 그들을 앞서가다가 마침내 아기가 태어난 곳 위에 이르러 멈추었다. 그들은 별을 보고 대단히 기뻐하면서 그 집에 들어가 어머니 마리아와 함께 있는 아기를 보았다. 그들은 엎드려 아이에게 경배했다.[3]

이 인용문을 읽고 믿음이 좋은 사람들은 조금도 이상함을 느끼지 못할 것이다. 그러나 조그마한 상식이라도 있으면 참으로 이상함을 금세 깨달을 수 있다. 원래 이 별은 페르시아 지역에 살던 동방박사(헬라어로는 마고이(μαγοι)이고 원래 조로아스터교의 사제를 의미했으나 점차 철학자와 자연과학자, 점성술사 등을 의미하게 되었다)를 베들레헴으로 이끌었다.[4] 그런데 이 별은 기이하게도 동방박사들을 바로 베들레헴으로 이끌지 않았다. 처음에는 예루살렘으로 이끌었으며, 예루살렘에서 동방박사들이 헤로데를 만나고 베들레헴으로 가려고 하자 다시 나타났다. 그리고 베들레헴에 가서는

---

2 Song Hyekyoung, 「The Historicity of Jesus and the Potential Resource of the Apocryphal Gospel」, 『가톨릭 신학과 사상』 82, 2019, p. 115쪽.
3 「마태오 복음서」 2:9-11.
4 동방박사의 정체에 대해서는 여러 의견이 있다. 이에 대해서는 전웅제, 「마태와 누가에 나타난 예수 출생 설화 비교」, 감리교신학대학교 석사학위논문, 2009, 108~09쪽 참조.

예수가 태어난 곳을 구체적으로 가리키기 위해 그 집 위에 머물렀다. 별이 이렇게 이상한 궤도를 그리면서 움직일 수 없기에 이 별은 성경 작가가 만들어낸 것인데, 여기서 특히 흥미로운 것은 그 별이 예수가 태어나는 곳 위에 멈추었다는 진술이다.[5]

하늘의 별이 지구 전체를 밝히는 것이 아니라 하늘 높은 곳에서부터 일직선으로 예수가 태어난 곳만을 가리키는 일이 가능한가? 믿음의 대선배라고 할 수 있는 수많은 인물이 이 표현을 아주 이상하다고 느꼈다. 그래서 다양한 설명을 제시하곤 했는데, 과학혁명 시기의 유명한 천문학자 요하네스 케플러(Johannes Kepler)는 초신성(超新星, supernova)이라고 주장했으며, 에릭 버로(Eric Burrows)를 비롯한 여러 인물은 혜성이라고 주장했다. 또 어떤 자들은 목성과 금성이 접근해 하나처럼 보였다고 주장했다.[6] 이들의 주장은 과학의 틀을 이용하고 있기에 얼핏 보면 그럴듯하다.

그런데 기독교 지도자들은 이상함을 넘어 기괴한 설명을 제시하고는 했다. 가령 4세기의 교부인 요안네스 크리소스토무스(Joannes Chrisostomus)는 "하늘에서 별이 내려와 예수가 출생한 집 위에 머물다가 다시 올라갔다"라고 주장했다. 별이 대기권을 뚫고 내려와 예수가 출생한 곳 몇 미터 위에 머물다가 다시 하늘 위로 올라갔다고 하니, 참으로 기발한 설명이다. 만약 실제로 그런 일이 일어났다면, 지구는 완전히 불타 없어져 버렸을 것이다. 크리소스토무스는 하늘의 별이 지구보다 훨씬 크다는 기본적인 천문학 지식도 몰랐던 것이다. 물론 크리소스토무스는 결코

---

5 오강남, 『예수는 없다』, 현암사, 2001, 200~01쪽.
6 Raymond Brown, *The Birth of the Messiah: A Commentary on the Infancy Narratives in the Gospels of Matthew and Luke*, Doubleday, 1977, pp. 171~72. 「마태오 복음서」가 제시하고 있는 천문 현상에 근거해 예수의 출생 연도를 파악하려는 사람들은 예수의 출생 연도를 기원전 7년으로 파악하곤 한다. 이에 대해서는 John Thorley, "When Was Jesus Born?", *Greece & Rome*, vol. 28, 1981, p. 82 참조.

무식하지 않았다. 그는 당시로서는 최고의 지식인이었다. 그가 별들이 하늘에서 내려와 예수가 출생한 곳 몇 미터 위에 머물 수 있다고 생각했던 것은 신약성경에 "별들이 하늘에서 떨어진다"[7]라는 표현이 있기 때문이었다.

성경의 한 구절을 두고 과학자와 기독교 지도자들이 이렇게 격렬한 논쟁을 해왔지만, 별이 움직이다가 특정 지점에서 멈추어 지구의 특정 장소만을 가리키는 것은 과학적으로 일어날 수 없는 일이다. 성경의 이 구절은 예수의 출생을 하늘이 특별히 보살폈음을 의미하는 신앙의 산물인데, 그것을 사실로 믿은 것이 애초의 잘못이다. 예수에 대한 많은 일이 이렇게 신앙의 관점으로 채색되어 있다.

신약성경의 두 번째 약점은 모순이 너무나 많다는 것이다. 가령 예수의 출생 연도는 하나가 아니라 네 개가 제시되어 있다.

먼저 신약성경의 첫 권인 「마태오 복음서」는 "예수가 헤로데 대왕 때 유대 베들레헴에서 태어났다"[8]라고 전한다. 이 헤로데는 흔히 헤로데 대왕이라고 불리는 사람으로 기원전 4년에 죽었다.[9] 이 사실은 고대의 사료를 통해 확실히 확인된다. 그런데 헤로데는 예수가 출생한 지 얼마 되지 않아 세상을 떠났다. 그렇다면 예수는 기원전 4년 직전에 출생했다.

「루카 복음서」에는 예수의 출생에 대한 다른 설명이 전해온다. 마리아가 출산을 얼마 앞두고 있을 때, 로마의 황제인 아우구스투스가 로마 제국 전역에 인구 조사령을 내렸다. 당시 시리아의 총독은 퀴리니우스(Qurinius)였는데, 이 사람은 기원후 6년부터 총독직에 있었다.[10] 따라서

---

7 「마르코 복음서」 13:24.
8 「마태오 복음서」 2:1.
9 헤로데가 기원전 4년에 세상을 떠났다는 것에 대해서는 이론이 있다. 이에 대해서는 Duncan M. Derrett, "Oracles, Myth, and Luke's Nativity Story", *Novum Testamentum*, vol. 54, 2012, p. 82 참조.

「루카 복음서」의 진술을 믿는다면 예수는 기원후 6~7년에 출생했다. 그런데 이 연도는 「루카 복음서」의 또 다른 설명과 조화할 수 없다. 「루카 복음서」에 따르면, 예수는 티베리우스(Tiberius)가 통치를 시작한 지 15년째 된 해, 즉 기원후 29년에 세례 요한으로부터 세례를 받고 공생애를 시작했다.[11] 그때 예수는 30세가량이었다. 그렇다면 예수는 기원 원년 혹은 기원전 1년에 출생했다. 이렇게 「루카 복음서」는 그 자체에 모순적인 진술을 전한다.

예수의 출생 연도에 대한 혼란은 「요한 복음서」에 이르면 더욱 커진다. 「요한 복음서」 8장에 따르면, 예수는 유대인들과 여러 논쟁을 벌였는데 그 논쟁 가운데 유대인의 조상 아브라함이 자기가 활동하는 것을 보고 기뻐했다고 말했다. 이에 놀란 유대인들은 "당신이 아직 쉰 살도 못 되었는데 아브라함을 보았단 말이오?"[12]라고 말했다. 「요한 복음서」의 이 진술을 그대로 믿는다면 예수의 출생은 기원전 20년경이 된다. 이렇게 성경에는 예수의 출생 연도에 대해 네 개의 다른 설명이 존재한다.

역사가의 눈으로 보면 신약성경은 이렇게 약점이 많은 문서이다. 나는 수십 년 동안 예수에 대한 기록을 읽고 또 읽었지만 제대로 퍼즐을 맞추어 예수가 누구인지 파악할 수 없었다. 미켈란젤로(Michelangelo)는 다비드상을 만들면서 다비드의 실핏줄 하나까지 표현했지만 나는 예수의 얼굴도 제대로 그릴 수 없다. 다만 어렴풋하게 멀리 안개 속에 서 있는 한 남자를 볼 수는 있었는데, 그의 모습은 지금까지 일반적으로 알려진 것과는 많이 달랐다. 그가 어떻게 달랐는지 간략하게 살펴보자.

제1장에서는 예수의 신원을 확인하려고 시도했다. 신약성경 가운데 복음서는 예수의 일생을 전하고 있는 일종의 전기(傳記)이다. 신약성경에 복

---

10 요세푸스, 김지찬 옮김, 『유대고대사 II』, 생명의말씀사, 1987, 500쪽.
11 김득중, 『요한의 신학』, 컨콜디아사, 1994, 214~29쪽.
12 「요한 복음서」 8:57.

음서가 네 권이니, 우리는 예수의 전기를 네 개나 갖고 있다. 일반적으로 예수의 제자들이 썼기에 신뢰성이 높은 것으로 알려진 복음서들을 보면 예수의 출생과 죽음에 대해 정확히 알 수 있을 것 같다. 이런 기대를 가지고 복음서를 읽어보면 우리는 금세 혼란에 빠져든다.

먼저 출생일이 4복음서 가운데 어디에도 언급되어 있지 않다. 해마다 사람들은 12월 25일을 예수의 탄생일로 기념하지만 성경에 전혀 근거가 없다. 더군다나 3세기까지 기독교 신자들 가운데 예수의 생일을 기념하는 사람은 거의 없었다. 3세기에 예수의 생일에 대한 논의가 본격적으로 시작되었는데, 1월 6일, 4월 20일, 5월 21일, 12월 25일이 후보로 등장했다. 12월 25일을 최초로 주장한 사람은 3세기 초 로마 교회의 지도자였던 히폴리투스(Hippolytus)였다. 그에 따르면, 위대한 인물은 생겨난 날과 죽은 날이 같다. 그런데 예수는 33년 3월 25일에 죽었다. 따라서 그는 3월 25일에 잉태되었으며, 거기에서 어머니 뱃속에 있었던 9개월을 더하면 예수가 태어난 날은 12월 25일이 된다는 것이다. 334년 로마 교회가 히폴리투스의 주장을 공식적으로 받아들여 이후 기독교 신자들은 12월 25일을 예수의 생일로 기념하고 있다.

앞에서 살펴보았듯이 신약성경에 예수의 출생 연도에 대해 네 가지 설명이 섞여 있다. 「마태오 복음서」에 따르면 기원전 6년~기원전 5년에, 「루카 복음서」에 따르면 기원 원년이나 기원후 6년에, 그리고 「요한 복음서」에 따르면 기원전 20년경에 출생했다. 예수의 사망 연도에 대해서는 두 가지 설명이 혼재한다. 「마태오 복음서」, 「마르코 복음서」, 「루카 복음서」는 예수가 공식적으로 활동한 기간을 1년으로 소개하고 있는 데 반해, 「요한 복음서」는 3년으로 소개하고 있다. 현재는 3년으로 생각하는 사람이 더 많지만 초기 기독교 시기에는 1년으로 생각하는 신자들이 더 많았다. 초기 기독교 지도자들인 발렌티누스(Valentinus), 오리게네스(Origenes), 알렉산드리아의 클레멘스(Clemens of Alexandria)가 1년으로 파악했으며, 현대에도 독일의 신학자인 한스 콘첼만(Hans Conzelmann)을

비롯해 상당수의 학자가 1년설을 지지하고 있다.[13]

출생지에 대해서도 네 개의 후보지가 등장한다. 「마태오 복음서」와 「루카 복음서」는 예수의 탄생을 자세히 전하면서 탄생지를 베들레헴이라고 소개하고 있다. 베들레헴은 예루살렘에서 남쪽으로 10킬로미터 정도 떨어진 마을이다. 그렇지만 예수가 베들레헴에서 태어났다는 것은 후대에 만들어진 전설일 가능성이 높다. 예수를 다윗의 후손이라고 주장하려면 그가 다윗의 고향인 베들레헴에서 태어났다고 이야기하는 것이 유리했기 때문이다.

그런데 고대의 기록에 의하면, 이스라엘에 베들레헴이라는 도시가 두 곳 있었다. 하나는 일반적으로 예수의 고향으로 알려진 예루살렘 남쪽의 베들레헴이고, 다른 하나는 갈릴래아 지방에 있던 갈릴래아의 베들레헴이었다. 갈릴래아의 베들레헴은 나자렛에서 11킬로미터 정도 떨어져 있었다. 20세기에 고고학자들이 이 도시를 발굴해 예수 시절에 상당히 규모가 큰 도시였음을 밝혔다. 예수가 정말로 베들레헴에서 태어났다면 갈릴래아의 베들레헴에서 태어났을 가능성이 높다. 예수의 아버지는 나자렛 사람이었고 근처 마을의 처녀 마리아와 결혼했을 것이다. 마리아가 예수를 임신한 후에 그녀의 친정이 있는 갈릴래아의 베들레헴에 가서 출산했을 것이다.

그렇지만 예수 당대의 사람들은 거의 대부분 예수가 베들레헴이 아니라 나자렛에서 태어났다고 생각했다. 성경에 예수를 나자렛 사람으로 소개하는 기사가 여러 차례 나오는데, 예수를 나자렛 사람이라고 꾸며낼 이유가 없다. 따라서 예수는 나자렛에서 태어났을 가능성이 매우 높다. 그런데 「요한 복음서」를 읽어보면 이런 모든 추론이 틀린 것 같다. 「요한 복음서」는 기이하게도 예수를 사마리아 사람이라고 소개했다. 이는 예수의 고

---

13 Harold W. Hoehner, *Chronological Aspects of the Life of Christ*, Zondervan Academic, 2010, pp. 46~47.

향이 사마리아임을 의미한다. 이렇듯 예수는 신원을 확인하기 힘든 인물이다. 예수의 전기가 네 개 존재하지만 그 안에서 모호하고 모순된 진술이 공존하고 있다. 따라서 복음서를 가지고 예수의 일생을 복원하는 일은 거의 불가능하다.

제2장에서는 예수와 가족과의 관계를 살펴보았다. 「마태오 복음서」와 「루카 복음서」는 예수의 어머니 마리아가 하느님으로부터 특별한 계시를 받고 예수를 임신했다고 전한다. 이 기사를 믿으면 예수의 가족은 그를 특별히 소중하게 여겨 지극정성으로 도왔을 것 같다. 그런데 「마르코 복음서」에 이상한 기사가 나온다.

> 예수께서 집 안으로 들어가셨다. 다시 군중이 모여들자 예수의 일행은 음식을 먹을 수조차 없었다. 예수의 친척들이 소문을 듣고 예수를 붙잡으려고 왔다. 그들은 예수께서 미쳤다고 생각했다.[14]

이 구절에서 예수를 미친 사람으로 생각한 친척은, 헬라어 원어 성경에서 보면 '호이 파라 아우투'(οἱ παρα αὐτου)이다. 이 어구의 단어적 의미는 '그의 곁으로부터 온 자들'이라는 뜻인데, '그의 사절단', '그의 추종자들', '그의 부모/친척' 등을 가리킨다. 한글 번역 성경들은 이 단어를 친족 혹은 친척이라고 번역하고 있다. 그렇지만 이 단어는 '예수의 가족'을 가리킴이 틀림없다.[15] 이 구절 바로 뒤에 가족 이야기가 나오기 때문이다. 따라서 예수의 가족은 그를 미쳤다고 생각해 붙잡아 가두려 했다. 마리아가 하느님으로부터 수태고지를 받았다는 것을 생각해보면, 그녀가 예수를

---

14 「마르코 복음서」 3:21.
15 John Painter, *Just James: The Brother of Jesus in History and Tradition*, Univ. of South Carolina Press, 2004, p. 22; 이상목, 「예루살렘 교회의 야고보: 초기 교회의 정황과 야고보의 역할」, 『대학과 선교』, 2018, 73~74쪽.

미쳤다고 생각했다니 도저히 믿기지 않는다.

그런데 「요한 복음서」의 다음 구절은 예수의 가족과 예수의 관계에 대해 더 심각한 이야기를 전한다.

> 예수의 형제들이 그분께 말했다. "이곳 갈릴래아를 떠나 유대 지방으로 가서 당신의 제자들이 당신이 하시는 일들을 보게 하십시오. 널리 알려지기를 바라면서 비밀리 일하는 사람은 없습니다. 이런 일들을 하려면 자신을 세상에 드러내십시오." 사실 예수의 형제들은 그분을 믿지 않았다.[16]

이 구절에 따르면, 예수는 유대 지방(예루살렘을 중심으로 한 지금의 팔레스타인 남부 지역) 사람들이 그를 미워해 죽이려 했기 때문에 유대 지방으로 가지 못하고 고향인 갈릴래아에 머물고 있었다. 그런데 예수의 형제들은 예수를 믿지 않았기 때문에 예수를 따뜻하게 위로한 것이 아니라 오히려 그를 사지로 몰아넣어 은근히 죽기를 바라고 있었다. 만약 마리아가 정말 하느님으로부터 특별한 계시를 받아 예수를 낳았다면, 그의 형제들의 이런 이상한 행동을 해명할 방법이 없다.

2세기 이후 기독교 신자들의 예수 가족 낮추기 작업은 더욱 노골화되었다. 먼저 2세기 이후 기독교 신자들은 예수의 아버지 요셉을 격하했다. 2세기에 작성되어 초기 기독교 신자들에게 매우 인기 있었던 「야고보 원복음서」라는 문서가 있다. 이 복음서는 원래 그리스어로 작성되었지만 시리아어, 라틴어, 콥트어, 아르메니아어, 그루지아어, 아랍어 등으로 번역되었으며, 매우 많이 유통되어 그리스어 필사본만 150개 이상이 전해지고 있다. 그런데 이 복음서는 요셉을 평범한 목수이자 홀아비로, 반면에 마리아는 명문가의 딸이자 다윗의 후손으로 제시하고 있다.

---

16 「요한 복음서」 7:2-5.

2세기 기독교 지도자인 유스티누스(Justinus)를 비롯해 많은 사람이 이 주장을 사실로 받아들였다. 그리고 기독교 신자들은 예수에게서 형제들을 제거하기 위해 노력했다. 두 가지 설명이 제기되었는데, 하나는 예수의 형제들이 친형제가 아니라 사촌이라는 것이고 다른 하나는 요셉이 마리아와 결혼할 때 이미 여러 명의 자식이 있었다는 것이다. 로마 가톨릭 교회는 사촌설을, 동방교회는 요셉 홀아비설을 받아들였다. 따라서 거의 모든 기독교 신자는 예수의 형제들이 친형제가 아니라고 믿었다. 이렇게 2세기 이후 기독교 신자들이 예수와 예수 가족을 분리하거나 적대적 관계로 묘사하려 했던 목적은 명확하다. 그들은 예수를 하느님으로 격상하는 데 있어 예수의 가족이 장애물이 된다고 생각했다. 평범한 아버지와 형제들이 있는 인간이 어떻게 하느님이 될 수 있겠는가?

제3장에서는 예수가 무력 혁명을 기도했을 가능성을 살펴보았다. 「루카 복음서」는 예수가 유대 지도자들이 보낸 사람들에 의해 체포되는 장면을 다음과 같이 전하고 있다.

> 예수의 둘레에 있던 제자들이 상황을 알아차리고 "주님, 저희가 칼로 칠까요?"라고 물었다. 제자들 가운데 한 명이 대제사장 종의 오른쪽 귀를 쳐서 잘라 버렸다. 그러자 예수께서 "멈추어라. 더 이상은 안 된다"라고 대답해 말씀하셨다. 예수는 그 사람의 귀를 만져 고쳐 주셨다.[17]

이 구절에서 예수의 제자들은 칼을 차고 있었다. 더욱이 제자들 가운데 한 명은 실제로 칼을 휘둘러 예수를 잡으러 온 무리를 공격했다. 다른 복음서들도 이 장면을 유사하게 전하고 있다. 일반적으로 예수를 평화를 설파한 자애로운 지도자로 생각하기 때문에 복음서들의 이 진술은 잘 부

---

17 「루카 복음서」 22:49-51.

각되지 않고 있다. 그러나 예수의 일생에는 그가 폭력적인 혁명을 추구했음을 암시하는 사건들이 관찰된다. 무엇보다 베드로와 요한, 야고보를 비롯한 예수의 제자들은 예수가 유대의 왕이 될 것이라고 믿었다. 「마르코 복음서」의 한 구절을 살펴보자.

> 예수께서는 사람의 아들(예수의 별명)이 반드시 유대의 원로들, 수석 사제들, 그리고 서기들로부터 많은 고난을 당하고 죽임을 당한 후, 3일 만에 다시 살아나야 한다고 제자들에게 가르치기 시작했다. 예수께서 이 이야기를 공개적으로 하셨다. 그러자 베드로가 예수를 붙잡고 크게 비난하기 시작했다. 그러자 예수께서는 몸을 돌려 제자들을 본 후에 베드로를 크게 꾸짖어 말했다. "사탄아 물러나라. 너는 하느님의 일은 마음에 없고 사람의 일만 생각한다."[18]

이 구절에서 예수는 자신이 왕이 되지 못하고 유대 지도자들의 손에 고통받고 죽을 것이라고 말했다. 이 구절은 헬라어 원어 성경으로 보아야 의미를 정확하게 파악할 수 있다. 헬라어 성경에 따르면, 이때 베드로는 예수에게 '에피티마오'(ἐπιτιμάω)라고 말했다. 이 단어는 상대방을 심하게 비난하며 항의한다는 뜻인데, 신약성경에서는 귀신을 쫓을 때 사용되었다.[19] 그러자 예수 역시 같은 단어를 사용해 베드로를 비난했다. 이 장면을 있는 그대로 이야기하자면 이렇다. 먼저 베드로가 예수를 많은 사람이 있는 상황에서 공개적으로, 그것도 매우 격렬하게 비난했으며, 예수는 베드로의 말을 듣고는 베드로를 사탄이라고 부르면서 꾸짖었다. 베드로는 왜 극렬하게 예수를 비난했을까? 그것은 베드로가 예수가 왕이 될 것이라고 믿었는데, 예수가 확신을 보여주지 않고 주저했기 때문이다.

---

18 「마르코 복음서」 8:31-33.
19 「마르코 복음서」 1:25, 3:12, 4:39, 9:25.

베드로뿐만 아니라 예수의 제자들 가운데 무력 혁명을 추구하는 사람들이 있었다. 베드로 다음으로 중요한 제자였던 사도 요한과 야고보는 '천둥의 아들들' 혹은 '진노의 자식들'이라는 뜻을 가진 '보아네르게스'라고도 불렸다. '천둥의 아들들'은 벼락처럼 사악한 자들을 혼내주라는 뜻이다. 이들에게 이렇게 폭력적인 별명을 붙여준 사람은 다름 아닌 예수였다.[20] 예수가 자신의 제자단(弟子團)을 모든 사람을 위해 헌신적으로 희생하는 집단으로 여겼다면, 제자들에게 '섬김의 아들들'이나 '사랑의 아들들'이라는 별명을 붙여주었을 것이다. '천둥의 아들들'이라는 별명을 붙여준 것은 예수가 자신의 무리를 무력 집단으로 생각하고 요한의 형제를 선봉대장으로 여겼음을 의미한다.

예수의 제자들 가운데서 무력 혁명을 추구한 것이 명확한 사람이 있다. 「마태오 복음서」는 예수의 12제자를 소개하면서 시몬을 열심당원이라고 명시했다.[21] 열심당은 열광적 민족주의자들로 로마에 맞서 무력 혁명을 추구했던 자들이다. 예수가 비폭력 평화 노선을 추구했다면 무력 혁명을 추구하는 자를 핵심 제자로 두었던 사실은 해명하기 곤란하다. 예수의 제자들이 무력 혁명을 추구했다는 것이 명확하고 예수가 그들을 데리고 다니면서 3년이나 활동했다면 당시 유대인들은 예수를 무력 혁명가로 인식했을 것이다. 그리고 이렇게 볼 경우에 처음에 인용했던 기사, 즉 예수의 무리가 유대 지도자들에 의해 체포되는 장면을 잘 해명할 수 있다. 따라서 예수가 폭력으로 혁명을 추구했을 가능성을 열어두고 고민해 보아야 한다.

제4장에서는 예수와 종말 신앙을 살펴보았다. 예수는 철저한 종말론자였는데, 종말이 먼 미래가 아니라 '당장' 이루어질 것이라고 가르쳤다. 이는 「루카 복음서」의 다음 구절에서 확인된다.

---

20 「마르코 복음서」 3:17.
21 「마태오 복음서」 10:4.

예수께서 예리코에 들어가시어 거리를 지나가려고 하셨다. …… 예수께서 자캐오에게 "오늘 이 집은 구원을 얻었다. 이 사람도 아브라함의 자손이기 때문이다. 사람의 아들은 잃어버린 사람들을 찾아 구원하러 왔다"라고 말씀하셨다. 사람들이 예수가 말하는 것을 듣고 있을 때, 비유 하나를 더 들어 말씀하셨다. 예수께서 예루살렘에 가까이 도착하셨고, 사람들이 하느님의 나라가 지금 당장 나타날 것이라고 생각했기 때문이다.[22]

이 구절에서 예수의 가르침을 받은 군중은 하느님 나라가 '당장' 이루어질 것이라고 믿었다. 하느님 나라가 당장 이루어지면 무슨 일이 일어날 것인가? 예수의 가르침에 따르면, '그날'이 오면 죽어서 "무덤 속에 있는 자들이 하느님 아들의 음성을 듣고 살아날 것이다."[23] 예수의 제자들은 예수의 이 가르침을 확고하게 믿었다. 「마태오 복음서」의 다음 구절은 이 사실을 잘 보여준다.

예수께서 다시 큰 소리로 울부짖으시고 숨을 거두셨다. 그러자 예루살렘 성전의 휘장이 위에서 아래로 두 개로 찢어졌다. 지진이 일어났고 바위들이 쪼개졌다. 무덤들이 열리자 무덤 속에서 잠자고 있던 많은 성도의 육체가 다시 살아났다. 예수께서 부활하신 다음에 그들은 무덤을 나와 예루살렘으로 갔고, 많은 사람 앞에 모습을 드러냈다.[24]

이 구절에 따르면, 예수가 부활한 직후에 많은 신자가 함께 부활했다. 기독교 교리에 따르면, 사람이 태어나면 죽고 최후의 심판일이 오면 부활해 심판받게 된다. 따라서 이때 많은 신자가 부활한 것은 최후의 심판이

---

22 「루카 복음서」 19:1-11.
23 「요한 복음서」 5:25.
24 「마태오 복음서」 27:50-54.

시작되었기 때문이다. 다시 말해 1세기 기독교 신자들은 최후의 심판이 먼 미래의 언젠가 이루어지는 것이 아니라 이미 그들 세대에 시작되었다고 믿었다.

그러나 1세기 말 이후 종말이 시작되었다는 믿음은 흔들리게 된다. 부활한 예수는 하늘로 올라가면서 곧 재림해 세상을 심판할 것이라고 약속했는데 예수의 재림이 이루어지지 않았기 때문이다. 많은 신자가 속았다며 교회를 떠나자 2세기 기독교 지도자들은 여러 논리를 개발해 종말의 지연을 설명하고자 노력했다.

가장 유력한 해명은 '천년하루설'이다. 이 셈법은 「베드로의 둘째 서간」에서 처음 등장한다.

> 사랑하는 형제들이여, 이 한 가지를 명심하십시오. 주님에게는 하루가 천년 같고 천년이 하루 같습니다. 어떤 사람들은 주님께서 약속하신 것을 지체하고 있다고 생각하고 있지만 사실은 지체하는 것이 아니라 여러분을 위해 참고 기다리시는 것입니다. 주님은 모든 사람이 회개해 아무도 멸망하지 않기를 원하십니다. 그러나 주님의 날은 도둑처럼 갑자기 올 것입니다. 그날이 오면 하늘은 큰 소리를 내며 소멸할 것이고, 세상을 구성하고 있는 것들은 불에 타 해체될 것이며, 땅과 그 위에서 이루어진 모든 것이 드러날 것입니다.[25]

2세기 이후 기독교 신자들은 이 구절을 글자 그대로 믿었다. 따라서 그들은 하느님이 천지를 6일 만에 창조했기 때문에 인류의 역사는 6천 년 동안 진행되고 6001년에 최후의 심판이 이루어질 것이라고 주장했다.[26]

---

25 「베드로의 둘째 서간」 3:8-10.
26 세상이 6,000년 동안 지속되다가 종말을 맞을 것이라는 생각은 기독교 신자들이 만들어낸 것이 아니다. 예수 시절 유대인들이 이미 이런 생각을 갖고 있었다. 이에

이 설명을 따를 경우에 천지가 창조된 해를 정확하게 알면 최후의 심판일도 정확하게 알 수 있다. 따라서 3세기부터 많은 기독교 지도자가 구약성경에 나온 인물들의 나이를 계산해 천지창조 날짜를 알고자 시도했다. 3세기 초 기독교 지도자였던 히폴리투스는 다음과 같이 주장했다.

> 우리 주는 천지창조 이후 5,500년째 되는 해 베들레헴에서 최초로 육신을 입고 그 모습을 드러내셨다. …… 하느님이 천지를 창조하고 쉬셨던 안식일은 성도들에게 주어질 미래 왕국의 예표이고 상징이다. '그날' 성도들은 그리스도와 함께 다스릴 것이고, 요한이 계시록에서 말했듯이 그리스도가 하늘에서 내려올 것이다. 주님에게는 하루가 천년 같으시다. 하느님이 6일 만에 천지를 만드셨으니, 천지의 역사를 마무리하는 데는 6천 년이 필요하다.[27]

이렇게 히폴리투스는 예수가 천지가 창조된 후 5,500년 되는 해에 출생했고 예수가 출생한 해로부터 500년이 지나면, 즉 기원후 500년이 되면 세상이 멸망할 것이라고 주장했다.[28] 그렇지만 500년에 종말이 오지 않자 기독교 지도자들은 이전의 계산이 잘못되었다면서 1000년에 세상이 멸망할 것이라고 주장했다. 1000년에 유럽 전역이 공포와 혼란에 빠져들었지만 종말은 오지 않았다. 그 이후로도 오랫동안 계산이 잘못되었다며 종말의 날을 새로 제시하는 사람들이 나타났다. 17세기에 영국의 대

대해서는 박두환, 「"천년왕국"(ἐβασίλευσαν μετά τοῦ Χριστοῦ χίλια ἔτη)에 관한 종교사-전승사적 연구: 요한계시록 20장 4-10절을 중심으로」, 『신약논단』 20-3, 2013, 801쪽 참조.

27 Hipolytis, *In Danielem*, 4 (http://www.newadvent.org/fathers/0502.htm에서 인용).

28 Jan Krans et al. (ed.), *Paul, John, and Apocalyptic Eschatology*, Brill, 2013, pp. 252~53; 데미안 톰슨, 이종인 외 옮김, 『종말: 새로운 천년에 대한 믿음과 두려움』, 푸른숲, 1999, 54~55쪽.

주교였던 제임스 어셔(James Ussher)가 종말일 계산에 새로운 지평을 열었다. 그는 기원전 4004년 10월에 지구가 창조되었다는 새로운 연표를 제시해 많은 추종자를 얻었다. 기독교 신자들은 어셔의 연대표에 지구가 6천 년 만에 멸망한다는 설을 적용해 1996년 10월 멸망할 것이라고 주장했다.[29] 물론, 그날에도 종말은 오지 않았다. 이렇게 2,000년 동안이나 기독교 지도자들은 종말 날짜를 변경해가면서 사람들을 속였다.

제5장에서는 예수의 가르침을 받았던 12제자에 대해 살펴보았다. 일반적으로 기독교 신자들은 예수의 제자가 12명이라고 믿고 있지만 누구도 확실하게 12명의 이름을 제시하지 못한다. 4복음서가 모순된 진술을 하고 있기 때문이다. 12제자의 명단을 확인하기 위해 4복음서의 해당 구절들을 찾아보면 기이하게도 14명이 나온다. 그들은 베드로, 안드레아, 제베대오의 아들 야고보, 요한, 필립보, 바르톨로메오, 토마스, 마태오, 알패오의 아들 야고보, 타대오, 열심당원 시몬, 유다 이스카리옷, 야고보의 아들 유다, 나타나엘이다.

14명의 이름을 어떻게든 짜 맞추어 예수의 제자가 12명이었다고 가정하고 4복음서를 읽다 보면 더욱 혼란에 빠진다. 12명의 제자 가운데 5명, 즉 알패오의 아들 야고보, 타대오, 바르톨로메오, 열심당원 시몬, 마태오는 오직 이름만 전할 뿐 어떤 활동을 했다는 기록이 전혀 없다. 4복음서가 혹시 이들의 활동을 누락했을 수도 있다고 생각해 기독교의 역사서로 평가되는 「사도행전」을 읽어보아도 이들의 활동은 전혀 전하지 않는다. 예수가 3년이나 그들을 대동하고 다녔으며, 예수가 죽은 후에도 상당 기간 12제자가 활동했을 터인데 그들의 행적은 왜 하나도 전하지 않은 것일까?

2세기 이후 기독교 신자들은 12제자를 사도라고 부르면서 그들을 신앙

---

29 Paula Clifford, *A Brief History of End Time: Prophecy and Apocalypse, then and now*, Sacristy Press, 2016, p. 126.

의 모범으로 숭배했다. 아울러 그들의 업적을 높이는 작업에 열중했다. 그리고 4세기 초에 기독교 지도자였던 에우세비우스(Eusebius) 같은 사람은 기독교의 역사를 집필해 제자들의 활동을 자세하게 전하기 위해 노력했다. 그런데 앞에서 언급한 5명의 활동이나 업적은 2~4세기 기독교 신자들의 기록에도 거의 등장하지 않는다.

12제자 가운데 5명의 활동이 전혀 전해지지 않은 것은 그들이 가상의 인물일 가능성이 높다. 초기 기독교 신자들은 종말의 날에 이스라엘의 12지파가 복원될 것이라고 믿었으며, 12제자는 각각 12지파를 상징한다고 믿었다. 이 믿음에 의해 예수의 제자를 12명으로 설정했을 것이다. 따라서 12제자 가운데 5명은 원래 존재하지 않은 인물이었다. 제자들의 정체 이외에도 성경에는 제자들의 기이한 행동이 많이 나온다. 가령 예수가 십자가에서 죽고 난 이후에 제자들은 모두 예수를 버리고 갈릴래아로 도망갔다. 그리고 예수의 가르침을 완전히 잊어버리고 평범한 어부로 돌아갔다. 제자들이 왜 이렇게 기이하게 행동했는지를 비롯해 여러 문제를 살펴보았다.

제6장에서는 예수와 바리사이파의 관계를 살펴보았다. 기독교 신자들에 의하면, 바리사이파는 유대교의 율법을 지키기 위해 편집증적으로 노력하던 유대교 지도자들로서 겉으로는 의로운 듯이 하지만 속으로는 그들의 이익만을 추구하던 위선자들이었다. 일반적인 통념에 따르면, 예수는 바리사이파의 율법 편집증이 잘못된 것임을 지적하고 백성을 위해 율법을 파기하고 모든 사람이 평등한 새로운 세상을 꿈꾸었다. 예수가 새로운 세상의 비전을 제시하자 바리사이파는 예수를 비난하고 헐뜯다가 끝내 죽였다.

그런데 신약성경을 꼼꼼히 읽으면 이런 통념으로 해명할 수 없는 이야기들이 등장한다. 먼저 예수가 바리사이파와 자주 어울렸다. 예수는 바리사이인이 식사를 같이하자고 초청했을 때 아무런 거리낌 없이 응했다. 「루카 복음서」에 예수가 바리사이인의 집에서 식사했다는 기사가 세 번 나온다.[30] 또한 바리사이인들 가운데는 예수를 참된 선생으로 모시던 자들도 있었다. 그들은 예수에게 기적을 보여달라고 요청했고[31] 하느님 나라가 언제 올 것인지를 물었다.[32] 가령 유대의 관원으로 바리사이파였던 니고데모는 "선생님, 우리는 선생님을 하느님께서 보내신 분으로 알고 있습니다. 하느님께서 함께 계시지 않고서야 누가 선생님처럼 그런 기적들을 행할 수 있겠습니까?"[33]라고 말하면서 예수를 참선생으로 대접했다. 또한 일부 바리사이파는 예수를 깊이 배려했다. 그들은 헤로데가 예수를 죽이려고 한다는 정보를 듣고 예수에게 가서는 "어서 이곳을 떠나십시오. 헤로데가 당신을 죽이려고 합니다"라고 일러주었다.[34]

예수는 이렇듯 바리사이파와 우호적인 관계를 맺었다. 예수가 세상을 떠나고 나서 기독교 신자들은 예수가 부활했다고 믿고 예루살렘 교회를 세웠으며, 베드로와 바울이 주축이 되어 복음을 전 세계로 전파했다. 특히 바울은 이방인을 상대로 선교 활동을 펼쳐 많은 성과를 거두었다. 그가 지중해 곳곳을 돌아다니면서 기독교 세력을 팽창시키자 유대인들이 시기했다. 배신감에 사로잡힌 그들은 바울을 죽이려고 했다. 바울은 수차례 위험을 모면했지만 결국 예루살렘에서 유대 지도자들에게 붙잡혀 죽음 직전의 상황에 몰렸다. 그런데 바울은 예루살렘 자치시 의회인 산헤드린에서 다음과 같이 말했다.

> 형제 여러분, 저는 바리사이파 사람이며, 제 부모도 바리사이파 사람입니다. 제가 이렇게 재판을 받는 것은 바리사이인이 믿듯이 저도 죽은 자들이 부활할 것이라고 소망하기 때문입니다.[35]

---

30 「루카 복음서」 7:36, 11:37, 14:1.
31 「마태오 복음서」 12:38.
32 「루카 복음서」 17:20.
33 「요한 복음서」 3:2.
34 「루카 복음서」 13:31.

이 구절은 초기 기독교의 발전에 대한 상식을 통째로 무너뜨린다. 일반적으로 초기 기독교는 유대교, 특히 바리사이파 유대교의 형식주의를 비판하고 보편적 사랑에 입각한 새로운 종교를 만들었다고 이야기되고 있다. 그런데 이 구절에서 유대교를 버리고 기독교로 개종해 기독교의 주요 지도자가 된 지 오래되었던 바울이 바리사이파에게 도움을 청하고 있다. 또한 그는 자신이 재판을 받게 된 이유가 바리사이파의 가르침을 전파했기 때문이라고 말하고 있다. 기독교의 가르침과 바리사이파의 가르침 사이에 큰 공통점이 없었다면 바울의 이런 태도는 절대 나올 수 없었을 것이다. 따라서 예수가 바리사이파와 적대했으며, 바리사이파의 가르침을 부정하고 새로운 종교를 만들었다는 기존의 통념은 잘못된 것이다.

마지막 장은 예수가 '아버지'라고 부른 야훼라는 신에 대해 다루었다. 우리는 흔히 유대인이 야훼가 천지를 창조하고 세상 만물과 세계 역사를 주관하는 절대적인 신으로 믿었다고 생각한다. 그러나 구약성경을 읽어보면 야훼가 유일신이고 세상을 주관하는 절대적인 신이라는 생각은 금세 깨지고 만다. 세상의 어떤 다른 자료가 아니라 기독교 신자들이 거룩한 경전이라고 믿고 있는 구약성경이 야훼는 여러 신들 가운데 하급의 신이었으며, 유대인의 안녕만을 책임지는 부족 신이었고 전쟁을 주관하는 전쟁의 신이었으며, 인간의 사후세계에 대해서는 어떤 힘도 미치지 못하는 현세의 신임을 입증해준다. 예수는 야훼를 아버지라고 생각하고 그의 가르침을 세상에 전파하다가 세상을 떠났다. 정말 예수가 야훼라는 그런 신을 숭배했던 것일까?

지금까지 일반적으로 알려진 것과 다른 예수의 모습 일곱 가지를 살펴보았다. 기존에 자신이 믿고 있던 예수의 모습과는 너무 다르다고 불평하는 사람들이 있을 것이다. 그러나 내가 제시한 예수의 모습은 모두 성경에

---

35 「사도행전」 23:6.

근거한 것이다. 성경을 펼쳐놓고 내가 제시한 예수의 모습이 진실인지 점검해보면 성경의 가치와 기독교의 발전 과정, 예수의 역사적 의미에 대해 다시 생각할 수 있을 것이다.

2024년 7월
정기문

차 례

서론을 대신하여: 지은이의 말   5

제1장 예수는 언제, 어디서 태어나, 언제 죽었는가   27

제2장 예수의 가족은 예수를 죽이려고 했는가   57

제3장 예수의 제자들은 왜 칼을 차고 있었는가   87

제4장 예수와 함께 부활한 성도들은 어떻게 되었을까   129

제5장 예수의 제자는 12명이었는가   159

제6장 바리사이파는 위선자인가   199

제7장 예수의 아버지는 유일신이었는가   219

참고문헌   259
찾아보기   270

제1장

예수는 언제, 어디서 태어나, 언제 죽었는가

예수는 베들레헴에서 태어났는가

예수는 이스라엘 남부의 작은 도시 베들레헴에서 태어났다고 전해지고 있으며, 해마다 성탄절이면 그곳에 있는 예수 출생 기념교회에서 예배가 이루어진다. 세계 인구의 절반 이상이 텔레비전 중계를 통해 그 장면을 쳐다보고 인류를 구원할 위대한 성인의 출생을 축하한다. 그런데 예수가 정말 베들레헴에서 태어났는지를 확인하기 위해 성경을 펼치면 금세 머리가 어지러워진다. 당혹스럽게도 복음서 가운데 가장 먼저 쓰여 신뢰도가 높은 「마르코 복음서」는 이에 대해 아무런 진술도 하지 않았다. 심지어 「마르코 복음서」는 베들레헴이라는 지명을 한 번도 언급하지 않았다.

복음서는 예수의 일생을 전하는 문서이고 문학 장르로 보면 전기물이다. 고대 전기들은 주인공의 일생을 이야기할 때 거의 빠짐없이 출생지를 언급한다. 부모와 출생지가 사람의 일생을 평가하는 데 중요한 역할을 했기 때문이다. 따라서 「마르코 복음서」가 예수의 출생지를 전하지 않은 것은 특이한 현상이다. 「마르코 복음서」의 저자는 예수의 출생지를 몰랐거나 예수의 출생지가 그의 일생에서 별 의미가 없다고 판단했기 때문에 밝히지 않았을 것이다.

「마르코 복음서」가 예수의 출생지를 밝히지 않은 것은 무슨 사연이 있을 것이라고 생각해 성경을 좀더 읽어보면 복음서 가운데 「마태오 복음서」와 「루카 복음서」는 예수가 베들레헴에서 태어났다고 자세히 전한다. 먼저 「루카 복음서」의 진술을 살펴보자.

> 하느님께서 가브리엘 천사를 갈릴래아 지방의 나자렛이라는 도시에 요셉이라는 남자와 약혼 상태였던 마리아라는 처녀에게 보내셨다. …… 그 무렵 아우구스투스 황제가 모든 세계에 인구 조사를 하라는 칙령을 내렸다. 이는 퀴리니우스가 시리아 총독으로 있던 때 이루어진 첫 인구 조사였다. …… 그리하여 요셉도 갈릴래아 지방 나자렛으로부터 유대 지방의 다윗의 도시로 갔다. 그 도시의 이름은 베들레헴이었다. …… 그들은 베들레헴에서 아이를 출산했다. 아기가 태어난 후 여드레째 되어 할례를 받을 날이 되자, 아이를 예수라고 이름 지었다. 마리아가 아기를 잉태하기 전에 천사가 일러준 이름이었다. 그리고 모세의 율법에 따라 정결 예식을 치러야 하는 날이 되자, 부모는 아기를 하느님께 바치기 위해 예루살렘으로 올라갔다. 그것은 "누구든지 첫아들은 하느님께 바쳐야 한다"라는 주님의 율법에 따라 아기를 주님께 봉헌하려는 것이었다.[1]

「루카 복음서」의 이 구절은 두 가지 점에서 너무나 비상식적이고 실제 역사와 맞지 않는다. 먼저 이 구절에 따르면, 요셉이 고향 땅 베들레헴으로 간 것은 아우구스투스 황제가 인구 조사를 명령했기 때문이다. 그런데 로마제국에서 인구 조사가 실시될 때 사람들이 자기 고향으로 돌아갈 필요가 없었다. 로마제국이 속주나 보호 왕국에서 인구 조사를 실시할 때

---

1 「루카 복음서」 1:26-2:24.

면 많은 저항이 있었다. 몇몇 지역에서는 인구 조사의 실시 때문에 반란이 일어나기도 했다. 유대 지역에서도 인구 조사가 큰 저항을 일으켰음을 「사도행전」은 전하고 있다.[2] 인구 조사 담당자들은 반란과 폭동이 일어날 수도 있는 상황에서 사람의 이동이 많아지는 일을 결코 원하지 않았다. 더욱이 인구 조사를 하기 위해 고향 땅으로 돌아간다는 것은 인구 조사의 원래 목적과 맞지 않는다. 인구 조사는 근본적으로 세금을 징수하기 위한 것이다. 따라서 토지와 기타 재산이 있는 곳에서 이루어져야 한다. 고향 땅에 가서 재산을 신고한다면 그 재산에 대한 세금을 어떻게 징수할 수 있겠는가?[3] 그리고 로마제국에서 인구 조사를 할 때 가족 구성원 모두가 관청에 갈 필요가 없었다. 마을마다 신고를 대행해주는 서기들이 있어 서기들이 가족 대표에게 물어 가족 구성과 재산 상황에 대해 신고하는 것이 일반적이었다. 설령 가족 가운데 누군가 관청에 가서 신고해야 한다고 해도, 가족 가운데 아버지가 가면 되지 가족 구성원 모두가 가지는 않았다. 이 사실은 로마 시대 속주의 조세 징수 실태를 보여주는 '인구 신고서'를 통해 확실히 입증된다. 이집트의 테아델피아 지역에서 발견된 '인구 신고서'를 살펴보자.

  테아델피아 지역의 책임자이신 아쿠실라오스, 티모크라테스, 그리고 디오니시오스님에게
  저는 이 마을의 공공 농사꾼 가운데 한 명으로 나이는 약 41세입니다. 저는 마을에 집을 한 채 가지고 있고 마을의 인두세 목록에 등록했습니다. 그리고 저의 아내는 페테수코스의 딸로 33세입니다. 그리고 저에게는 ······ 안녕히 계십시오.

---

2 「사도행전」 5:37.
3 아이작 아시모프, 박웅희 옮김, 『아시모프의 바이블: 신약, 로마의 바람을 타고 세계로 가다』, 들녘, 2002, 359~62쪽.

기원전 3년 마레스의 아들 하르토스가 신고합니다.[4]

앞에서 설명했듯이 이 신고서는 조세 납부자가 자신이 살고 있는 마을에서, 그리고 가정의 책임자인 가부장이 단독으로 신고했음을 보여준다. 따라서 「루카 복음서」의 서술은 역사적 사실과 전혀 맞지 않는다. 만약 「루카 복음서」의 진술이 사실이라면, 요셉은 정신 나간 사람이다. 당시 나자렛에서 베들레헴까지는 30~40일이나 걸리는 먼 여정이었다. 혼자 가서 신고하면 될 것을 만삭의 아내를 데리고 그렇게 먼 길을 가는 것은 정상적인 사람이 할 수 있는 일이 아니다.

둘째, 「루카 복음서」가 전하는 인구 조사의 시기가 역사적 사실과 맞지 않는다. 로마는 공화정 초기부터 정기적으로 인구 조사를 실시했는데, 인구 조사란 인구와 재산을 조사하는 것이었다. 예수가 태어났던 시기에 로마의 지배자인 아우구스투스도 세 차례에 걸쳐 인구 조사를 시행했다. 아우구스투스는 그의 행적을 스스로 기록한 『업적록』에서 자신이 기원전 28년, 기원전 8년, 기원후 14년에 인구 조사를 했다고 명시했다. 그런데 이때 아우구스투스는 자신이 다스리는 지역의 모든 사람에게 인구 조사를 받으라고 명령한 것이 아니라 이탈리아와 기타 속주 지역에 살고 있는 로마 시민에게만 그렇게 명령했다. 로마가 로마 시민권자를 대상으로 인구 조사를 하는 경우에 로마의 동맹국이나 보호 왕국이 인구 조사를 해야 하는 것은 아니다. 동맹국이나 보호 왕국은 자치국이기 때문에 로마로부터 내정 간섭을 받지 않았다. 로마 황제 아우구스투스가 전 세계에 인구 조사를 하라고 명령했다고 해도, 그 명령은 헤로데가 지배하고 있던 유대 지방에 적용되지 않았다.[5]

---

4 W. Graham Claytor·Roger S. Bagnall, "The Beginnings of the Roman Provincial Census: A New Declaration from 3 BCE, Greek Roman and Byzantine Studies", *Greek Roman and Byzantine Studies* 55, 2015, p. 649.

그렇지만 몇몇의 경우에 로마의 동맹국이나 보호 왕국들도 로마의 명령이 있은 후 몇 달 뒤에 로마에 바치는 세금을 산정하기 위해 인구 조사를 하는 경우가 있었다. 따라서 예수 탄생 당시 로마의 보호 왕국이었던 유대 지역에서 인구 조사가 실시될 가능성은 낮으나, 정말 실시되었다면 그것은 기원전 8년이나 기원후 14년에 이루어졌을 것이다.[6] 그런데 「루카 복음서」는 아우구스투스의 인구 조사 명령이 퀴리니우스가 시리아 총독으로 있던 때 실시되었다고 전한다. 요세푸스(Josephus)의 기록에 의하면, 퀴리니우스는 기원후 6년에 시리아 총독으로 취임했다. 따라서 이 진술은 아우구스투스가 전하는 사료와 일치하지 않는다.

혹시 아우구스투스의 명령과 상관없이 기원후 6년에 시리아 총독으로 부임한 퀴리니우스가 독자적으로 그가 관할하는 지역에 인구 조사 명령

---

5 기원전 63년 폼페이우스가 유대 왕국을 정복하면서 유대는 로마의 지배 아래에 들어갔다. 로마는 정복 초기에 유대에 자치를 허용했다. 기원전 40년에 헤로데를 유대의 왕으로 임명했고 기원전 4년 헤로데가 죽자, 그의 아들 3명에게 영토를 나누어 통치하도록 했다. 3남인 아르켈라우스가 '역사적 유대 지역(남왕국 유대의 지역에 해당함)', 사마리아, 이두메아를 포괄하는 지역을 다스렸다. 기원후 6년 아르켈라우스가 폐위된 후에 로마는 유대 지역을 속주로 편제했다. 그렇지만 갈릴래아 지역은 39년까지 헤로데 안티파스가 다스렸다. 39년에 헤로데 안티파스가 세상을 떠난 후에 헤로데 아그리파 1세가 계승했다. 헤로데 아그리파 1세는 로마의 총애를 받아 41년부터 44년까지 갈릴래아뿐만 아니라 유대 지역 전체를 통치했다. 헤로데 아그리파 1세가 세상을 떠난 후에 로마는 유대 지역에 총독을 파견해 다시 직접 통치했다. 그러나 이때 갈릴래아 지역이 모두 유대 지역의 관할이 된 것은 아니었다. 헤로데 아그리파 2세가 갈릴래아의 일부를 통치했다. 로마 동맹국의 조세 징수에 대해서는 Theodore Keim, *The History of Jesus of Nazara*, Wipf and Stock, 2016, p. 119; 전웅제, 「마태와 누가에 나타난 예수 출생 설화 비교」, 감리교신학대학교 석사학위논문, 2009, 83쪽 참조.

6 Jerry Vardaman et al. (eds.), *Chronos, Kairos, Christos: Nativity and Chronological Studies Presented to Jack Finegan*, Eisenbrauns, 1989, p. 114. 유대 지역에서 인구 조사가 기원전 7년경에 이루어졌다는 가설을 수용한 후에 「마태오 복음서」에 나오는 천문 현상이 기원전 6년경에 있었다고 주장하면서 예수의 탄생 연대를 기원전 7년이나 기원전 6년으로 파악하는 사람들도 있다. 윤철호, 『너희는 나를 누구라 하느냐』, 대한기독교서회, 2013, 170쪽 참조.

을 내렸던 것은 아닐까? 이렇게 생각해볼 수 있다. 로마제국 전역이 아니라 지역별로 인구 조사를 하는 것은 해당 지역 통치자의 권한이기 때문이다. 그러나 이 추측은 「루카 복음서」의 또 다른 서술과 모순된다. 「루카 복음서」는 분명 예수가 헤로데 대왕 시절에 태어났다고 했는데, 헤로데는 기원전 4년에 죽었기 때문이다. 그렇다면 「루카 복음서」는 스스로 모순을 범하고 있다.[7]

「루카 복음서」가 예수의 베들레헴 출생에 대해 이렇게 스스로 모순적인 서술을 하고 있기에 도대체 어떻게 이해해야 할지 당혹스럽다. 「마태오 복음서」에서 추가의 자료를 확보한다면 모순을 해결할 수 있을까? 「마태오 복음서」가 전하는 이야기를 간략하게 살펴보자.

> 예수께서 헤로데 왕 때에 유대 왕국의 베들레헴에서 태어나셨다. …… 헤로데는 백성의 대제사장들과 율법학자들을 모두 불러 그리스도께서 태어나실 곳이 어디냐고 물었다. 그들은 이렇게 대답했다. "유대 지방 베들레헴입니다. 구약성경 예언서를 보면, '유대의 땅 베들레헴아, 너는 결코 유대의 땅에서 가장 작은 마을이 아니다. 내 백성 이스라엘의 목자가 될 지도자가 너에게서 날 것이다'라고 쓰여 있습니다." …… 따라서 요셉은 일어나 그 밤으로 아기와 아기 엄마를 데리고 이집트로 갔다. 그들은 헤로데가 죽을 때까지 거기에서 살았다. 이리하여 하느님께서 예언자를 통해 "내가 내 아들을 이집트에서 불러내었다"라고 하신 말씀이 이루어졌다. …… 헤로데가 죽은 뒤에 …… 요셉과 마리아는 예수를 데리고 나자렛으로 갔다. 이리하여 예언자를 통해 "그를 나자렛 사람이라 불릴 것이다"라고 하신 말씀이 이루어졌다.[8]

---

7 Peter A. Brunt, *Italian Manpower 225 B.C-A.D. 14*, Clarendon Press, 1971, p. 114; 마커스 보그·존 도미닉 크로산, 김준우 옮김, 『첫 번째 크리스마스』, 한국기독교연구소, 2011, 195~96쪽.

「마태오 복음서」의 이 진술을 읽어보면 「루카 복음서」에 나타난 모순이 해결되기는커녕 더 커진다. 「마태오 복음서」가 「루카 복음서」와 상당히 다른 진술들을 하고 있기 때문이다.[9] 먼저 「마태오 복음서」에는 인구조사에 대한 이야기가 없다. 그리고 예수 가족의 이동 경로가 「루카 복음서」와 완전히 다르다. 「마태오 복음서」에서 예수와 그의 가족은 베들레헴 → 이집트 → 나자렛으로 이동했는데, 「루카 복음서」에서는 나자렛 → 베들레헴 → 예루살렘 → 나자렛으로 이동했다. 「마태오 복음서」의 설명을 따르자면 「루카 복음서」에 등장하는 예루살렘 성전 방문 기사는 거짓이며, 「루카 복음서」의 설명에 따르자면 예수 가족의 이집트 피난설이 거짓이다.[10]

　믿음이 좋은 기독교 신자들은 두 복음서의 설명이 모순이 아니라고 주장할 것이다. 베들레헴과 예루살렘이 그리 멀지 않으니, 예수가 베들레헴에서 출생해 잠시 예루살렘을 들렀다가 다시 이집트로 피신했고 시간이 한참 흐른 후에 나자렛으로 갔다고 생각할 수도 있기 때문이다. 예수가 태어난 후 베들레헴에 2년이나 머물렀다는 사실을 생각해보면 이 추론이 가능할 것 같다. 대부분의 사람들은 예수가 태어난 후에 베들레헴에서 2년 동안 머물렀다는 사실을 처음 들어보았을 것이다. 현대의 교회 지도자들은 대개 예수가 베들레헴에서 13일 동안 머물다가 이집트로 갔다고 가르치고 있다. 이 때문에 현대 기독교 신자들은 대부분 동방박사들이 예수가 태어난 순간 베들레헴에 도착해 예수의 출생을 축하했다고 생각

---

8 「마태오 복음서」 2:1-20.
9 김득중, 『주요 주제들을 통해서 본 복음서들의 신학』, 한들, 2006, 33쪽은 "실제로 두 복음서의 출생 설화와 관련된 이야기들의 내용은 서로 아주 다르다. 아니, 서로 일치하는 것이 거의 없다고 말하는 것이 더 정확할 것이다"라고 말하고 있다.
10 「마태오 복음서」의 저자가 예수와 그의 가족의 이집트 피난설을 만들어낸 것은 예수의 출생이 이스라엘의 역사를 재현한다고 생각했기 때문이다. 이에 대해서는 George Herbert Box, *The Virgin Birth of Jesus*, The Young Church Man, 1916, p. 19 참조.

하고 있다. 성탄절 트리를 만들 때 동방박사들이 예수의 출생을 축하하는 모형을 설치하는 것은 이런 관념 때문이다. 그렇지만 초기 기독교 신자들은 예수가 출생 후 2년 동안 베들레헴에 머물렀다고 생각했다. 「마태오 복음서」를 보면 동방박사들은 예수가 태어날 것이라고 예고하는 별을 보고 동방에서 출발해 먼저 예루살렘으로 갔다. 그들이 예루살렘에 도착했을 때 여행 기간은 2년 가까이 되었다. 그들의 설명을 들은 헤로데는 예수가 2세가 조금 안 되었을 것이라고 생각하고는 2세 이하의 모든 아이를 죽이라고 명령했다. 따라서 예수는 출생 후 베들레헴에 약 2년 동안 머물렀다.

그러나 예수가 베들레헴에 2년 동안 머물렀다고 해도 이집트로 피신하지는 않았을 것이다. 「루카 복음서」에는 예수 가족이 이집트로 갔음을 암시하는 단서가 전혀 없다. 따라서 초대교회 때부터 기독교 신자들은 두 복음서의 서술이 모순이라는 것을 심각하게 고민했다. 2세기 중반에 작성된 「야고보 원복음서」는 이 사실을 잘 보여준다. 현대 기독교인들은 이 문서의 이름도 모르겠지만, 초기 기독교 시절에 이 복음서는 신약성경에 편입된 복음서들 못지않게 인기가 높아 기독교 신앙의 발전에 큰 영향을 끼쳤다. 기독교 신자들 사이에서 너무나 인기가 높았기에 원래 헬라어로 작성되었지만 시리아어, 라틴어, 콥트어, 아르메니아어, 그루지아어, 아랍어 등으로 번역되었다. 이 책의 영향력은 매우 커 지금까지도 기독교 지도자들은 이 책에 근거해 예수의 가족과 혈통을 설명하고 있다.

그런데 이 책은 「마태오 복음서」와 「루카 복음서」에 나오는 예수 출생 이야기에서 모순된 부분을 삭제하고는 두 복음서의 설명을 적절히 혼합해 예수 출생을 매끄럽게 설명하고자 시도했다. 이때 예수의 부모가 원래 나자렛에 살았다는 이야기, 그리고 예수의 부모가 이집트로 피신했다는 이야기를 삭제했다.[11] 그렇지 않으면 「마태오 복음서」와 「루카 복음서」의 이야기를 하나로 묶어 조화시킬 수 없었기 때문이다.

그리고 「마태오 복음서」와 「루카 복음서」는 예수가 베들레헴에서 태어난 이유에 대해서도 다르게 진술하고 있다. 「루카 복음서」는 예수의 아버지인 요셉의 고향이 베들레헴이었고 요셉이 그곳에 인구 조사를 하러 갔기 때문에 예수가 베들레헴에서 태어났다고 전한다. 그런데 「마태오 복음서」는 예수가 베들레헴에 태어날 것은 이미 구약성경에 예언된 일이었으며, 그 사실을 유대인들은 모두 알고 있었다고 전한다.[12] 다시 말해 예수가 그리스도라면 실제 출생지와 상관없이 그는 반드시 베들레헴에서 태어났어야 했다. 따라서 예수가 베들레헴에서 태어났다는 주장은 신앙의 관점에서 각색된 것일 가능성이 높다.[13]

예수의 출생을 살펴보면서 짚고 넘어가야 할 사항이 있다. 그것은 마리아가 처녀로 임신해 예수를 낳았다는 이야기이다. 마리아가 처녀로 임신했다는 이야기는 최초의 복음서로 70년경에 쓰인 「마르코 복음서」,[14] 그리고 복음서들보다 더 먼저 쓰인 바울 서간들에는 등장하지 않는다. 처녀탄생 설화는 「마태오 복음서」에 처음 등장한다. 「마태오 복음서」의 저자는 예수의 출생을 이야기하면서 구약성경 「이사야」 7:14를 인용했다. 그런데 「마태오 복음서」의 저자는 이 구절을 히브리어 구약성경이 아니라 헬라어 구약성경에서 인용했다. 여기서 오류가 발생했는데, 히브리어 구약성

---

11 Francis Waston·Sarah Parkhouse (eds.), *Connecting Gospels*, Oxford University Press, 2018, pp. 61~65.
12 이 예언은 「미가서」 5:2에 나온다. 「마태오 복음서」의 저자가 「미가서」의 이 구절을 의도적으로 인용했다는 것에 대해서는 김성욱, 「베들레헴에 관한 역사신학적 연구」, 『개혁신학』 18, 2005 참조. 「마태오 복음서」에서 예수의 출생 이야기는 모세의 출생 이야기와 평행을 이룬다. 이는 「마태오 복음서」의 저자가 예수를 제2의 모세라고 생각했음을 보여준다. 이에 대해서는 J. Andrew Overman, *Matthew's Gospel and Formative Judaism*, Fortress Press, 1990, pp. 76~77 참조.
13 Jeremy Corley, *New Perspectives on the Nativity*, T&T Clark, 2009, pp. 5~6; 게르트 타이쎈·아네테 메르츠, 손성현 옮김, 『역사적 예수: 예수의 역사적 삶에 대한 총체적 연구』, 다산글방, 2001, 248~49쪽; 존 도미닉 크로산, 김준우 옮김, 『역사적 예수』, 한국기독교연구소, 2000, 591쪽.
14 김기홍, 『역사적 예수』, 창비, 2016, 50~51쪽.

경에서 '처녀'는 생물학적으로 성관계를 맺은 적이 없는 처녀가 아니라 나이가 어린 여자를 의미했다. 「마태오 복음서」의 저자는 히브리어를 몰라 '처녀'라는 단어의 원래 의미를 착각했다.[15]

다른 각도에서 설명할 수도 있다. 고대의 위대한 영웅들, 가령 조로아스터교의 예언자 차라투스트라(Zarathustra)나 로마의 건국자 로물루스(Romulus)와 레무스Remus)는 어머니가 처녀인 상태에서 신들과 성관계를 맺어 탄생했다. 고대인들은 이런 전설적인 인물들뿐만 아니라 심지어 역사적인 실존 인물들도 신들의 후손이라고 주장하곤 했다. 철학자 플라톤(Platon)은 아폴론 신의 아들로, 알렉산드로스 대왕(Alexandros the Great)은 제우스의 아들로 여겨졌으며, 로마제국의 초대 황제 아우구스투스(Augustus)조차도 처녀에게서 태어났다고 노래되었다.[16] 이들의 어머니가 처녀라는 것은 그들의 아버지는 신이며, 그들이 신의 혈통을 받았기에 초인간적인 존재라는 의미를 담고 있다. 「마태오 복음서」 저자가 예수를 처녀에게서 태어났다고 주장했던 것은 예수의 아버지가 요셉이 아니라 하느님이고, 따라서 예수가 신적인 존재임을 부각하려는 의도의 결과물이다.[17] 따라서 예수가 처녀에게서 태어났다는 주장은 전설에 불과하다. 이

---

15 오강남, 『예수는 없다』, 현암사, 2001, 204~05쪽.
16 아우구스투스가 처녀에게서 태어났다는 신화는 베르길리우스의 목가 4편에서 노래되었다. 처녀 탄생 이외에도 「마태오 복음서」와 「루카 복음서」의 예수 탄생 설화는 고대 영웅의 탄생 설화를 각색한 것으로 여겨진다. 처녀 탄생, 천사가 출생을 예고함, 현존 왕이 자신을 대체할 왕의 탄생에 위협을 느낌, 출생한 아이의 도피 등은 고대의 영웅 탄생 설화에서 널리 쓰이던 모티프들이었다. 이에 대해서는 전웅제, 앞의 글, 2009, 37쪽; Joe E. Barnhart·Linda T. Kraeger, *In Search of First-century Christianity*, Ashgate, 2000, pp. 111~13 참조.
17 「마태오 복음서」와 「마르코 복음서」가 이렇게 예수를 신격화하기 위해 탄생 설화를 이용한 것은 비유대적 요소라고 할 수 있다. 고대의 이방 세계에서는 개인의 전기를 작성하는 것이 널리 퍼진 관행이었지만 유대 문화권에서는 개인의 전기를 작성하는 사례가 거의 없었기 때문이다. 이는 이방인의 관념 세계에서 인간과 신의 경계가 약했던 데 반해, 유대인에게서는 인간과 신의 경계가 매우 강했기 때문이다. 다시 말해 유대인은 전기물의 작성이 인간을 신격화할 수 있다고 생각해 그 작

사실은 너무나 명확하기에 기독교 신앙을 옹호하는 복음주의 신학자들도 상당수 인정하고 있다.[18]

예수는 나자렛 사람인가

「마태오 복음서」와 「루카 복음서」는 예수가 베들레헴에서 태어났다고 전하고 있지만 예수 당대의 사람들은 그렇게 생각하지 않았다. 다음 이야기는 예수의 고향에 대해 예수 당대인들이 어떻게 생각했는지를 잘 보여준다.

> 필립보가 나타나엘을 찾아가 "우리는 모세의 율법서와 구약성경의 예언서들에 기록되어 있는 분을 만났소. 그분은 요셉의 아들 예수인데 나자렛 사람이오"라고 말했다. 그러나 나타나엘은 "나자렛에서 어떤 뛰어난 사람이 나올 수 있겠소?"라고 물었다.[19]

이 구절은 12제자 가운데 한 명으로 베드로와 고향이 같았던 필립보가 나타나엘과 나눈 대화이다. 나타나엘은 공관복음서(「마태오 복음서」, 「마르코 복음서」, 「루카 복음서」를 합해 공관복음서라고 부른다. 세 복음서가 같은 관점을 갖고 있기 때문이다)에는 등장하지 않지만 「요한 복음서」에는 예수의 주요 제자로 나온다. 그런데 두 사람의 대화 가운데 베들레헴은 전혀 등장하지 않는다. 예수가 베들레헴에서 태어났고 「마태오 복음서」가 전하는 대로 그때 베들레헴 근교의 두 살 아래 사내아이가 모두 죽었다면, 그렇

성을 금기시했다. 이에 대해서는 게르트 타이쎈, 박찬웅·민경식 옮김, 『기독교의 탄생』, 대한기독교서회, 2008, 311쪽 참조.
18 윤철호, 앞의 책, 171~74쪽 참조.
19 「요한 복음서」 1:45-46.

게 큰 사건은 이스라엘 사람들 사이에 두고두고 회자되었을 것이다.[20] 따라서 필립보가 예수를 소개하면서 베들레헴 이야기를 하지 않은 것은 그가 예수가 베들레헴 사람인 줄 몰랐음을 의미한다.

「요한 복음서」에 예수가 베들레헴에 태어나지 않았다는 것을 좀더 명시적으로 보여주는 이야기가 나온다. 예수가 수많은 기적을 행하면서 복음을 전파하자 유대인들은 예수가 정말 메시아(히브리어 왕을 의미한다. 이 단어를 헬라어로 번역하면 그리스도이다)인가를 놓고 격론을 벌였다. 어떤 사람들이 예수가 메시아임이 틀림없다고 말하자, 반대하는 사람들은 "그리스도가 어찌 갈릴래아에서 나올 수 있겠습니까. 성경에 그리스도는 다윗의 후손으로 다윗이 살던 마을 베들레헴에서 태어날 것이라고 기록되어 있지 않습니까?"[21]라고 말했다. 그런데 이때 예수의 제자들은 아무런 이의를 제기하지 않았다. 이 이야기는 예수의 제자들을 비롯해 당대 사람들이 예수의 고향이 베들레헴이 아니라 나자렛이라고 여겼음을 보여준다.[22]

그렇다면 예수의 고향이 일반적으로 알려진 것처럼 베들레헴이 아니라 예수가 어릴 적에 살았던 나자렛이라고 단정할 수 있을 것인가? 그럴 가능성이 매우 높다. 앞에서 언급했듯이 4복음서가 모두 예수를 베들레헴 사람이 아니라 나자렛 사람으로 여러 차례 언급했을 뿐만 아니라[23] 초기 기독교 지도자들이 나자렛을 예수의 고향으로 인위적으로 내세울 필요가 없었기 때문이다.

그렇지만 예수의 고향이 나자렛이라고 단정하는 데에는 어려움이 있다. 「마태오 복음서」는 예수가 나자렛 사람이라고 말하면서 그것은 "예언자

---

20 Raymond Brown, *The Birth of the Messiah: A Commentary on the Infancy Narratives in the Gospels of Matthew and Luke*, Doubleday, 1977, pp. 31~32.
21 「요한 복음서」 7:41-42.
22 리차드 A. 호슬리, 손성현 옮김, 『크리스마스의 해방』, 다산글방, 2000, 29쪽.
23 「마태오 복음서」 2:23, 10:47, 26:71; 「마르코 복음서」 1:9, 1:24, 10:47, 14:67, 16:6; 「루카 복음서」 2:39, 4:34, 18:37, 24:19; 「요한 복음서」 1:45-6, 18:5-7, 19:19.

를 통해 그는 나자렛 사람이라 불릴 것이다"라는 예언을 이루기 위함이라고 전한다.[24] 그런데 구약에는 그런 구절이 존재하지 않는다. 「마태오 복음서」의 저자는 「판관기」 13:5-7을 염두에 두었던 것 같은데, 문제의 「판관기」 구절에 나자렛이라는 단어는 나오지 않고 대신에 나지르인이라는 표현이 나온다. 나지르인은 하느님에게 헌신하기로 맹세한 사람인데, 삼손이 대표적인 인물이다. 예수 시절에 에세네파와 초기 기독교인들 가운데 일부가 스스로를 '헌신한 사람', '거룩한 사람'이라는 의미로 나지르인이라고 불렀다.[25]

따라서 몇몇 역사가들은 예수가 나자렛 사람이라는 「마태오 복음서」의 주장을 의심해왔다. 역사가들이 이렇게 의심했던 데에는 또 다른 이유가 있다. 나자렛이라는 동네는 구약성경은 물론, 『탈무드』 심지어 요세푸스의 방대한 글에도 등장하지 않는다. 특히 요세푸스가 1세기 유대의 상황을 자세하게 전하는 책을 두 권이나 썼고 그의 저서에 200여 개의 도시가 등장하는데, 나자렛은 등장하지 않는다.[26] 문헌에 등장하지 않고 고고학적으로도 입증되지 않았기 때문에 역사가들은 오랫동안 그런 동네가 실재했는지 의심할 수밖에 없었다. 상황의 극적인 반전은 1960년대에 이루어졌다. 고고학자들이 나자렛이라는 이름을 가진 마을을 발굴했던 것이다.[27] 이후 예수가 나자렛 사람이라는 사실에 의문을 제기하는 학자들은 거의 사라졌다.

---

24 「마태오 복음서」 2:23.
25 Alvar Ellegard, *Jesus: One Hundred Years Before Christ*, The Overlook Press, 2002, pp. 238~39. 구약성경에 해당하는 예언이 없다고 판단해버리는 학자들도 있다. 이에 대해서는 Ivor Jones, *The Gospel of Matthew*, Epworth, 1994, p. 14 참조.
26 이요엘, 『고고학자들의 카리스마를 클릭하라』, 평단문화사, 2006, 388쪽; 김인철, 『유대 문화로 읽는 복음서의 난제들 (상)』, 그리심, 2007, 38~39쪽.
27 나자렛의 위치와 지형의 특징, 그리고 헬레니즘의 영향을 받았다는 것에 대해서는 존 도미닉 크로산, 앞의 책, 2000, 75~81쪽 참조.

예수는 사마리아 사람인가

예수의 고향이 베들레헴이라는 「마태오 복음서」와 「루카 복음서」의 진술은 오류이며, 나자렛일 가능성이 높다는 것을 살펴보았다. 그런데 일반적으로 주목받지 못하고 있지만 성경에 제3의 후보지가 나온다. 「요한 복음서」 8장에는 유대인들과 예수가 논쟁을 벌이는 장면이 있다. 예수의 정체가 과연 무엇인지가 논쟁의 핵심이었는데, 이때 유대인들은 예수에게 "당신은 사마리아 사람이고, 마귀 들린 사람이오. 우리 말이 틀렸습니까?" 라고 말했다. 이에 예수는 사마리아 사람이 아닌가라는 질문에 대해서는 침묵하고 오직 "나는 마귀 들린 것이 아니라 내 아버지를 높이고 있습니다. 그런데 당신들은 나를 헐뜯고 있습니다"라고만 대답했다.[28] 이 이야기를 가감 없이 읽으면 유대인들은 예수를 '사마리아 사람'으로 알고 있었으며, 예수가 그것을 인정했음이 틀림없다.[29]

예수의 고향이 사마리아라니, 예수의 고향이 베들레헴이라고 믿는 사람들에게는 터무니없는 소리로 들릴 것이다. 사마리아는 옛 북왕국 이스라엘의 수도로 유대인들이 아니라 이방인들이 사는 곳이다. 예수가 사마리아 출신이라는 것은 그가 유대인이 아니라는 것을 의미한다. 그러나 예수가 사마리아인이라는 주장은 학자들이 추측한 것이 아니라 엄연히 성경에 나오는 이야기이다. 그런데 성경은 왜 이런 혼란 또는 오류를 범하고 있는 것일까? 이 사실을 이해하기 위해서는 초기 기독교의 다양성을 알

---

28 「요한 복음서」 8:48-49.
29 「요한 복음서」 4장에는 사마리아를 방문한 예수의 이야기가 나온다. 예수는 사마리아 여인에게 선교했으며, 사마리아에 이틀을 머물고 그곳을 떠나 갈릴래아로 갔다. 그때 예수는 친히 예언자는 자기 고향에서 존경받지 못한다라고 말했다(「요한 복음서」 4:43-44). 이 구절을 액면 그대로 읽으면 예수의 고향은 '사마리아'이다. 그가 사마리아를 떠나면서 예언자는 자기 고향에서 존경받지 못한다고 말했기 때문이다. 이에 대해서는 김득중, 『요한의 신학』, 컨콜디아사, 1994, 234~35쪽 참조.

아야 한다. 예수의 초기 제자들은 출신과 신분이 다양했는데, 그 가운데 한 집단이 사마리아 출신이었다. 그들은 여타 유대인들에게 홀대받고 천대받았지만 예수가 그들을 우호적으로 대하자 예수의 하느님 나라 운동에 적극적으로 동참했다. 예수가 세상을 떠난 후에도 그들은 초기 기독교 신자들과 함께 초기 기독교 운동을 이끌어갔다. 이들은 '이스라엘 공동체'라고 불렸다.[30] 이 공동체는 옛 이스라엘 왕국의 전통을 계승했다. 옛 이스라엘 왕국은 솔로몬 사후에 북팔레스타인에 건설되었던 왕국을 말한다.

기원전 920년경에 다윗의 아들 솔로몬이 세상을 떠나자, 당시 이스라엘(팔레스타인 북쪽 지역을 말함) 사람들은 솔로몬의 폭정에 항의하면서 독립 국가를 건설했다. 이후 이스라엘 왕국은 기원전 722년에 아시리아에게 멸망했지만 이스라엘 사람들은 모세 오경을 중심으로 독자적인 신앙을 유지했으며, 언젠가 하느님이 모세와 같은 예언자를 보내주어 자신들을 구원해줄 것이라고 믿었다.[31]

'이스라엘 공동체'는 남쪽의 유대인들처럼 메시아의 도래를 기다리고 있었지만 메시아는 다윗의 후손이 아니라고 생각했다. 다윗과 솔로몬은 그들에게 폭정을 휘둘렀던 '사악한' 왕이었기에 그들의 후손이 새로운 메시아로 온다는 것은 있을 수 없는 일이었다. 그들이 고대한 것은 모세와 같은 예언자가 와서 옛 이스라엘의 영광을 복원해주는 것이었다. 이 이스라엘 사람들이 사마리아인이라고도 불렸는데, 사마리아가 이스라엘 왕국의 수도였기 때문이다. 이들은 예수가 사마리아 출신이고 사마리아인을 우대했으며, 옛 이스라엘 왕국의 전통을 복원하기 위해 노력했다는 이야기들을 적극적으로 생산하고 유포했다. 아마 '선한 사마리아인의 비유'도 그 가운데 하나였을 것이다.[32] 따라서 예수가 사마리아 사람이라는 주장

---

30 Burton Mack, *Who Wrote the New Testament*, Harper One, 1995, pp. 44~45.
31 「신명기」 18:15-16.
32 Robert Price, *Deconstructing Jesus*, Prometheus Books, 2000, pp. 64~65.

은 초기 기독교에서 사마리아의 전통을 계승하고자 시도했던 분파의 주장이었다. 이 이야기가 「요한 복음서」에 실려 있는 이유는 그 분파가 요한 공동체에 합류했기 때문이다.[33]

다시 우리의 주제로 돌아가 보자. 예수는 과연 나자렛 사람인가, 베들레헴 사람인가, 아니면 사마리아 사람인가? 우리가 성경을 문자 그대로 믿는다면 어디라고 확실히 답할 수 없다. 성경에 모순적인 이야기들이 반복해 나오기 때문이다.[34] 확실한 것은 예수가 베들레헴 사람이라는 이야기는 여러 주장 가운데 하나일 뿐인데, 후대 사람들이 그것이 확실하다고 믿었다는 것이다. 그런데 성경에 나온 대로 예수가 베들레헴 사람이라고 할 경우 이 베들레헴은 어디인가? 성경에 따르면, 당연히 다윗의 고향 베들레헴, 즉 예루살렘에서 남쪽으로 약 10킬로미터 떨어진 작은 도시이다.

그런데 이스라엘에는 이름이 같지만 다른 곳에 위치한 베들레헴이 있다. 구약성경과 유대인의 문헌들은 이 도시를 예루살렘 남쪽에 있는 베들레헴과 구별하기 위해 '갈릴래아의 베들레헴'이라고 불렀다. 20세기 후반 고고학자들이 나자렛에서 약 11킬로미터 떨어진 곳에 이 도시가 실재했다는 사실을 확인했다. 마리아가 이곳 사람이라면 예수의 부모가 예수 출산을 전후해 이동했다는 이야기가 잘 설명된다. 예수의 어머니 마리아는 나자렛에 살던 요셉에게 시집왔고 출산이 임박하자 친정으로 가서 아이를 낳았다. 아이를 낳은 후에 남편이 살던 나자렛으로 다시 와서 아이가 장성할 때까지 살았다.[35] 이 가정은 예수가 베들레헴에서 태어났고 나자

---

33 Raymond Brown, *The Community of the Beloved Disciple*, Paulist Press, 1979, pp. 35~40; 우예지, 「요한 복음의 사마리아 선교 이해: 요 4:1-4:2 중심으로」, 감리교신학대학교 석사학위논문, 2012, 20~30쪽.

34 본문에서는 다루지 않았지만 학자들 가운데 예수의 고향이 유대 혹은 예루살렘이라고 주장하는 사람들도 있다. 이에 대해서는 서중석, 『복음서해석』, 대한기독교서회, 1991, 250~51쪽 참조.

35 Tom Holmen (ed.), *Jesus from Judaism to Christianity*, T&T Clark, 2007, pp. 30~32.

렛 사람이라 불렸던 사실을 해명하기에 매력적이다.

예수의 출생 연도는 언제인가

지금까지 예수의 고향을 확정하는 것이 불가능하다는 것을 살펴보았다. 이는 예수의 출생이 상당히 신비에 싸여 있음을 의미한다. 어떻게 예수에게서 직접 배운 제자들이 썼다는 성경이 그의 고향에 대해 이렇게 다른 네 가지 의견을 담고 있을까? 이런 서술의 차이는 출생지 문제에 한정되지 않는다. 예수의 출생 연도에 대해서도 여러 가지 설명이 어지럽게 혼재한다. 신약성경을 꼼꼼하게 읽어보면 예수의 출생 연도는 네 개의 후보가 등장한다.

먼저 「마태오 복음서」와 「루카 복음서」에 실린 예수 출생 설화를 보면 예수의 출생 연도를 추론할 수 있다. 신약성경의 첫 권인 「마태오 복음서」는 "예수가 헤로데 대왕 때 유대 베들레헴에서 태어났다"라고 전한다.[36] 이 헤로데는 흔히 헤로데 대왕이라고 불리는 사람으로 기원전 4년에 세상을 떠났다. 이 사실은 고대의 여러 역사 자료를 통해 확인된다. 그런데 헤로데는 예수가 출생한 지 얼마 되지 않아 세상을 떠났다. 그렇다면 예수는 기원전 4년으로부터 2년 전인 기원전 6년에 출생했다.

「루카 복음서」에는 예수의 출생에 대한 또 다른 설명이 전해온다. 마리아가 출산을 얼마 앞두고 있을 때 로마의 초대 황제인 아우구스투스가 로마제국 전역에 인구 조사령을 내렸다. 당시 시리아의 총독은 퀴리니우스였다. 이 사람은 기원후 6년부터 시리아의 총독이었다.[37] 따라서 「루카 복음서」의 진술을 믿는다면 예수는 기원후 6~7년에 출생했다.

그런데 「루카 복음서」는 예수의 출생 연도에 대해 또 다른 추론을 가능

---

36 「마태오 복음서」 2:1.
37 요세푸스, 김지찬 옮김, 『유대고대사』, 생명의말씀사, 1987, 500쪽.

케 하는 정보를 전하고 있다.「루카 복음서」에 따르면, 예수는 로마의 2대 황제인 티베리우스가 통치를 시작한 지 15년째 된 해, 즉 기원후 29년경에 세례 요한으로부터 세례를 받고 공생애(공적인 활동)를 시작했다.[38] 이때 예수는 30세가량 되었다. 그렇다면 예수는 기원 원년 혹은 기원전 1년에 출생했다. 이렇게「루카 복음서」는 그 자체에 모순적인 진술을 전한다.

예수의 출생 연도에 대한 이런 혼란은「요한 복음서」에 이르면 더욱 커진다.「요한 복음서」8장에 따르면, 예수는 유대인들과 여러 논쟁을 벌였는데 그 논쟁 가운데서 유대인의 조상 아브라함이 자기가 활동하는 것을 보고 기뻐했다고 말했다. 예수의 이 말은 도저히 이해할 수 없는 것이다. 아브라함은 기원전 1800년경의 사람이기에 시기적인 측면에서 그가 예수를 보는 것은 불가능하기 때문이다. 예수와 대화하던 유대인들은 예수가 이상한 말을 하는 것을 듣고는 "당신이 아직 쉰 살도 못 되었는데 아브라함을 보았단 말이오?"라고 말했다.[39] 이때 예수를 적대했던 유대인들은 예수의 나이를 대략적으로 알고 있었음이 분명하다.

예수가 50세까지 살았다고 말하면 처음 듣는 황당한 이야기라고 생각하는 사람이 많을 것이다. 현대 신학자들은 물론 대부분의 역사가도 예수가 33세에 죽었다고 말하고 있기 때문에 이렇게 생각하는 것은 당연하다. 그렇지만 초대교회의 신자들 가운데에는「요한 복음서」의 이 진술을 글자 그대로 믿고 예수가 50세까지 살았다고 주장하는 사람이 많이 있었다. 그 가운데 이레나이우스라는 지도자가 유명하다. 그는 2세기 말 리옹 교회의 주교였는데, 수십 개의 복음서가 어지럽게 유포되고 있음을 한탄하고는 현재 성경에 포함되어 있는 4복음서, 즉「마태오 복음서」,「마르코 복음서」,「루카 복음서」,「요한 복음서」만을 성경으로 인정해야 한다고 주장했다. 이레나이우스에 따르면, 하느님이 오직 '4복음서'에만 신성한 영감

---

38 김득중, 앞의 책, 1994, 214~29쪽.
39「요한 복음서」8:57.

을 주었기에 다른 복음서들은 가치 없는 문서이다. 초기 기독교 지도자들이 그의 주장을 받아들여 4복음서만을 정경으로 인정하면서 오늘날 신약성경이 만들어졌다.

이레나이우스는 예수의 일생에 대해 "우리 주 예수는 아우구스투스 황제가 41년째 통치하던 해(기원전 3년~기원전 2년)에 태어났으며",[40] 30세가량이 되어 공생애를 시작했고, 교사로서 직분을 수행할 때 나이 40~50세에 도달했다. 따라서 이레나이우스에 따르면, 예수는 10~20년 동안 제자들을 가르친 후에 33년이 아니라 40년대 후반에 세상을 떠났다.[41] 이레나

---

40 Irenaeus, *Against Heresies* 3, 21, 3.
41 같은 책, 2, 22, 5; George Ogg, *The Chronology of the Public Ministry of Jesus*, Cambridge: Cambridge University Press, 1940, p. 92; Stanley E. Porter·Stephen J. Bedard, *Unmasking the Pagan Christ: An Evangelical Response to the Cosmic Christ Idea*, Toronto: Clements Publishing, 2006, p. 146. 이레나이우스의 *Against Heresies* 4, 23, 2를 보면, 이레나이우스는 예수가 본디오 빌라도(Pontius Pilatus)에 의해 십자가에서 죽었다고 믿었다. 따라서 본디오 빌라도가 26년에서 36년까지 시리아 총독이었다는 사실을 그가 알았다면 예수가 50세까지 살았다고 생각하지 않았을 것이다. 그러나 2~3세기 초기 기독교 신자들은 본디오 빌라도의 통치 연도를 정확하게 몰랐다. 이는 2세기 말이나 3세기 초에 쓰인 '빌라도가 클라우디우스 황제에게 보낸 편지'(Epistola Pilati ad Claudium)에서 확인된다. 변증의 목적으로 후대에 창작된 이 편지에서 빌라도는 자신이 섬기는 황제인 클라우디우스(Claudius)에게 예수의 재판 과정을 설명했다. 그런데 빌라도는 36년에 총독직에서 물러난 반면, 클라우디우스는 41년에서 54년까지 통치했다. 따라서 이 편지는 연대 착오를 범하고 있으며, 편지 작성자를 포함해 초기 기독교 신자들이 빌라도의 재임 시기를 제대로 몰랐음을 보여준다. 빌라도의 역사성에 대해서는 조배현, 「빌라도(Pontius Pilate)에 관한 연구: 역사적 빌라도와 정경적 빌라도」, 총신대학교 석사학위논문, 2017 참조. 어떤 학자들은 이레나이우스가 예수가 클라우디우스 통치 시기인 50년대에 세상을 떠났다고 생각했다고 주장한다. 이 주장은 예수가 기원 전후에 태어났다는 현대 학자들의 생각과 예수가 50세쯤에 세상을 떠났다는 이레나이우스의 생각을 혼합한 결과이다. 이에 대해서는 Ernst Bammel·C. F. D. Moule (eds.), *Jesus and the Politics of His Day*, Cambridge University Press, 1985, p. 207 참조. 물론, 나는 현대 학자들의 일반적인 견해를 믿는다. 사도 바울이 40~50년대에 활동했음이 명확하고 그때는 예수가 세상을 떠난 지 10~20여 년이 되었기 때문이다. 아시아 교회에서 예수가 50년대 혹은 60년대에 세상을 떠났고 제자들이 100년경까지 살았다는 믿음이 널리 퍼

이우스의 설명은 우리가 일반적으로 알고 있는 예수의 일생과 너무나 다르다. 그러나 그가 평범한 기독교 신자가 아니라 2세기 기독교 세계 전체를 대변할 수 있는 지식인이었다는 것을 생각하면, 그의 생각은 개인의 기이한 설명이 아니라 많은 기독교 신자가 공유했던 것이다. 따라서 초기 기독교 신자들은 예수 일생의 연대표에 대해 지금과 상당히 다른 생각을 가지고 있었음이 틀림없다.

성탄절은 예수의 출생일인가

예수가 태어난 곳과 태어난 연도처럼 그가 태어난 날도 명확하지 않다. 성경에는 예수가 성탄절, 즉 12월 25일에 태어났다고 명시하는 구절이 없다. 그리고 초대교회의 신자들은 예수의 생일을 알려고 노력하지도 않았다. 그들에게 예수가 태어난 날은 아무런 의미가 없었기 때문이었다. 초대교회의 여러 지도자들이 생일을 기념하는 것은 이교도의 관습이라고 생각했다. 가령 3세기의 신학자 오리게네스는 "나는 성경의 어떤 구절에서도 의로운 사람이 생일을 기념했다는 것을 발견하지 못했다"[42]라고 말했다.

2세기 후반 일부 신자들이 예수의 생일을 기념하기 시작했다. 예수 생일에 대한 논의는 3세기 초 로마 교회의 지도자였던 히폴리투스(Hippolytus)에게서 본격적으로 시작된다. 그는 예수가 12월 25일에 태어났다고 최초로 주장했는데,[43] 그의 주장은 참으로 기발하다. 그에 따르

졌던 것은 예수의 제자들 가운데 소수가 매우 오래 살면서 발생한 현상일 것이다. 실제로 사도 요한은 90년대까지 파피아스가 말한 장로 요한, 아리스톤은 100년경까지 살았던 것 같다.

42　Keith Hopkins, *A World Full of Gods: The Strange Triumph of Christianity*, Plueme, 1999, p. 301.

43　Hippolytus, *Commentary on Daniel*, 4, 23, 3.

면, 위대한 인물은 잉태된 날과 죽은 날이 같다. 그런데 예수는 33년 3월 25일 세상을 떠났다. 그렇다면 예수는 3월 25일에 잉태되었으며, 거기에서 어머니 뱃속에 있었던 9개월을 더하면 예수가 태어난 날은 12월 25일이 된다.

히폴리투스가 이렇게 기발한 생각을 펼쳤지만, 그의 생각은 초대교회에서 일반적으로 받아들여지지 않았다. 오히려 오랫동안 초대교회는 12월 25일이 아니라 1월 6일을 예수의 출생일로 생각했다.[44] 물론, 이 시기에 기독교 내에는 다양한 집단들이 있었기에 1월 6일을 따르지 않은 교회들도 있었다. 어떤 교회는 4월 20일, 어떤 교회는 5월 21일을 예수의 생일로 기념했다.[45] 4월설 혹은 5월설은 「루카 복음서」의 진술, 즉 "저 들 밖에 한밤중에 양 떼가 놀고 있었다"라는 진술에 의해 뒷받침된다. 이스라엘 지역에서 양 떼를 야간에 들에 풀어놓은 것은 3~11월 사이에만 가능하기 때문이다.[46]

12월 25일이 성탄절로 기념된 최초의 해는 명확하지 않지만 336년이다. 이해 로마 교회의 교회력에 12월 25일이 특별한 날로 기념되었다고 명기되어 있다.[47] 12월 25일이 로마에서 축제일이 되었던 데에는 두 가지 기원이 있다. 먼저 로마적인 기원이다. 로마에는 공화정 시기부터 농경의 신인 사투르누스(Saturnus)를 기념하는 사투르날리아라는 축제가 있었다.

---

44 Justo Gonzalez, *The Story of Christianity: The Early Church to the Dawn of the Reformation*, Harper San Francisco, 1984, p. 96. 4세기 이후 동방교회는 12월 25일이 예수의 출생일로 확고한 위상을 갖게 되자, 1월 6일을 예수의 탄생일이 아니라 예수가 공생애를 시작한 날(주현절)로 기념하고 있다.
45 Géza Vermes, 앞의 책, 2006, p. 4.
46 2세기 말부터 3세기에 활동했던 교부 알렉산드리아의 클레멘스가 그의 글 Stromateis 1:21에서 이 날짜를 예수의 생일로 제시했다.
47 Géza Vermes, *The Nativity: History and Legend*, Doubleday, 2006, p. 4.는 334년이라고 주장하고 있다. 하지만 Everett Ferguson, *Encyclopedia of Early Christianity*, Garland Publishing Inc., 1998, p. 251은 336년이라고 주장하고 있다.

이 축제일은 12월 17, 18, 19일이었다. 로마인들은 이 날을 동지로 생각했는데, 그들의 역법이 정확하지 않았기 때문이다. 기원전 46년 율리우스 카이사르(Julius Caesar)가 역법을 정리해 율리우스력을 만든 이후에 동지는 12월 25일로 바뀌었다.

12월 25일의 다른 기원은 동방 문화이다. 조로아스터교를 이어받은 미트라교는 태양을 숭배했으며, 12월 25일을 태양의 생일이라고 여겨 기념했다. 로마제국에서 미트라교는 매우 인기 있는 종교였고 태양신 숭배가 널리 퍼졌다. 특히 로마 황제들은 자신들을 태양신의 보호를 받는 존재로 선전했는데, 로마 황제 아우렐리아누스(Aurelianus)는 274년에 12월 25일을 태양신을 기념하는 축제일로 정했다. 따라서 기독교가 성탄절을 기념하기 이전부터 12월 25일은 중요한 축제일이었다.

4세기에 기독교 지도자들은 로마 황실이 기독교를 보호하는 상황에서 기독교 신자가 늘어나자, 기독교 신자들이 로마인의 축제에 참가하지 못하도록 계속 막는 것이 불가능하다고 판단했다. 그렇다고 기독교 신자들이 이교도 축제에 참가해 도덕적으로 타락하고 우상숭배를 하는 것을 묵인할 수도 없었다. 이런 딜레마 속에서 기독교 지도자들은 이교도의 축제일을 기독교의 축제일로 바꿈으로써 축제일을 '교화'하고자 시도했다.

이 '교화' 작업의 중심이 된 것이 로마의 최대 축제였던 '태양의 생일' 축제였다. 당시 기독교 지도자들은 태양의 생일을 예수의 출생일로 바꾸는 것은 정당하다고 생각했다. 그들에 따르면, 구약성경 「말라기」 4:2에 '의로운 태양'이라는 구절이 나오고 「요한 복음서」 8:12에는 "나(예수)는 세상의 빛이다"라는 구절이 나온다. 이 두 구절을 합쳐 생각해보면 예수는 곧 '의로운 태양'이므로 태양의 출생일을 예수의 출생일로 축하하는 것이 합당하다.[48] 이렇게 생각한 로마 교황들은 앞에서 설명했듯이 4세기 중반

---

48 주승종, 「위대한 교환의 절기, 성탄절」, 『새가정』 573, 2005, 62쪽.

부터 12월 25일을 예수의 출생일로 기념하도록 했다.

그러나 이것은 어디까지나 가톨릭교회의 지도자들이 임의로 정한 것일 뿐이다. 기독교의 다른 중요한 한 축인 동방교회는 고대에 1월 6일을 예수의 탄생일로 기념했으며, 아르메니아 교회를 비롯한 몇몇 교회는 지금도 이 전통을 유지하고 있다.[49] 이와 관련해 흥미로운 사실이 있다. 현재 러시아와 이집트를 비롯한 몇몇 동방교회는 1월 6일이 아니라 1월 7일을 예수 탄생일로 기념하고 있다. 두 가지 요소가 결합해 이런 현상을 만들어냈다. 6세기 이후 로마제국 영역에 속하지 않았던 아르메니아 교회를 제외한 대부분의 동방교회가 12월 25일을 예수의 생일로 기념하는 서방교회의 관습을 받아들였다. 따라서 러시아와 그리스를 비롯한 동방교회도 중세 이후 오랫동안 서방교회와 같이 12월 25일을 성탄절로 기념했다. 그런데 1582년 로마 교황 그레고리우스 13세(Gregorius XIII)가 그때까지 사용되던 율리우스력을 변경해 새로운 달력을 만들었다. 이때 동방정교에 속한 러시아는 그레고리우스력을 거부하고 율리우스력을 계속 사용했다. 두 달력은 13일이 차이가 나고 이 때문에 러시아인들은 지금도 1월 7일을 크리스마스로 기념하고 있다.

지금까지 성탄절 날짜가 기원이 모호하고 여러 차례 변경되었다는 사실을 살펴보았다. 현대인들은 이해하기 힘들겠지만, 이교도의 축일을 성인들의 기념일로 만들거나 이미 정해진 성인들의 기념일을 변경하는 일은 고대와 중세 시기의 교회에서는 매우 흔한 일이었다. 가령 가톨릭교회는 6월 24일을 세례 요한의 축일로 기념하고 있다. 세례 요한은 초기 기독교에서는 예수에 버금가는 위대한 인물로 숭배되었다. 그 때문에 기독교의 성인들은 모두 죽은 날을 기념하는데 단 세 명, 즉 예수와 성모 마리아, 그리고 세례 요한은 태어난 날을 기념한다. 그런데 예수의 생일이 그렇

---

49 신상화, 『로마』, 청년사, 2004, 237~39쪽.

듯이 세례 요한의 생일도 원래 언제인지 확실하지 않다. 그래서 가톨릭교회는 이교도들이 기념하던 하지를 세례 요한의 기념일로 삼았다.[50] 예수를 동지에 기념하니, 다른 중요한 성인은 하지에 기념하는 것이 좋겠다고 생각했던 것 같다.

하나의 예를 더 살펴보자. 가톨릭 신자들이 매우 중요시하는 축일 가운데 만성절이 있다. 가톨릭 국가인 프랑스에서는 현재도 4대 국경일 가운데 하나로 여겨진다. 만성절은 '성모 마리아와 모든 순교 성인'을 기념하는 축일인데, 원래 5월 13일이었다. 그런데 농민들이 불평을 늘어놓기 시작했다. 5월은 농사일이 한창인 농번기인데, 축일에 농사일을 할 수 없었기 때문이다. 이에 중세 교회는 9세기에 만성절 날짜를 원래 켈트인의 축제일이었던 11월 1일로 변경했다.[51] 현대의 핼러윈 데이는 이 날에서 유래했다. 이렇듯 현재 기독교 신자들이 기념하고 있는 성인 축일은 후대 기독교 신자들의 선택에 의해 정해졌다.

사망 연도

「루카 복음서」는 티베리우스가 통치를 시작한 지 15년째 되던 해에 세례 요한이 활동을 시작했다고 전한다.[52] 예수가 세례 요한으로부터 세례를 받고 공생애를 시작했기 때문에 '티베리우스 통치 15년'을 확인하는 일은 매우 중요하다. 이해를 확인하면 예수가 공생애를 시작한 해를 알 수 있다. 그런데 '15년째 되던 해'라는 표현은 모호하다. 티베리우스는 12년 3월에 초대 황제인 아우구스투스에 의해 공동 황제로 선임되어 제국의 동쪽을 다스리기 시작했다. 2년이 흐른 뒤인 14년 8월에 아우구스투

---

50 서양중세사학회, 『서양 중세사 강의』, 느티나무, 2003, 295쪽.
51 유희수, 『낯선 중세』, 문학과지성사, 2018, 286~87쪽.
52 「루카 복음서」 3:1; 김득중, 『요한의 신학』, 컨콜디아사, 1994, 214~29쪽.

스가 세상을 떠나자 제국의 단독 통치자가 되었다. 티베리우스가 공동으로 통치한 해부터 계산한다면 세례 요한이 활동을 시작한 것은 26~27년이 되며, 단독으로 통치하기 시작한 해를 기준으로 한다면 28~29년이 된다.

고대의 기록들을 살펴보면 두 해석이 모두 가능하다. 가령, 이스라엘의 제2대 왕인 다윗은 기원전 961년에 세상을 떠났다. 전임 왕이 세상을 떠난 후에 후임 왕의 통치 연도가 시작된다면 솔로몬의 통치는 기원전 961년이나 기원전 960년에 시작된 것으로 파악해야 한다. 그러나 구약성경은 솔로몬의 통치 원년을 기원전 962년으로 셈하고 있는데, 이는 다윗이 세상을 떠나기 1년 전에 솔로몬을 공동 통치자로 임명했기 때문이다.[53] 반면에 「루카 복음서」가 저술될 때 활동했던 역사가 요세푸스는 『유대 고대사』에서 로마 황제들의 통치 원년을 전임 황제가 세상을 떠난 직후부터 계산했다.[54]

「루카 복음서」가 이방인들을 독자로 설정하고 쓰였고 요세푸스의 방식이 좀더 널리 쓰였다는 사실을 고려하건대, 「루카 복음서」는 티베리우스의 통치년을 그가 단독 황제로 즉위한 14년 8월로 파악했을 가능성이 높다. 그렇다면 티베리우스 통치 15년째 되는 해는 28년 8월에서 29년 8월 사이이다.[55] 세례 요한이 백성에게 세례를 베푼다는 소식을 듣고 예수도

---

53 Thomas H. Perdue, *Passover & Sukkot*, AuthorHouse, 2011, pp. 103~04.
54 George Ogg, 앞의 책, 1940, p. 184.
55 티베리우스 통치 15년을 정확하게 특정하는 것은 불가능하다. 로마제국에서 1년의 시작이 지역별로 달랐다. 가령 유대 지역에서 티베리우스 15년은 28년 4월 28일, 시리아에서는 28년 10월 9일에 시작했다. 또한 로마인들은 황제의 통치년을 통치 시작일이 아니라 호민관 권한을 가진 날짜로 계산했던 데 반해, 동방 지역에서는 통치 시작일로부터 계산했다. 이렇게 복잡한 변수가 많기에 티베리우스 15년은 대략 28~29년을 가리킨다고 추론할 수 있을 뿐이다. 이에 대해서는 Ute E. Eisen·Heidrun Elisabeth Mader (eds.), *Talking God in Society: Multidisciplinary (Re)constructions of Ancient*, Göttingen: Vandenhoeck & Ruprecht, 2020, p. 642 참조.

그에게 가서 세례를 받았다. 세례를 받은 예수는 광야에 가서 40여 일을 수련하는 등 한동안 준비 기간을 거쳐 세례 요한이 분봉왕 헤로데 안티파스를 비판하다가 감옥에 갇힌 후에야 비로소 공적인 활동을 시작했다. 따라서 예수가 공생애를 시작한 것은 30년이다.

공생애를 시작한 이후 예수가 얼마 동안 활동했는지에 대해 복음서의 진술은 엇갈린다. 공관복음서는 예수가 공생애 기간에 단 한 번의 유월절을 맞는 것으로 묘사하고 있는 반면, 「요한 복음서」는 세 번 혹은 네 번의 유월절을 맞는 것으로 묘사하고 있다.[56] 따라서 유월절 횟수를 기준으로 본다면 공관복음서는 1년의 활동 기간을, 「요한 복음서」는 3년 이상의 활동 기간을 설정하고 있다. 공관복음서와 「요한 복음서」가 왜 이런 차이를 보이는지 명확하게 해명하는 글은 지금까지 나오지 않았다. 대체로 초기 기독교 시절에는 1년설을 지지하는 지도자가 많았다. 1~3세기 초기 기독교 지도자들 가운데 발렌티누스, 오리게네스, 알렉산드리아의 클레멘스가 공관복음서의 진술에 근거해 공생애를 1년으로 파악했다. 현대에도 독일의 신학자인 한스 콘첼만을 비롯해 상당수의 학자가 1년설을 지지하고 있다.[57]

그러나 현대의 다수 학자는 공관복음서 내에 예수가 상당히 오랫동안 활동했음을 암시하는 구절들이 있다고 생각하고 있다. 가령 예수는 「마태오 복음서」 23:37-8에서 "예루살렘아, 예루살렘아! 예언자들을 죽이고 자기에게 파견된 이들에게 돌을 던져 죽이기까지 하는 너! 암탉이 제 병아리들을 날개 밑으로 모으듯, 내가 몇 번이나 너의 자녀들을 모으려고 하였던가? 그러나 너희는 마다하였다"라고 말했다. 이 말은 예수가 여러 차

---

56 「요한 복음서」 2:13, 6:4, 11:55는 예수가 예루살렘을 방문했던 유월절을 명시했으며, 「요한 복음서」 5:1은 유대인의 명절이라는 표현을 사용했다.

57 Harold W. Hoehner, *Chronological Aspects of the Life of Christ*, Zondervan Academic, 2010, pp. 46~47.

례 예루살렘을 방문했다는 것을 전제하고 있기 때문에 예수가 단 1회 예루살렘을 방문했다는 서술과는 모순된다. 따라서 「요한 복음서」가 서술하고 있듯이 예수가 여러 해, 아마도 3년이나 4년 활동했다고 파악하는 것이 옳다.[58]

공생애 3년설을 받아들인다면 예수는 33년 유월절에 십자가에서 세상을 떠났다.[59] 예수가 무슨 요일에 세상을 떠났는지에 대해 4복음서는 일치한다. 4복음서 모두 예수가 금요일에 세상을 떠나 일요일에 부활했다고 전한다.[60] 그런데 세상을 떠난 날짜에 대해 공관복음서와 「요한 복음서」는 다르게 서술했다. 「요한 복음서」는 예수가 세상을 떠난 날을 유월절 준비일(니산월 14일, 니산월은 유대 종교력으로 음력 첫째 달의 명칭이다. 태양력 3월과 4월에 걸쳐 있다)로 제시하고 있는 반면, 공관복음서는 유월절 축제 첫 날(니산월 15일)로 기록하고 있다. 두 주장에는 모두 신학적인 관점이 깊이 착색되어 있다. 「요한 복음서」는 예수를 '세상 죄를 지고 가는 어린 양'으로 제시하고 있다. 이는 유대인들의 유월절 관습에 따른 것이다. 유대인들은 유월절이 오면 양을 잡아 그 피를 문설주와 좌우 인방에 발랐다. 「요한 복음서」는 예수가 유월절 양의 역할을 하며, 그 덕분에 기독교 신자들이 죄를 용서받을 수 있다고 주장했다. 따라서 「요한 복음서」는 예수가 유월절 어린 양을 잡는 날인 유월절 축제 시작 전날에 세상을 떠났으며, 그의 시체는 유월절 어린 양처럼 다리를 부러뜨리지 않은 채 처리되었다고 기록했다. 공관복음서는 예수가 유월절 첫날 저녁에 제자들과 최후의 만찬을 나눈 것을 중요시한다. 예수는 최후의 만찬에서 자기 몸과 피를 빵과 포

---

58 Rainer Riesner, Douglas W. Stott (tr.), *Paul's Early Period: Chronology, Mission Strategy, Theology*, Grand Rapids: Wm. Eerdmans, 1998(Germany original edition, 1994), pp. 47~48.
59 김영호, 「갈라디아서 2장에 나타나는 바울의 예루살렘 방문에 대한 역사적-주석적 고찰」, 『신학정론』 40-11, 2022, 88쪽.
60 「요한 복음서」 19:31.

도주에 비유하면서 기념하게 했으며, 그것을 통해 세상을 구원할 새로운 길을 열었다.

두 주장 가운데 어떤 것이 맞는지 확인할 방법은 없다. 초대교회에서는 두 날짜 가운데 어떤 것을 채택할지를 두고 심각한 논쟁이 있었다. 2세기에 에페소 교회를 중심으로 한 아시아 교회는 「요한 복음서」의 진술에 따라 유월절 전야, 즉 니산월 14일을 부활절로 준수했다. 반면에 로마 교회를 중심으로 서방교회는 공관복음서에 따라 유월절 첫날, 즉 니산월 15일에 예수가 부활했다고 생각해 니산월 15일 이후 첫 일요일을 부활절로 준수했다. 3세기에 유대력인 니산월을 완전히 버리고 춘분을 새로운 기준으로 계산하는 방식이 도입되었다. 이 계산법에 따르면, 춘분 이후 보름달이 뜨고 난 후 첫 일요일이 부활절이 된다.[61] 4세기 이후 대다수 기독교 신자들이 이 계산법을 수용해 현재까지 준수하고 있다.[62]

이상의 논증이 널리 받아들여져 예수는 일반적으로 33년 유월절에 세상을 떠났다고 이야기된다. 그러나 이 추론이 절대적으로 확실한 것은 아니다. 1세기 유대 역사가 요세푸스는 세례 요한이 세상을 떠난 연대를 제시하고 있다. 그에 따르면, 36년 분봉왕 헤로데 안티파스는 나바테아(Nabatea)의 왕 아레타스 4세와 벌인 전쟁에서 패했다. 이때 유대인들은 헤로데 안티파스가 패한 것은 하느님이 그가 세례 요한을 처형한 것에 대해 심판을 내렸기 때문이라고 말했다.[63] 세례 요한의 처형과 헤로데 안티파스의 패배가 시기적으로 멀리 떨어져 있지 않았다면 세례 요한은 35년이나 36년에 처형되었다. 그런데 예수는 세례 요한이 감옥에 갇힌 직후에 활동을 시작했다. 따라서 예수가 35년경에 활동을 시작해 3년 동안 하느

61　Michele Renee Salzman, *On Roman Time: The Codex-Calendar of 354 and the Rhythms of Urban Life in Late Antiquity*, University of California Press, 1991, pp. 39~40.
62　이 장은 정기문, 「예수의 출생에 대한 고찰」, 『동국사학』 56, 2014를 수정한 것이다.
63　Josephus, *Antiquitates Judaicae*, 18, 5, 2.

님 나라가 이루어질 것이라고 선포하고 다녔을 가능성이 있다. 이렇게 생각하면 예수는 38년이나 39년에 세상을 떠났다.

예수가 30년이나 33년에 세상을 떠났다는 통념이 너무나 강하기에 대부분의 사람들은 예수가 38년이나 39년에 세상을 떠났을 수 있다는 추론을 과도한 것으로 여길 것이다. 그러나 앞서 설명했듯이 2세기 기독교 세계의 최고 지도자였던 리옹의 이레나이우스는 예수가 48년경에 세상을 떠났다고 주장했다. 초기 기독교 역사에 대해 적으나마 상식이 있는 사람은 이레나이우스의 주장을 터무니없는 것이라고 생각할 것이다. 성경은 초기 기독교의 여러 전승에서 예수가 로마 총독이었던 빌라도에게 재판을 받고 십자가에 매달렸다고 전하는데, 빌라도가 유대 총독으로 근무한 연도는 26년부터 36년까지이기 때문이다. 이레나이우스도 이 사실을 알고 있었기에 그의 책『이단들을 반박함』에서 예수가 빌라도에 의해 십자가에 매달렸다고 썼다.[64]

그렇다면 이레나이우스는 왜 이런 모순을 범했을까? 그가 빌라도의 재임 연도를 정확히 몰랐기 때문이다. 이레나이우스뿐만 아니라 2세기 기독교 신자들은 빌라도의 재임 연도를 잘 몰랐다. 이는 2세기 말이나 3세기 초에 익명의 기독교 신자가 쓴 '빌라도가 클라우디우스 황제에게 보낸 편지'(Epistola Pilati ad Claudium)에서 확인된다. 이 편지에서 빌라도는 자신이 섬기는 황제인 클라우디우스에게 예수의 재판 과정을 설명했다. 그런데 클라우디우스는 41년에 로마 황제가 되어 54년에 세상을 떠났다. 따라서 이 편지는 연대 착오를 범하고 있는데, 편지 작성자를 포함해 초기 기독교 신자들이 빌라도의 재임 시기를 제대로 몰랐음을 보여준다. 이 때문에 이레나이우스는 예수가 50세까지 살아 48년경에 세상을 떠났지만 빌라도에 의해 십자가에 매달렸다고 믿었던 것이다.

---

64 Irenaeus, 앞의 책, 4, 23, 2.

이레나이우스의 생각은 예수가 기원전 5년~기원전 4년경에 태어나 기원후 33년경에 세상을 떠났다는 현대의 정설과 너무나 다르다. 그렇지만 4복음서를 열심히 읽고 충실히 따른다면 이레나이우스처럼 생각하는 것이 충분히 가능하다. 결국 예수의 출생 연도와 사망 연도에 대한 4복음서의 진술은 모순투성이이다. 예수에게서 직접 배운 제자들이나 제자들과 함께 일했던 사람들이 썼다는 4복음서가 예수의 태어난 해와 죽은 해에 대한 기본적인 사실도 이렇게 다르게 설명하고 있다. 세상 어느 누구도 4복음서를 통해 예수의 출생일과 사망일을 정확하게 밝혀낼 수는 없다.

제2장

예수의 가족은 예수를 죽이려고 했는가

예수의 가족은 예수를 미쳤다고 생각했는가

로마의 성 베드로 대성당에 「피에타」('비통'이라는 의미의 이탈리아어)라는 작품이 있다. 르네상스의 거장 미켈란젤로가 십자가에서 죽은 아들 예수를 무릎에 안고 있는 마리아를 조각한 것이다. 예수의 주검을 바라보는 마리아의 비통함이 너무나 절제되어 있어 피에타상을 본 사람들은 마음 깊은 곳에 슬픔이 흐르는 것을 느낄 수 있다. 미켈란젤로는 수많은 작품을 만들었지만 오직 이 작품에만 자신이 만들었다는 사인을 새겼다.

미켈란젤로는 24세에 이 작품을 만들었는데, 사람들이 아직 미켈란젤로를 잘 모를 때였다. 「피에타」를 관람한 순례객들이 이렇게 위대한 작품을 누가 만들었을까 궁금해했는데, 크리스토포로 솔라리(Christoforo Solari)가 만들었다는 소문이 돌았다. 미켈란젤로는 자신의 작품에 다른 사람의 이름이 오르내리는 것을 참을 수 없어 사람들이 잘 볼 수 있도록 성모 마리아의 가슴에 그의 이름을 새겨 넣었다.[1] 이 일화는 미켈란젤로의 「피에타」에 대한 애정이 얼마나 컸었는지를 잘 보여준다. 미켈란젤로 이외에도 유럽의 많은 예술가가 피에타상을 만들거나 그림을 그렸다. 따라서 유럽의 박물관이나 성당에 가면 피에타상을 쉽게 볼 수 있다.

「피에타」와 대척점을 이룬 작품이 「수태고지」이다. 하느님을 보좌하는 가브리엘 천사가 처녀였던 마리아에게 나타나 그녀가 남자와 성관계를 맺지 않고 하느님의 성령으로 임신하게 될 것을 알리는 장면을 묘사하고 있다. 역시 많은 예술가가 이 장면을 그렸는데, 피렌체의 우피치 박물관에 소장되어 있는 레오나르도 다 빈치(Leonardo da vinci)의 작품이 유명하다.

「수태고지」와 「피에타」라는 작품을 보면 마리아는 예수를 임신한 순간부터 숭고하고 헌신적인 어머니였고 예수가 십자가에 매달릴 때까지 평생 예수를 위해 희생했을 것 같다. 인류의 역사 500만 년 동안 오직 그녀만이 남자와 성관계를 맺지 않고 아들을 낳았다. 그런 기이한 일이 왜 일어났는지 몰랐다면 매우 불안했겠지만, 하느님이 천사 가브리엘을 보내 "너는 하느님의 은총으로 임신할 것이고, 태어날 아기는 거룩하신 분으로 하느님의 아드님이라고 불릴 것이다"[2]라고 말해주었다. 따라서 마리아는 전혀 불안해하지 않고 자신이 특별한 은총을 받은 여인이며, 자신의 아들이 하느님의 아들로서 세상을 구원할 것이라는 확신을 갖고 있었음이 틀림없다.

그러나 성경을 읽어보면 이런 예상은 금세 깨져 버린다. 복음서들에 따르면, 예수는 세례 요한에게 세례를 받은 후에 병을 치료하고 죽은 자를 살리며 많은 기적을 행했다. 또한 뛰어난 설교로 많은 사람을 감동시켰다. 예수는 갈릴래아 전역에서 명성을 얻은 후에 고향 나자렛을 방문했다. 그런데 고향 사람들은 예수를 환영하기는커녕 "별 볼일 없는 집안 사람이 무엇을 하는지 모르겠다"라면서 무시했다. 그러자 예수는 "예언자는 어디에서나 존경 받지만 고향과 친척과 그의 집안에서만은 존경받지 못한다"[3]라고 말했다. 이 구절의 '그의 집안'은 예수의 가족을 의미한다. 따라

---

1 Enrica Crispino, *Michelangelo*, Giunti, 2001, p. 34.
2 「루카 복음서」 1:35.

서 어머니 마리아를 비롯한 예수의 가족은 예수를 존중하지 않았다.

예수의 가족이 예수를 존중하지 않았던 것은 예수가 미쳤다고 생각했기 때문이다. 「마르코 복음서」는 이 사실을 다음과 같이 전한다.

> 예수께서 집 안으로 들어가셨다. 다시 군중들이 모여들어 예수의 일행은 음식을 먹을 수조차 없었다. 그런데 예수의 친척들이 소문을 듣고 예수를 붙잡으려고 왔다. 그들은 예수께서 미쳤다고 생각했다.[4]

이 구절에서 예수가 미쳤다고 생각한 친척은 누구인가? 헬라어 원어 성경으로 보면 친척은 '호이 파라 아우투'(οἱ παρα αὐτου)이다. 이 어구의 단어적 의미는 '그의 곁으로부터 온 자들'이라는 뜻인데, '그의 사절단', '그의 추종자들', '그의 부모/친척' 등을 가리킨다. 한글 번역 성경들은 이 단어를 친족 혹은 친척이라고 번역하고 있다.

그렇지만 이 단어는 '예수의 가족'을 가리키고 예수의 가족에는 어머니도 포함되었음이 틀림없다.[5] 바로 다음 구절에 예수의 어머니와 형제들이 등장하기 때문이다. 그렇다면 이 구절은 예수의 어머니를 포함해 예수의 가족이 그가 미쳤다고 생각했음을 의미한다. 하느님으로부터 신령한 예고를 받고 하느님의 아들을 낳은 신성한 여인 마리아가 예수가 미쳤다고 생각했다니, 이 구절은 너무나 기이하다.

---

3 「마르코 복음서」 6:4.
4 「마르코 복음서」 3:21.
5 John Painter, *Just James: The Brother of Jesus in History and Tradition*. University of South Carolina Press, 2004, p. 22; 이상목, 「예루살렘 교회의 야고보: 초기 교회의 정황과 야고보의 역할」, 『대학과 선교』, 2018, 73~74쪽.

예수의 가족이 예수가 미쳤다고 생각한 이유

대부분의 학자는 예수의 가족이 예수가 미쳤다고 생각해 그를 제어하려고 시도할 정도로 예수의 공생애에 대해 적대적인 태도를 취했다고 생각하고 있다.[6] 그런데 예수와 가족이 서로 적대했다고 보는 시각은 다시 그것을 역사적 사실로 보는 견해와 「마르코 복음서」 저자의 문학적 창작으로 보는 견해로 나뉜다.

이 대립을 역사적 사실로 보는 견해는 예수가 너무나 파격적인 주장을 펼쳤기 때문에 평범한 인간이었던 그의 가족이 예수의 행동을 이해하지 못했다고 주장한다. 가령 요아힘 그닐카(Joachim Gnilka)는 "예수의 범상치 않은 생활 양태가 그럴 법하게 쉽사리 가족과의 불화를 낳은 계기가 될 수 있었다. 예수 자신도 그런 일에 마주쳤으니 전승에서 여러 자취가 확인되는 바와 같다. 해석하기 어려운 친척들이 예수가 미쳤다고 하면서 붙들러 나섰다는 장면은 편집된 색채가 짙기는 하지만 친척들의 몰이해로 인한 소원한 관계가 전승의 확고한 구성 요소이다"[7]라고 주장했다.

이는 대단히 인간적인 해석으로 역사적 사실을 반영하고 있을 가능성이 있다. 예수가 장남이었고 요셉이 일찍 죽었다면, 그는 가족의 생계를 책임져야 할 가장이었다. 그런 인물이 일을 하지 않고 대의를 추구하기 위해 집을 나갔으니, 가족으로서는 상당히 난감했을 것이고 그 난감이 적대감으로 변형되었을 수 있다. 그렇지만 이 해석은 예수의 가족, 특히 어머니 마리아가 하느님으로부터 아무런 계시를 받지 않은 평범한 인간이었음을 전제하고 있다. 이렇게 생각하면 예수의 어머니 마리아가 신성한 여

---

[6] Richard Bauckham, *Jude and the Relatives of Jesus in the Early Church*, London: T&T Clark, 1990, pp. 46~47.

[7] 요아힘 그닐카, 정한교 옮김, 『나자렛 예수: 말씀과 역사』, 분도출판사, 2002, 234쪽; Joel Marcus, *Mark 1-8*, New York, 2000, pp. 279~80.

인이었다는 성경의 다른 구절들을 해명할 수 없다.

이렇게 해명하지 않고, 예수의 가족이 예수가 미쳤다고 생각했다는 진술이 역사적 사실이 아니라 문학적 창작이라는 견해도 있다. 이 견해는 「마르코 복음서」에 대한 '신학적 읽기'에 의존한다. 이렇게 주장하는 학자들에 따르면, 「마르코 복음서」의 저자는 이른바 '샌드위치 구조'를 즐겨 사용했다. "샌드위치 구조란 한 사건에 대한 기술 가운데에 언뜻 보기에는 별로 상관없어 보이는 별개의 이야기를 삽입해 놓은 방식"[8]이다. 이를 도식으로 표현하면 A1-B-A2이라고 할 수 있다. 앞에서 인용한 예수와 친족의 관계에 대한 이야기는 제3장 제20절에서 제35절까지 하나의 단위로서 전형적인 샌드위치 구조를 하고 있다. 이를 도식으로 살펴보면 다음과 같다.[9]

A1 - 20~21(절) 예수의 가족이 예수를 잡으러 옴
B - 22~30(절) 서기관들이 예수가 귀신과 연합했다고 비난함
A2 - 31~35(절) 예수의 진정한 가족에 대한 가르침

「마르코 복음서」의 기자가 이 기사를 샌드위치 구조를 이용해 서술한 이유는 무엇일까? A1에서 '진정한 가족'에 대한 질문을 던지고 독자로 하여금 잠시 생각할 틈을 준 후에, A2에서 그 답을 제시하기 위한 것이다. 이때 B는 답을 찾는 데 있어 실마리 역할을 한다. 이 기사에서 B는 예수의 육신의 가족은 유대교의 서기관들처럼 예수의 진정한 사역이나 정체를 알아보지 못했을 뿐만 아니라 예수가 미쳤다고 생각했다. 따라서 육신의 가족은 '진정한 가족'이 아니고 오직 예수와 함께 하느님의 뜻을 실천

---

8 양용의, 『마르코 복음서 어떻게 읽을 것인가』, 한국성서유니온선교회, 2010, 88쪽.
9 김창성, 「설교 구조의 다양성 중 하나로서의 마르코 복음서 샌드위치 구조 연구」, 총신대학교 석사학위논문, 2012, 41, 48쪽.

하는 자가 진정한 가족이다.[10]

이 기사를 이렇게 해석하는 것은 「마르코 복음서」가 전체적으로 견지하고 있는 신학과 잘 조응된다. 「마르코 복음서」에서 예수의 제자들은 예수가 메시아라는 사실을 깨닫지 못했으며, 예수의 정체성을 두고 예수와 거듭해 대립했다. 예수는 자신이 수난을 당해야 한다고 가르쳤지만 제자들은 영광의 메시아를 꿈꾸었다. 그들은 예수가 많은 가르침을 주고 여러 차례에 걸쳐 기적을 보여주었음에도 불구하고 어리석어 예수가 누구인지 몰랐다.[11] 예수의 가족도 제자들처럼 예수의 참된 정체를 알아보지 못하고 예수에 맞섰다. 「마르코 복음서」의 기자는 바로 이런 신학적 견지, 즉 '메시아의 비밀'이라는 관점에서 이 기사를 작성했다.[12]

「마르코 복음서」의 기자가 메시아의 비밀이라는 관점으로 예수의 제자들과 가족을 한 묶음으로 편성해 그들이 예수의 정체를 제대로 알아보지 못했을 뿐만 아니라 예수와 대립하기까지 했다고 썼던 목적은 무엇일까? 그것은 1세기 중반에 펼쳐졌던 여러 분파의 주도권 경쟁에서 예수의 제자들과 가족을 추종하는 무리를 견제하고 제자들과 가족이 아닌 집단이 주도권을 장악하기 위한 것이었다. 따라서 「마르코 복음서」는 이방인 기독교를 대변하는 어떤 분파의 작품이라고 할 수 있다.

이에 대해 미국에서 역사적 예수에 대한 연구를 선도하고 있는 존 도미니크 크로산(John Dominic Crossan)은 매우 흥미로운 주장을 펼쳤다. 그에 따르면, 「마르코 복음서」 3:20-35의 기사는 「마르코 복음서」에 나타나는 예수 가족에 대한 다른 기사와 함께 읽어야 한다. 「마르코 복음서」에는 모두 세 개의 예수 가족 기사가 나타나는데, 세 기사 모두에서 예수

---

10 양용의, 「예수의 적대자들과 예수의 진정한 가족」, 『국제신학』 2, 2000, 63~64쪽.
11 「마르코 복음서」 6:52.
12 Delbert Burkett, *An Introduction to the New Testament and the Origins of Christianity*, Cambridge University Press, 2002, p. 161.

의 가족은 예수의 정체를 제대로 알아보지 못하거나 그와 대립했다. 그런데 예수 가족의 구성원에 대한 묘사에서 아버지 요셉은 등장하지 않고 어머니와 형제자매만 나온다. 예수가 활동할 시점에 아버지 요셉이 죽고 없었기 때문이라고 생각할 수도 있지만, 아버지가 죽은 경우에도 아들을 소개할 때 아버지의 이름으로 소개하는 것이 유대의 관습이었다. 따라서 요셉이 등장하지 않은 것은 매우 기이한 일이다. 「마르코 복음서」의 기자가 예수의 가족을 이런 방식으로 소개하고 있는 것은 예루살렘 교회의 구성을 떠올리게 한다. 예수의 어머니와 형제자매는 예루살렘 교회에서 주도적인 위치를 차지하고 있었다. 「마르코 복음서」의 저자는 바로 예루살렘 교회가 원시 기독교의 주도권을 행사하는 것에 대해 반대했으며, 그렇기 때문에 예루살렘 교회의 주요 구성원을 예수에 적대적인 활동을 한 존재로 묘사했다.[13] 따라서 예수의 가족이 예수를 미쳤다고 생각했다는 진술은 「마르코 복음서」의 저자의 편집적 창작이다.[14]

두 견해 중 어느 것이 더 맞을까? 예수의 가족이 예수와 정말로 적대했다면 예수의 어머니 마리아를 비롯한 예수의 가족은 예수의 공생애를 반대했을 것이다. 이렇게 생각할 경우에 예수의 어머니 마리아가 하느님으로부터 신성한 명령을 받고 예수를 낳았다는 구절들을 해명하기 곤란하다. 만약 예수와 가족의 대립이 역사적 사실이 아니라 「마르코 복음서」 저자의 창작이라면, 신약성경은 역사적 사실이 아니라 신약성경 작가들의 문학적 창작물이다. 예수의 가족에 대한 이야기는 두 번째 견해가 더 맞을 가능성을 보여준다. 「마르코 복음서」를 제외한 신약성경의 다른 구

---

13 John Dominic Crossan, "Mark and Relatives of Jesus", *Novum Testamentum*. 15-2, 1973, pp. 112~13.
14 John Dominic Crossan, 앞의 글, 1973, p. 84. 그러나 후에 크로산은 예수를 견유학파 철학자로 파악하면서 이 기사가 어떤 역사적 사실을 반영하고 있을 가능성이 있다는 견해를 펼쳤다. 이에 대해서는 존 도미닉 크로산, 김준우 옮김, 『역사적 예수』, 한국기독교연구소, 2000, 554쪽 참조.

절들, 그리고 신약성경 이외의 자료들은 예수의 가족이 예수의 공생애를 방해하지 않고 협력했음을 보여주기 때문이다. 먼저 신약성경에서 예수의 가족에 대한 다른 상을 전하는 구절들을 찾아보자.

「요한 복음서」가 제시하는 마리아상

신약성경에는 네 개의 복음서가 있다. 맨 처음 「마르코 복음서」가 쓰였고, 다음으로 「마태오 복음서」, 「루카 복음서」, 「요한 복음서」가 차례로 쓰였다. 앞 세 복음서는 같은 관점을 취하고 있기 때문에 공관복음서라고 불린다. 「요한 복음서」는 예수 일생의 여러 주제에 대해 공관복음서와 사뭇 다른 상을 전하는데, 예수의 어머니 마리아에 대해서도 다른 복음서에 없는 이야기를 전한다.

「요한 복음서」에 따르면, 예수가 막 공생애를 시작하기 위해 준비하고 있을 무렵에 예수와 마리아는 나자렛에서 동쪽으로 6킬로미터 정도 떨어진 마을인 카나(Cana)에 가게 되었다. 그곳의 결혼식 잔칫집에 초청을 받았기 때문이다. 「요한 복음서」는 모자가 이때 겪은 일을 다음과 같이 전한다.

사흘째 되던 날 갈릴래아 지방 카나라는 마을에서 혼인 잔치가 벌어졌다. 예수의 어머니가 그곳에 있었다. 예수와 그의 제자들도 초대를 받았다. 그런데 잔치를 마치기 전에 포도주가 다 떨어졌다. 예수의 어머니가 예수에게 "포도주가 떨어졌다"라고 말했다. 예수는 "어머니, 그것이 저와 무슨 상관이 있습니까? 아직 저의 때가 오지 않았습니다"라고 말했다. 예수의 어머니는 하인들에게 "무엇이든지 예수가 시키는 대로 하시오"라고 말했다. 예수가 하인들에게 "물 항아리에 물을 가득 부으시오"라고 말했다. 하인들이 여섯 항아리에 물을 가득 채우자 예수가 "이제 그것을 퍼서 잔치를 주관하는 이에게 갖다주시오"라고 말했다. 하인들이 시키는 대로 하자, 잔치

를 주관하는 이가 물을 맛보았는데 물은 어느새 포도주로 변해 있었다.[15]

이 기사는 예수가 행한 첫 기적을 전하는 것으로 유명하다. 물을 포도주로 변화시킨 것이 하느님의 아들인 예수가 행한 최초의 기적이라니, 의아하게 생각할 수도 있다. 많은 사람이 이렇게 생각하는 것은 한국 개신교가 신자들에게 술 마시는 것을 금지하고 있기 때문이다. 그렇지만 고대 이스라엘 사람들은 모든 사람이 포도주를 마시는 것을 당연한 것으로 여겼으니, 이상할 것이 하나도 없다. 더욱이 예수는 '먹보', '술꾼'이라는 별명을 가지고 있을 정도로 포도주를 즐겨 마셨다.

일반적으로 신학자들은 이 기사를 읽으면서 물을 포도주로 바꾼 것의 의미를 파악하는 데 집중한다. 신학자들에 의하면, 예수가 기적을 행한 항아리는 유대교에서 정결례(몸에 깨끗하게 하는 의식)에 사용할 물을 담았던 통이다. 유대교 지도자들은 유대인이 여러 가지 불결한 것에 접촉했을 때 깨끗한 물로 씻어야 한다고 가르쳤기에 유대인의 집에는 깨끗한 물을 담는 항아리가 있었다. 그런데 예수가 그 항아리에 담긴 물을 술로 바꾸어버렸다는 것은 예수가 유대교의 정결례를 폐지했음을 의미한다.

유대교의 정결례는 율법의 핵심 요소인데, 정결례를 폐지하는 것은 율법을 폐지한다는 것을 의미한다. 이렇게 해석할 경우에 유대교를 폐지하고 새로운 종교를 연 사람은 누구일까? 당연히 예수이지만 앞의 기사에는 특이한 점이 있다. 예수가 자신의 의지로 물을 포도주로 변화시킨 것이 아니라 어머니 마리아의 권유를 받아들여 그렇게 했다는 것이다. 마리아의 행동을 어떻게 해석해야 할 것인가? 어떤 학자들은 마리아가 주제넘는 행동을 해서 핀잔을 당했다고 해석했다.[16]

이런 해석은 마리아와 예수의 형제들이 예수의 활동에 대해 부정적인

---

15 「요한 복음서」 2:1-9.
16 배현주, 「예수의 어머니 마리아」, 『교육 교회』 164, 1990, 36쪽.

태도를 취했다는 편견에서 기인한 것이다. 앞의 기사를 가감 없이 읽어보면 마리아는 예수의 능력을 제대로 알고 있었고 예수가 이제 적극적으로 활동할 때가 되었다고 생각했다. 그녀는 예수에게 물을 포도주로 변화시킴으로써 세상을 바꾸려는 활동을 시작하라고 요청했다. 예수는 아직 때가 되지 않았다고 대답하면서 마리아의 요청을 물리쳤지만, 마리아는 포기하지 않고 적극적으로 권함으로써 예수가 자신을 드러낼 수 있도록 환경을 조성했다. 예수는 마리아의 거듭된 요청을 받은 후에야 비로소 기적을 행했다. 이 기적으로 말미암아 예수의 영광이 처음으로 카나에서 드러났고 제자들도 예수를 더욱 신뢰하게 되었다.

「요한 복음서」에 따르면, 어머니 마리아의 예수에 대한 믿음은 예수의 생애 내내 유지되었다. 이는 예수의 십자가 처형 장면에 대한 묘사에서도 확인된다. 예수가 십자가에 매달릴 때 "예수의 곁에는 어머니와 이모, 클로파스의 아내 마리아, 그리고 막달라 마리아가 서 있었다".[17] 예수의 어머니 마리아가 예수의 임종을 지킨 것은 특별한 일이다. 예수의 고향 나자렛에서 예루살렘까지는 5일 이상이 걸리는 먼 길이었다. 더욱이 예수가 정치범으로 십자가에 매달렸기 때문에 예수의 제자들은 대부분 도망가 버리고 없었다. 따라서 예수의 어머니 마리아가 예수의 임종을 지켰다는 것은 예수의 일생에 대한 깊은 신념과 믿음이 있었기 때문에 가능한 일이었다.

이렇듯 마리아는 예수를 적극적으로 믿었고 그의 공생애를 적극적으로 도왔다. 평생 마리아의 보살핌을 받으면서 살았던 예수는 죽음의 순간에 다음과 같이 말했다.

> 예수께서는 당신의 어머니와 그 곁에 서 있는 사랑하시는 제자를 보시고 먼저 어머니에게 "여인이시여, 보십시오, 당신의 아들입니다" 하고는 그

---

17 「요한 복음서」 19:25.

제자들에게는 "이분이 네 어머니이시다"라고 말씀하셨다. 이때부터 그 제자는 마리아를 자기 집에 모셨다.[18]

이 구절에서 예수는 죽음의 순간에 자신이 마리아의 아들임을 강조했다. 이는 예수가 마리아의 권위를 적극적으로 인정했음을 의미한다. 특히 '사랑하는 제자'에게 어머니를 부탁했다는 것은 제자들이 어머니의 생계를 책임져달라는 것이 아니라 어머니의 권위를 인정하라는 것이었다. 이 사실은 이후 마리아와 예수의 가족이 원시 기독교에서 높은 권위를 차지하는 데 중요한 역할을 했다.

이렇게 「요한 복음서」는 예수가 공생애를 시작할 때부터 수난당할 때까지 그의 가족이 중요한 역할을 했다고 전한다. 「요한 복음서」의 이런 묘사는 「마르코 복음서」를 비롯한 공관복음서의 묘사와는 사뭇 다르다.[19] 따라서 「마르코 복음서」의 진술에 문제가 있을 가능성이 높다. 이런 생각을 가지고 예수의 동생들에 대한 신약성경의 묘사에 대해 생각해보자.

예수의 형제들은 예수가 죽기를 바랐는가

성경에 따르면, 예수에게는 네 명의 형제가 있었다. 그들의 이름은 "야고보, 요세(요셉), 유다, 시몬"이었다. 예수가 공생애를 시작한 이후 고향을 방문했을 때, 마을 사람들은 "그는 목수와 마리아의 아들이며, 그의 형제는 야고보, 요세, 유다, 시몬이고, 그의 누이들이 함께 살고 있다"[20]라고 했다. 이 구절에 나오는 예수의 형제들은 누구일까? 성경을 읽어보면 이런 질문을 하는 것 자체가 이상할 수 있다. 성경이 아무런 단서도 달지 않고

---

18 「요한 복음서」 19:25-26.
19 정기문, 「예수와 여성」, 『동국사학』 54, 2013, 312~16쪽.
20 「마르코 복음서」 6:3.

형제라고 했으니, 네 명은 예수의 친형제임이 명확하기 때문이다.

그런데 이들을 친형제라고 믿기에는 매우 이상한 구절이 있다. 「요한 복음서」에 따르면, 예수가 공생애를 시작하고 많은 기적과 놀라운 가르침을 펼치자 유대인들이 그를 질시하고 미워했다. 유대인들은 예수가 자신을 하느님에 버금가는 존재라고 주장하는 것을 신성모독이라고 여겼다. 따라서 유대인들이 예수를 죽이려고 했으므로 예수는 한동안 유대 본토에 가지 않고 갈릴래아 지방에서만 가르침을 펼쳤다. 그때 예수의 형제들이 다음과 같이 말했다.

> 그래서 예수의 형제들이 그분께 말했다. "이곳 갈릴래아를 떠나 유대로 가서 당신의 제자들이 당신이 하시는 일들을 보게 하십시오. 널리 알려지기를 바라면서 비밀리 일하는 사람은 없습니다. 이런 일들을 하려면 자신을 세상에 드러내십시오." 사실, 예수의 형제들은 그분을 믿지 않았다.[21]

이 문장에서 예수의 형제들은 예수를 격려하고 있는가, 아니면 예수를 비웃고 있는가? 예수를 비웃고 있으며, 심지어 은근히 예수가 유대 지역으로 가서 "적대자들의 손에 죽기를 바랐다"라고 해석하는 사람도 있으며, 예수의 형제들이 "주저하지 마시고 적극적으로 활동하십시오"라고 격려했다고 해석하는 사람도 있다. 어느 해석이 옳은지는 "사실, 예수의 형제들은 그분을 믿지 않았다"라는 구절을 어떻게 볼 것인가에 달려 있다.

일반적으로 "사실, 예수의 형제들은 그분을 믿지 않았다"라는 구절을 액면 그대로 받아들여 예수의 형제들이 예수를 미워하고 은근히 죽기를 바랐다라고 해석된다. 그러나 이 구절은 원래 교회 전승에 있었던 것이 아니라 「요한 복음서」의 저자가 전해 내려오던 전승을 편집하면서 첨가했을

---

21 「요한 복음서」 7:2-5.

수도 있다. 이러한 주장을 받아들여 이 문장을 해석하면 예수의 동생들이 예수에게 망설이지 말고 큰 뜻을 펼치십시오라고 권유했다는 의미로 읽힌다.

이 추론을 뒷받침하는 증거들이 있다. 먼저 「사도행전」에 따르면, 예수가 부활해 승천한 후에 예루살렘 교회가 수립되었는데, 최초의 모임이라고 할 수 있는 이른바 '마르코의 다락방' 모임에 '예수의 어머니 마리아와 그의 형제들'이 참석했다.[22] 이 사실은 누구나 인정하는 역사적 사실인데, 사도 바울이 개종한 후 예루살렘 교회를 방문했을 때 '주의 형제 야고보'를 보았다고 명확히 밝혔기 때문이다.[23] 예수의 어머니와 형제들이 예루살렘 교회의 창립 멤버였다면 그들은 언제부터 예수의 사역을 도왔던 것일까?

이에 대해 전통적으로 예수의 부활 이후라는 설명이 우세하다.[24] 이 설명에 의하면, 부활한 예수는 주의 형제 야고보에게 나타났고 그때 감명받은 주의 형제 야고보는 기독교 신자가 되었다. 사도 바울이 기독교를 박해하다가 예수의 환영을 만나 극적으로 개종했듯이, 주의 형제 야고보를 비롯한 예수의 가족은 훼방자였다가 예수의 부활을 보고 회심해 개종했다. 신앙의 세계에서 이런 일이 없는 것은 아니지만 예수 가족의 상황은 이렇게 볼 수 없다. 앞에서 설명했듯이 복음서에 예수의 가족이 예수를 도왔을 가능성을 암시하는 기사가 여럿 있기 때문이다.[25] 또한 1945년 이집트에서 이른바 나그함마디 문서가 발견되면서 새로이 주목받고 있는 외

---

22 「사도행전」 1:14.
23 「갈라티아 신자들에게 보낸 서간」 1:19; Hershel Shanks·Ben Witherington III, *The Brother of Jesus*, Harper San Francisco, 2003, pp. 118~19.
24 게르트 타이쎈·아네테 메르츠, 손성현 옮김, 『역사적 예수』, 다산글방, 2001, 322쪽.
25 Raymond Brown, *The Community of the Beloved Disciple*, New York, 1979, pp. 75~76.

경 자료들이 이 견해를 뒷받침한다.

예수의 가족에 대한 문제에서 가장 먼저 살펴보아야 할 외경 자료는 나그함마디 문헌 가운데 하나인 「야고보 제1계시록」이다. 이 문헌에서 주의 형제 야고보는 수난을 앞둔 예수와 대화를 나누었다. 예수는 자신의 수난에 대해 예고했고 그 의미를 설명했다. 야고보는 그것을 담담히 받아들였고 수난 이후에 만나기를 희망했다. 수난 이후 예수는 가우겔라(Gaugela)산에서 기도하고 있던 야고보에게 나타나 그의 수난이 갖는 의미와 우주의 생성 그리고 운영에 대해 설명했다.[26] 따라서 「야고보 제1계시록」에 따르면, 주의 형제 야고보는 예수가 세상을 떠나기 이전에 이미 예수의 협력자였다.

이 사실은 또 다른 문서, 즉 「히브리인의 복음서」에서도 확인된다. 「히브리인의 복음서」는 원래 2,200행이나 되는 긴 복음서였는데, 2세기 기독교인들 사이에서 인기가 높았다. 2~3세기의 여러 교부들이 이 작품에 대해 이야기했다. 2세기 초의 교부였던 파피아스(Papias)와 2세기 후반에 활동했던 헤게시푸스(Hegesippus)가 이 복음서를 알고 있었으며, 3세기에 알렉산드리아의 클레멘스와 오리게네스가 이 복음서를 인용했다.[27] 따라서 이 복음서의 저술 연도는 2세기 중반 이전이며, 이 복음서에 실려 있는 기사 가운데 다수는 1세기 후반에 형성되었을 가능성이 높다. 그런데 이 복음서에는 예수가 수난을 앞두고 주의 형제 야고보와 대화하는 장면이 나온다. 이 이야기는 「야고보 제1계시록」이 전하는 이야기와 내용이 유사하다. 이는 「야고보 제1계시록」의 기사가 1세기부터 널리 알려졌던 것임을 입증한다. 따라서 이 자료들을 살펴보면 주의 형제 야고보는 예수가 부활한 이후에 비로소 기독교 신자가 된 것이 아니라 예수가 살아 있

---

26 "First Apocalypse of James", 25.7f, 29.4f.; John Painter, *Just James: The Brother of Jesus in History and Tradition*, Univ. of South Carolina Press, 2004, pp. 324~27.

27 송혜경 역주, 『신약 외경: 상권 복음서』, 한님성서연구소, 2009, 131쪽.

었을 때 이미 그의 동역자였음을 알 수 있다.

이렇게 볼 경우에 예수의 형제들은 예수에게 우호적인 태도를 갖고 있었다. 그렇다면 "사실, 예수의 형제들은 그분을 믿지 않았다"라는 문구는 어떻게 설명해야 할 것인가? 이 구절은 100년경 「요한 복음서」의 저자가 「요한 복음서」를 쓸 때 첨가한 것 같다. 그가 이 구절을 첨가한 경위는 다음과 같다.

예수가 죽은 직후부터 예수의 말과 행동이 구전을 통해 전해왔다. 그것들은 40~50년대에 단편적으로 기록되기 시작했으며, 복음서 작가들이 복음서를 쓸 때 구전 전승과 이런 단편들을 참고했다. 「요한 복음서」의 작가는 "이곳 갈릴래아를 떠나 유대로 가서 당신의 제자들이 당신이 하시는 일들을 보게 하십시오. 널리 알려지기를 바라면서 남몰래 일하는 사람은 없습니다. 이런 일들을 하려면 자신을 세상에 드러내십시오"라는 구절을 구전으로든 단편 기록으로든 물려받았다. 그런데 「요한 복음서」의 기자가 글을 쓸 시점인 기원후 100년경에 기독교는 이방인 중심의 종교가 되어 있었다.[28] 곧 살펴볼 것처럼 이 시기에 예수의 가족, 특히 예수의 형제들은 가치 없는 존재를 넘어 없어져야 할 존재로 여겨졌다. 「요한 복음서」의 저자는 이런 생각을 가지고 "사실, 예수의 형제들은 그분을 믿지 않았다"라는 자신의 해석을 첨가했다. 이는 예수의 형제들을 기독교 역사에서 제거하려는 시도이다. 이 작업은 「요한 복음서」의 저자에서 끝나지 않고 2세기 이후에도 계속된다.

예수의 형제들을 제거하기

「마르코 복음서」와 「요한 복음서」는 예수의 형제들이 예수를 미쳤다고

---

28 「요한 복음서」 7:2-5.

생각해 제어하려고 했고 심지어 그가 죽기를 바랐다고 전한다. 2세기 이후 기독교 신자들은 이들의 존재를 더욱 마뜩잖게 여기게 되었다. 두 가지 측면에서 예수에게 형제들이 있다는 사실이 거북했다.

먼저 2세기 이후 기독교 신자들은 거의 전적으로 이방인 출신으로 구성되었다. 기독교는 원래 유대교 내의 한 분파였기 때문에 출범 당시에는 전적으로 유대인으로 구성되어 있었다. 그런데 유대인의 다수가 기독교를 받아들이지 않은 반면, 이방인들이 서서히 기독교를 받아들였다. 그리하여 1세기 말이 되면 기독교 신자 가운데 이방인 출신이 다수가 되었다. 이방인이 다수가 되기 이전인 1세기 중엽에 기독교 신자들 사이에는 격렬한 노선 투쟁이 있었다. 대다수 유대인 출신 신자는 유대교 전통을 고수하려고 했으며, 유대인 출신 신자는 물론이고 이방인 출신도 율법을 지켜야 한다고 주장했다. 이들 가운데 강경한 태도를 취하던 자들을 할례당이라고 부른다. 그에 반해 사도 바울은 이방인 출신 신자는 물론, 유대인 출신 신자도 율법을 지킬 필요가 없다고 주장했다. 할례당은 바울파를 적극적으로 탄압했는데, 이때 주의 형제 야고보를 그들의 우두머리로 제시했다. 할례당의 공격이 거셌기 때문에 60~70년대 바울파 교회는 거의 소멸될 정도로 교세가 위축되었다. 그런데 66년 유대인이 로마에 저항해 대반란을 일으켰다. 70년 로마가 예루살렘을 점령함으로써 반란은 진압되었는데, 이때 할례당 신자들이 대거 학살당했다. 이후 기독교는 이방인 출신 신자 중심으로 성장하게 된다. 따라서 70년 이후 기독교 신자들은 주의 형제 야고보를 할례당의 우두머리이자 보수적인 신학을 견지한 지도자로 인식해 그를 제거해야 할 필요성을 강하게 느꼈다.

두 번째, 1세기 후반 이후 기독교 신자들은 예수를 하느님에 버금가는 존재이거나, 아니면 하느님 자체라고 생각했다. 초인간적인 존재인 하느님이 육신의 형제들을 갖고 있다는 것은 매우 어색하다. 그리고 기독교 신자들은 마리아가 처녀로서 예수를 낳았을 뿐만 아니라 출산 이후에도 처녀성을 지켰다고 주장했다. 초기 기독교의 전승에 따르면, 마리아는 천사를 통해 임신했을 뿐만 아니라 예수를 낳은 후에도 생물학적으로는 숫처녀였다. 그녀의 산파 역할을 했던 살로메라는 여자가 예수를 낳은 직후에 마리아의 자궁에 의도적으로 손을 넣어 진짜 처녀인지 검사했는데, 마리아의 처녀막은 전혀 손상되지 않고 그대로 보존되어 있었다.[29]

예수를 낳은 후에도 처녀막을 보존하고 있던 성스러운 여인이 예수 출산 이후에 성관계를 맺어 다른 아이들을 낳았다는 것은 매우 어색하다. 따라서 기독교 신자들은 두 가지 해석을 동원해 예수의 형제들을 제거하려 시도했다. 첫 번째 설명은 요셉이 마리아와 결혼하기 이전에 이미 늙은 홀아비였다는 것이다. 2세기 이후 여러 기독교 문헌이 이 설명을 제시하고 있다. 가령 앞에서 언급한 바 있는 「야고보 원복음서」라는 문서가 있다. 이 문서가 원복음서라고 불리는 것은 예수 출생 이전 예수의 아버지 요셉과 어머니 마리아의 행적을 전하기 때문이다. 이 책에 의하면, 예수의 어머니 마리아는 3세 때 예루살렘 성전에 바쳐진 거룩한 아이였다. 예루살렘 성전의 사제들이 그녀를 돌보고 천사들이 음식을 먹여 키웠다. 그녀가 12세가 되었을 때 성전의 사제들은 그녀의 배필을 정해주기 위해 전국의 홀아비들을 불러모았다. 당시 늙은 홀아비였던 요셉은 영문도 모르는 채 사제들이 부르므로 성전에 갔다가 마리아의 남편으로 낙점되었다. 요셉은 당황해 "저는 아들들이 있고 이미 늙은 데다가 그녀는 어리니, 제가 이스라엘 자손들에게 조롱거리가 되지 않겠습니까?"[30]라고 말했다. 하느님의 뜻이라고 거듭 권하자 요셉은 할 수 없이 어린 마리아를 데리고 집으로 왔다. 그 후 요셉은 마리아와 성관계를 맺지 않았지만 마리아는 하느님의 은총으로 임신해 예수를 낳았다.

이렇게 하여 2세기에 요셉은 홀아비로, 예수의 형제들은 의붓형제로 전

---

29 Robert Stewart (ed.), *The Resurrection of Jesus*, Fortress Press, 2006, pp. 118~19.
30 송혜경, 『신약 외경 입문 상권: 신약 외경총론』, 한님성서연구소, 2012, 375쪽.

락했다. 이러한 설명은 이후 기독교 신자들의 폭넓은 지지를 받았으며, 동방교회가 정식 교리로 채택했다. 따라서 오늘날도 이 교리를 신봉하는 신자들이 많다.

두 번째 해석은 '형제'라는 단어를 다르게 해석하는 것이다. 4세기의 교부로 불가타 성경을 만든 것으로 유명한 히에로니무스(Hieronymus)는 예수의 형제들을 소개하는 구절을 해설하면서 그들이 친형제가 아니라 사촌형제라고 주장했다. 히에로니무스는 예수가 십자가에 매달릴 때 "여자들도 멀리서 지켜보고 있었는데, 그들 가운데는 막달라 마리아, 소(小)야고보와 요세의 어머니 마리아, 그리고 살로메가 있었다"라고 전하는 「마르코 복음서」 15:40을 근거로 제시했다. 히에로니무스는 이 구절에 등장하는 '요세의 어머니 마리아'와 예수의 어머니 마리아는 자매이기에 예수의 형제로 제시된 인물들은 사촌이라고 설명했다. 기독교 교부의 왕이라고 불리는 아우구스티누스(Augustinus)가 이 설명을 선호했으며, 중세 가톨릭교회가 정식 교리로 채택했다.[31] 이렇게 하여 동방교회든 서방교회든 간에 기독교 신자들은 성경에 예수의 형제들로 나오는 사람들은 친형제가 아니라고 믿게 되었다.

요셉은 다윗의 후손인가

예수의 형제들 못지않게 시간의 흐름에 따라 평가가 달라진 인물이 아버지 요셉이다. 예수가 세상을 떠난 직후에 기독교 신자들은 예수 높이기 작업을 수행했다. 1세기 기독교 신자들은 예수를 하느님이 선택한 메시아라고 주장했다. 메시아는 '기름부음을 받은 자'라는 의미로 구약 시대에 왕을 가리키던 말이었다. 따라서 예수가 메시아라고 주장하는 것은 그가

---

31 John Painter, *Just James: The Brother of Jesus in History and Tradition*, Univ. of South Carolina Press, 2004, p. 2.

유대인의 왕으로서 유대의 영광을 복원할 사람이라는 의미를 갖고 있다. 당시 유대인들은 메시아가 다윗의 후손 가운데 출생할 것이라고 믿고 있었다. 따라서 예수가 메시아라고 주장하려면 예수가 다윗의 후손이어야 했다.

그런데 예수는 다윗의 후손인가? 신약성경의 진술에는 모순이 존재한다. 먼저 「마르코 복음서」 12:36-37을 보면, 예수는 다윗의 후손이 아니었다. 이 구절들에서 예수가 예루살렘 성전에서 가르칠 때 사람들이 예수를 메시아라고 생각했다. 그러자 유대 율법학자들이 "메시아는 다윗의 후손이어야 한다"라고 주장했다. 그러자 예수는 자신이 다윗의 후손이라고 주장하지 않고 오히려 구약 시대에 "다윗이 메시아를 주님이라고 불렀으니 메시아가 다윗의 자손일 수 없다"[32]라고 주장했다. 이 기사는 예수가 다윗의 후손이 아님을 스스로 인정했음을 보여준다. 「요한 복음서」 7:42에도 비슷한 이야기가 나온다. 이 구절에 따르면, 예수가 예루살렘에 입성해 놀라운 가르침을 펼치자 사람들 사이에서 그가 메시아인가를 두고 논쟁이 벌어졌다. 예수가 메시아가 아니라고 주장하는 사람들은 그가 베들레헴 태생도, 다윗의 후손도 아니라고 주장했다. 이 두 구절을 보면 예수는 다윗의 후손이 아닌 것 같다.

그런데 복음서들보다 먼저 쓰인 바울의 「로마인들에게 보낸 서간」 1:3은 예수가 '다윗의 후손'이라고 쓰고 있다. 바울의 글이 복음서보다 훨씬 더 신빙성이 높은 사료라는 것을 생각해보면 바울의 진술을 쉽게 부정하기 힘들다. 또한 복음서들에서도 예수가 다윗의 후손이라는 주장이 여기저기 나온다. 가령 예수가 예리코에 갔을 때 바르티매오라는 눈먼 거지가 예수를 '다윗의 자손'이라고 불렀다.

아마 예수가 다윗의 먼 방계 후손이고 그 사실이 예수의 일생에서는

---

32 「마르코 복음서」 12:37.

거의 아무런 의미가 없었던 것 같다. 예수가 세상을 떠난 이후 기독교가 성장하자, 로마제국 황제들이 예수의 가족을 심문했다는 전승이 내려온다. 기독교 박해자로 유명한 황제 도미티아누스(Domitianus)가 그들을 직접 심문했다. 도미티아누스가 그들에게 다윗의 후손이냐고 묻자, 예수의 친척들은 자신들이 다윗의 후손인 것은 맞지만 평범한 농부라고 말하면서 증거로 그들의 손을 보여주었다. 도미티아누스는 그들의 손이 거친 것을 보고 평범한 농부임이 틀림없다고 생각하고는 그들을 풀어주었다.[33] 예수의 친척들이 그랬던 것처럼 예수도 왕족처럼 살았던 것이 아니라 시골 동네 나자렛에서 목수의 아들로 살았다. 예수가 공생애를 시작한 이후에 기독교 신자들이 그를 메시아라고 주장하자, 유대인들은 그가 다윗의 후손이냐고 물었다. 예수가 다윗의 후손이라는 사실은 증명하기도 힘들었기 때문에 처음에 기독교 신자들은 메시아가 반드시 다윗의 후손일 필요는 없다고 주장했다.

그러나 메시아는 다윗의 후손이어야 한다는 인식이 너무나 뿌리 깊었기 때문에 유대인들은 기독교 신자들의 주장을 받아들이지 않았다. 이에 기독교 신자들은 유대인들을 계속 설득하는 것이 아니라 그들의 뿌리 깊은 편견을 이용하기로 결정했다. 이렇게 생각한 기독교 신자들은 예수의 족보를 만들어 「마태오 복음서」와 「루카 복음서」에 실었다. 「마태오 복음서」에 따르면 예수의 아버지 요셉은 다윗 왕의 28대 직계 후손이며, 「루카 복음서」에 따르면 요셉은 다윗의 42대 후손이다. 두 복음서가 제시한 세대수가 이렇게 다른 것은 두 복음서의 족보가 크게 다르기 때문이다. 두 족보를 펼쳐놓고 비교해보면 같은 이름보다 다른 이름이 더 많다. 또한 두 족보는 구약성경의 서술과도 모순된다. 가령 「마태오 복음서」는 다윗부터 바빌론 유수까지 14대의 왕들이 있었다고 서술하고 있지만, 구약성

---

33 Eusebius, Εκκλησιαστικης Ιστοριας, 3:19:1-2:20:7.

경을 보면 22대의 왕들이 있었다. 고대부터 많은 학자가 두 족보의 차이를 해명하려고 시도했다. 물론 누구도 만족스러운 답을 제시하지는 못했다.[34] 그렇지만 두 족보 모두 요셉을 다윗 가문의 직계 종손으로 제시하고 있는 것은 동일하다. 두 복음서를 내밀면서 기독교 신자들은 예수가 다윗의 후손이 틀림없기에 메시아로서 자격이 충분하다고 주장했다.

그런데 예수가 다윗의 후손이라면 아버지의 혈통을 통해서인가, 아니면 어머니의 혈통을 통해서인가? 현대의 기독교 신자들은 당연히 아버지 요셉의 혈통을 통해서라고 생각하고 있다. 「마태오 복음서」와 「마르코 복음서」가 그렇게 서술하고 있기 때문이다. 그렇지만 1~2세기 기독교 신자들 가운데 여러 사람이 다르게 생각했다. 1~2세기 기독교 지도자들이 이렇게 생각했던 이유를 살펴보자.

초기 기독교의 전승에 의하면, 요셉은 다윗의 후손일 뿐만 아니라 의로운 사람이었다. 그는 마리아와 약혼했지만 성관계를 맺지는 않았다. 그런데 마리아가 처녀로 임신을 하자, 마리아를 곤란에 빠뜨리지 않기 위해 조용히 파혼하려고 했다. 하느님은 그의 마음을 알고는 마리아의 임신이 다른 남자와의 성관계가 아니라 하느님의 은총으로 이루어졌음을 알리고 마리아와 결혼하라고 계시했다. 요셉은 하느님의 계시를 받아들였으며, 아버지로서 의무를 성실히 수행하면서 예수를 키웠다. 따라서 요셉이 언제 세상을 떠났는지 알 수 없지만 의로운 사람임에는 틀림없다. 「마태오 복음서」는 요셉이 '의로운 사람'이라고 명시했다.

그러나 신약성경은 요셉을 긍정적으로 제시하면서도 그가 중요 인물로 부각되는 것을 막고 있다. 신약성경은 요셉을 예수의 출생 장면, 그리고 예수가 12세 때 예루살렘을 방문한 장면에서만 등장시킨다. 그 후 요셉은

---

34 예수 시대 족보의 가치와 「마태오 복음서」와 「루카 복음서」 족보의 차이에 대해서는 요아힘 예레미아스, 한국신학연구소번역실 옮김, 『예수 시대의 예루살렘: 신약성서시대의 사회경제사 연구』, 한국신학연구소, 1992, 366~75쪽 참조.

역사에서 사라진다. 그가 나이가 많아 세상을 떠났는지, 아니면 병이 들어 일찍 세상을 떠났는지는 알 수 없다. 만약 요셉이 더 오래 살았는데 신약성경이 그에 대한 이야기를 진술하지 않았다면, 신약성경의 저술가들이 의도적으로 그를 견제하기 위해 등장시키지 않았다고 볼 수 있다.

요셉을 견제하려는 이러한 생각은 2세기 이후 구체화되었다. 2세기 몇몇 기독교 신자는 요셉이 다윗의 후손이라는 사실을 받아들일 수 없었다. 만약 마리아가 하느님의 은총으로 임신했다면, 요셉은 예수의 의붓아버지이다. 엄격하게 이야기하면 요셉은 예수와 피 한 방울 섞이지 않은 남이다. 이런 의문을 가졌던 2세기 기독교 신자들은 요셉이 아니라 예수의 어머니인 마리아가 다윗의 후손이라고 주장하기 시작했다. 가령 앞에서 언급한 「야고보 원복음서」는 마리아에 대해 이렇게 설명했다.

> 대제사장이 말했다. "다윗의 열두 지파에서 흠 없는 처녀들을 불러오시오." 그리하여 시종들이 나가서 일곱 처녀를 찾아냈다. 대제사장은 마리아라는 아이가 다윗 가문 출신이고 하느님 앞에 흠이 없다는 것을 기억했다.[35]

이 구절은 예수의 어머니 마리아가 다윗의 후손임을 명확하게 기술하고 있다. 물론 「야고보 원복음서」에 예수의 아버지 요셉은 다윗의 후손이라는 이야기 없이 그저 평범한 홀아비 목수라고 소개되어 있다. 따라서 「야고보 원복음서」에서 마리아는 거룩하고 성스러운 인물로 다윗의 후손인 데 반해, 요셉은 평범한 인물일 뿐이다. 「마태오 복음서」의 설명과 달리 요셉은 마리아와 결혼할 때 마리아가 임신했다는 계시를 받지도 않았다. 그가 마리아와 결혼한 후 6개월이 되었을 때, 마리아의 배가 불러오자

---

35 송혜경, 앞의 책, 2012, 377쪽.

요셉은 "누가 내 집에서 이런 악행을 저질렀단 말인가? 누가 내게서 처녀를 채어가 더럽혔단 말인가"라고 말하면서 마리아를 질책했다. 이렇게 「야고보 원복음서」는 예수의 출생과 혈통에 대해 신약성경에 포함된 복음서와는 전혀 다른 이야기를 전한다.

예수의 아버지 요셉이 아니라 어머니 마리아가 다윗의 후손이었다는 「야고보 원복음서」의 주장은 2세기 기독교인들 사이에서 널리 믿어졌다.[36] 예수의 제자들로부터 배운 사람들을 사도 교부라고 한다. 사도 교부 가운데 가장 중요한 한 명이 이그나티우스(Ignatius)이다. 그는 안티오키아의 주교였고 110년경 로마로 끌려가 그곳에서 순교했다. 그는 로마로 끌려가면서 연도에 있던 일곱 교회들에 편지를 썼다. 이그나티우스는 그 가운데 하나인 스미르나 교회에 쓴 편지에서 "예수 그리스도는 다윗의 혈통인 마리아의 자궁에 잉태되었다"[37]라고 썼다. 이 구절은 예수가 아버지 요셉이 아니라 어머니 마리아 쪽으로 다윗의 후손이라고 믿었음을 보여준다.[38]

요셉이 아니라 마리아가 다윗의 후손이었다고 생각했던 또 다른 기독교 지도자가 있었다. 그는 2세기 중엽 기독교 신자들 가운데 가장 많은 글을 썼으며, 역시 순교했기에 순교자라는 별명을 가진 유스티누스(Justinus)였다. 그는 사마리아 출신의 지식인으로 진리를 찾아 사방을 돌아다니면서 철학을 공부했다. 그는 그리스 철학을 열심히 배웠지만 그 안에서 진리를 찾을 수 없었다. 철학 속에 진리가 없음을 깨닫고 낙담하던 그는 130년경 어느 해변을 거닐다가 한 노인을 만났다. 기독교 신자였던 노인으로부터 기독교 교리에 대해 설명을 들은 이후, 그는 기독교가 참진

---

36 본문에서 다룬 문서 이외에도 2세기 초에 작성된 「이사야의 승천」이라는 외경 문서도 마리아가 다윗의 후손이라고 서술하고 있다. 이에 대해서는 Richard Bauckham, 앞의 책, 1990, pp. 26~27 참조.
37 Ignatius, Letter to the Ephesians, 18.
38 이그나티우스는 「에페소 신자들에게 보낸 서간」 18:2과 「트랄레스(Tralles) 신자들에게 보낸 서간」 9:1에서도 마리아가 다윗의 자손이라고 이야기했다.

리라고 생각해 개종했다.

원래 학식이 뛰어났던 유스티누스는 개종 이후에 기독교의 최고 엘리트가 되어 다신교 철학자들, 그리고 유대인들과 논쟁을 벌이면서 기독교를 변호하고 전파하는 데 힘썼다. 그가 쓴 글 가운데 『유대인 트리폰과의 대화』라는 작품이 있는데, 이 작품에서 마리아에 대해 다음과 같이 설명했다.

> 예수 그리스도는 자신이 거룩한 성처녀에게서 태어났기에 '사람의 아들'이라고 말했습니다. 내가 이전에 말했듯이 성처녀는 다윗 가문의 후손입니다.[39]

이 구절에서 '사람의 아들'이라는 단어를 잘못 생각해서는 안 된다. '사람의 아들'은 평범한 인간의 아들이라는 것이 아니다. 예수 시절 유행했던 유대 묵시 신앙에 따르면, '사람의 아들'은 하느님으로부터 특별한 권한을 받고 이 세상을 심판하고 새로운 세상을 열 임무를 맡은 존재이다. 따라서 예수가 '사람의 아들'이라고 주장하는 것은 그가 하느님으로부터 권한을 받은 신적 존재임을 의미한다. 이 구절에서 예수는 자신이 성관계를 맺지 않은 처녀에게서 태어났기에 평범한 인간이 아니라 초인간적인 존재임을 말하고 있다. 그런데 유스티누스는 그 성처녀가 다윗의 후손이라고 말하고 있다. 유스티누스는 변증서를 비롯해 많은 작품을 썼는데, 11회나 마리아가 다윗의 후손이라고 말했다. 반면에 그는 한 번도 요셉이 다윗의 자손이라고 말하지 않았다.

유스티누스가 마리아를 다윗의 후손이라고 주장했던 데에는 이상한 측면이 있다. 그는 2세기 중반에 활동했는데, 당시에는 신약성경의 4복음서

---

39 Justinus, *Dialogue with Trypho*, 100.

들이 널리 읽히고 있었다. 유스티누스도 4복음서를 모두 알고 있었을 뿐만 아니라 100회 이상 인용했다. 그가 인용한 구절들을 보면 현재의 성경과도 일치도가 높다. 그는 특히 「마태오 복음서」를 선호했다. 그가 저술한 『제1변증』에서 복음서를 40여 회 인용했는데, 그 가운데 33회는 「마태오 복음서」를 인용했다. 그렇다면 유스티누스가 「마태오 복음서」의 예수 족보를 알고 있었음이 틀림없다.

현대 기독교 신자들 가운데 성경에 어긋나는 어떤 주장을 하면 이단이라고 낙인이 찍혀 교회에서 추방당할 것이다. 그런데 유스티누스는 「마태오 복음서」를 알고 있었지만, 「마태오 복음서」의 예수 족보를 부정하고 요셉이 아니라 마리아가 다윗의 후손이라고 주장했다. 그렇지만 그는 이 문제로 교회로부터 비난이나 처벌을 받지 않았다. 오히려 그는 모범적으로 신앙 생활을 하면서 정통 교리를 전파하기 위해 힘썼으며, 로마제국의 박해에 맞서 싸우다가 순교한 성인으로 추앙받았다. 그렇다면 2세기 중반에는 아직 신약성경에 실린 이야기들과 다른 주장을 한다고 해도 이단으로 판정되지 않았음이 틀림없다.

이는 무엇보다 당시 아직 신약성경이라는 개념이 없었기 때문에 가능한 일이었다. 2세기 중엽 기독교 신자들은 예수와 사도들이 사용했던 성경인 구약성경을 신성한 성경이라고 여기고 있었으며, 예수의 제자들이 만든 문서는 구약성경에 버금가는 가치를 갖고 있기는 하지만 아직 성경은 아니라고 생각했다. 그리고 교회가 통일된 조직을 갖추고 있지 않았기 때문에 지역 교회별로 신성하다고 생각하는 문서의 종류가 달랐다. 심지어 일부 신자들은 4복음서 가운데 「요한 복음서」를 이단적인 문서라고 생각했다. 그들이 이단이라고 여겼던 영지주의자들이 「요한 복음서」를 매우 애호했기 때문이다. 그리고 「마르코 복음서」는 별로 인기가 없어 거의 유통되지 않았다. 따라서 유스티누스가 「마태오 복음서」에 실려 있다고 해서 예수의 족보를 그대로 믿지 않았던 것은 자연스러운 일이었다.[40]

이렇게 2세기에는 이그나티우스와 유스티누스를 비롯해 요셉이 다윗의 후손이라고 생각하지 않은 기독교 신자들이 많았다. 3세기 이후 이런 생각은 점차 수그러든다. 신약성경의 4복음서가 성경으로서 지위를 확고하게 굳히면서 신약성경에 포함되지 않은 문서들은 점차 외경이나 위경(僞經)으로 규정되었다. 이제 신약성경과 다른 주장을 하는 사람들은 이단으로 몰리게 되었기 때문에 기독교 신자들은 신약성경에 어긋나는 주장을 삼갔다. 그렇지만 3세기 이후에도 기독교 지도자들 가운데는 요셉을 예수의 아버지로 인정하지 않으려는 사람들이 계속 있었다.

그들은 성경의 필사자들이었다. 3세기 이후 기독교 지도자들은 예수가 평범한 인간이 아니라 세상을 만드신 하느님과 본질이 같으신 제2의 하느님이라고 믿었다. 그런 숭고한 존재가 인간을 아버지로 두고 있다는 것은 무언가 어색하다. 이렇게 생각한 기독교 지도자들은 성경을 필사하면서 요셉을 예수의 아버지로 제시하고 있는 구절들을 삭제하거나 변경을 가했다. 가령 「루카 복음서」 2:22-39는 예수의 부모가 유대인의 율법에 따라 아이에게 할례를 베푼 직후에 성전에 올라가 정결례를 행하는 모습을 전하고 있다. 예수의 부모가 아이를 안고 예루살렘 성전으로 들어가자 그곳에 있던 시므온이라는 사람이 "세상을 구원할 아이를 보았으니, 이제 죽어도 여한이 없습니다"라고 말했다. 이 말을 들은 "아기의 아버지와 어머니는 놀라워했다". 그런데 초기 기독교의 많은 필사자가 이 구절을 읽으면서 '아버지와 어머니'라는 구절이 마음에 들지 않았다. 그들은 이 구절을 '요셉과 아이의 어머니'가 놀라워했다로 수정했다. 요셉이 아버지라는 사실을 인정하기 싫었던 것이다.[41]

---

40 예수가 먼 방계로 다윗의 후손이었을 가능성이 전혀 없지는 않다. 특히 바울은 「로마인들에게 보낸 서간」 1:3에서 예수가 혈통으로는 다윗의 후손이라고 주장했다. 따라서 예수가 다윗의 후손일 가능성을 완전히 부정할 수는 없다. 이에 대해서는 김기홍, 『역사적 예수』, 창비, 2016, 82~84쪽 참조.
41 Bruce M. Metzger·Bart D. Ehrman, 장성민 외 옮김, 『신약의 본문』, 한국성서학연구소, 2009, 370, 394쪽.

마리아 높이기

기독교 신자들은 예수의 가족 가운데 형제들과 아버지에 대해서는 지속적으로 '낮추기' 작업을 감행했다. 기독교 신자들은 1세기 후반에 집필된 복음서들에서 예수의 형제들이 예수를 믿지 않았고 예수의 공생애를 방해한 악한이었다고 기술했다. 2세기 이후에는 형제와 아버지도 아니라고 주장하기 시작했다. 이후 현재까지도 예수의 형제들과 요셉의 지위를 복원하려는 시도는 제대로 이루어지지 않았다. 따라서 현재 대부분의 기독교 신자들은 예수에게 형제들이 있었다는 사실도 제대로 모르고 있으며, 예수의 아버지 요셉을 기념하는 일은 거의 하지 않는다.[42]

반면에 점점 더 높아진 사람도 있었다. 바로 예수의 어머니 마리아이다. 마리아 높이기 작업은 신약성경의 집필 과정에서 이미 시작되었다. 신약성경의 복음서들이 전하고 있는 마리아상을 비교해보면 이 사실을 쉽게 확인할 수 있다.

최초의 복음서인 「마르코 복음서」에서 마리아는 예수가 미쳤다고 생각했던 여인이었다. 「마르코 복음서」는 그녀가 처녀로서 예수를 낳았다는 이야기도 하지 않았으며, 예수의 공생애 기간에 한 번도 그녀에게 중요한 역할을 부여하지 않았다. 심지어 그녀는 예수의 임종을 지켜보지도 않았으며, 죽은 아들을 장사지내는 데도 참여하지 않았다. 4복음서 가운데 두 번째로 쓰인 「마태오 복음서」에서 그녀는 처녀로서 예수를 낳았다. 그렇지만 「마태오 복음서」에서 마리아는 예수의 출산 이후에는 거의 아무런 역할을 하지 않는다. 그녀는 예수의 공생애에 참여하지 않고 수난 장면에서도 등장하지 않는다.

세 번째 복음서인 「루카 복음서」는 마리아의 임신과 출생에 대한 진술

---

42 가톨릭에서는 1870년 요셉을 성인으로 결정하고 숭앙한다. 그러나 요셉에 대한 기념은 매우 제한적으로 이루어지고 있다.

을 「마태오 복음서」보다 두 배로 늘림으로써 마리아의 역할을 강조했다. 특히 「루카 복음서」에서 세례 요한의 어머니 엘리사벳이 마리아의 친척으로 등장한다. 엘리사벳은 마리아가 임신해 그녀를 방문했을 때, "내 주님의 어머니께서 저에게 오셨습니다"[43]라고 말했다. 이 구절에서 '주'는 하느님을 의미한다. 유대인들은 하느님을 그렇게 불렀다. 따라서 엘리사벳은 마리아를 하느님의 어머니라고 부른 셈이다. 후대에 가톨릭 지도자들이 마리아 높이기 작업을 수행할 때, 이 구절을 중요한 근거로 제시했다.[44] 가장 늦게 쓰인 「요한 복음서」는 마리아 높이기 작업을 더욱 강화한다.

「요한 복음서」는 마리아에게 예수의 공생애를 출범시킨 중요한 역할을 부여하고 예수가 십자가에서 죽을 때도 그녀를 등장시킨다. 「요한 복음서」에 따르면, 마리아는 예수의 이모와 클로파스의 아내 마리아와 마리아 막달레나를 대동하고 십자가에 매달린 예수의 임종을 지켰다. 예수는 죽어가면서 마리아를 보고 "여인이시여, 제가 당신의 아들입니다"라고 말했으며, 또한 그의 제자였던 요한에게는 "이분이 네 어머니이시다"라고 말했다.[45] 예수의 이 말은 기이하다. 요한은 예수의 제자이지 형제가 아니니, 마리아가 요한의 어머니가 될 수는 없다. 예수의 이 말은 앞으로 남은 제자들이 마리아를 자신의 어머니처럼 생각하고 모시라는 의미이다. 그런데 제자는 이후에 교회를 상징하는데, 그렇다면 모든 교회가 마리아를 어머니처럼 생각하고 존숭해야 한다.

2세기 이후 기독교 신자들은 마리아를 더욱 높이기 위해 노력했다. 2세기 기독교 신자들이 작성한 여러 문서에 마리아는 다윗의 후손으로 제시되고 처녀로서 예수를 임신했을 때뿐만 아니라 죽을 때까지 동정을 지킨

---

43 「루카 복음서」 1:43.
44 이상웅, 「로마 가톨릭교회의 마리아론에 대한 비판적 고찰」, 『개혁논총』 32, 2014, 103~04쪽.
45 「요한 복음서」 19:26-7.

것으로 제시된다. 3세기 이후에는 마리아의 위상이 더욱 높아진다. 여러 기독교 문서가 어머니 마리아를 제자들을 지도하거나 가르쳤다고 기록함으로써 그녀가 단순히 예수의 어머니가 아니라 교회의 최고 지도자였다고 주장했다.[46]

4~5세기에 마리아는 인간으로서 탁월한 존재를 넘어 신이나 신에 버금가는 존재로 숭앙받기 시작한다. 4세기 기독교 지도자인 에피파니우스(Epiphanius)에 따르면, 트라키아와 스키타이, 아라비아 지역에서 어떤 기독교 신자들은 마리아를 신이라고 생각해 그녀를 위해 제단을 설치한 후에 보리로 과자를 만들어 바쳤다. 에피파니우스는 마리아가 여신이 아니라 인간이기에 제단을 설치하고 그녀를 위해 희생 제물을 바쳐서는 안 된다고 그들을 비판했다. 에피파니우스의 이 진술은 민중들 사이에 마리아를 여신으로 숭배하는 현상이 퍼져가고 있음을 보여준다.[47] 에피파니우스를 비롯한 지도자들이 민중의 이런 행동을 저지하려 했지만, 이후에도 마리아를 여신으로 숭배하는 관행은 동방 지역에서 널리 관찰된다.

민중뿐만 아니라 엘리트 사제들도 마리아 높이기 작업을 수행했다. 4세기 이후 기독교의 여러 지도자가 마리아를 '하느님을 낳은 여인'이라고 부르면서 신성한 존재라고 가르쳤다. 많은 기독교 지도자가 마리아를 '하느님을 낳은 여인'이라고 부르자 이른바 네스토리우스 논쟁이 발생했다.

콘스탄티노폴리스의 주교였던 네스토리우스(Nestorius)는 인간이 하느님을 낳을 수 없고 마리아는 인간으로 오신 그리스도를 낳았을 뿐이라고 주장하면서 마리아를 하느님을 낳은 여인이라고 부르는 것에 반대해 논쟁이 시작되었다.[48] 네스토리우스가 "누구도 마리아를 하느님의 어머니라 부

---

46 Stephen J. Shoemaker, "Rethinking the 'Gnostic Mary': Mary of Nazareth and Mary of Magdala in Early Christian Tradition", *Journal of Early Christian Studies* 9-4, 2001, pp. 555~95.
47 최혜영, 「마리아 숭배의 기원: 황제 숭배 및 여성성을 중심으로」, 『서양고대사연구』 22, 2008, 137쪽.

르지 못하게 하라. 마리아는 그저 인간일 뿐이며 하느님이 인간에게서 출생한다는 것은 불가능하다"라고 설교하자, 기독교 지도자들은 431년 에페소에서 공의회를 열어 네스토리우스를 이단으로 규정했다. 에페소 공의회가 정식으로 마리아를 '하느님을 낳은 여인'으로 규정하자, 이후 마리아는 신적인 존재로 확고한 지위를 갖게 되었다. 그녀는 중세에 점점 더 위상이 높아져 인간으로서는 유일하게 원죄를 갖고 태어나지 않은 여인, 그리고 이 세상에서 죽음을 맛보지 않고 죽음의 순간에 육신을 입고 그대로 하늘로 승천한 여인으로 숭앙된다.[49] 이렇게 마리아에 대한 기독교 신자들의 관념은 긴 시간을 두고 점차 변했다. 그녀처럼 낮고 비천한 존재였다가 최고의 신적인 존재가 된 인물은 역사상 없을 것이다.

---

48 윌리암 플래처, 이은선·이경성 옮김, 『신학의 역사』, 기독교문서선교회, 1996, 105쪽.
49 마리아가 원죄 없이 태어났다는 교리는 1854년에, 마리아가 죽음을 맛보지 않고 승천했다는 교리는 1950년에 가톨릭교회에 의해 정식 교리로 채택되었다.

제3장

예수의 제자들은 왜 칼을 차고 있었는가

겟세마니의 충돌

예수는 "누가 네 오른 뺨을 치거든 왼쪽 뺨도 돌려 대주어라",[1] "칼을 가진 자는 칼로 망한다"라고 말했다. 이는 어떤 상황에서도 폭력을 쓰지 말라는 말씀이다. 예수는 심지어 "너희 원수를 사랑하고 너희를 박해하는 자를 위해 기도하라"라고도 말했다. 참으로 인류의 성현다운 고귀한 말씀이다. 마틴 루터 킹(Martin Luther King)을 비롯한 많은 사람이 예수의 말씀에 감동을 받고 비폭력 평화주의자로 활동했다.

그런데 33년 4월 유대 지도자들이 예수가 정치적으로 위험한 인물이라고 생각해 체포하려 했을 때, 기이한 일이 발생했다. 「루카 복음서」가 전하는 이야기를 살펴보자.

---

1 「마태오 복음서」 5:39. 이 말은 일반적으로 따로 떼어서 그 말 자체로 해석된다. 그러나 예수는 구약의 십계명에 대해 가르치면서 이 말을 했다. 따라서 이 말은 일상생활이 아니라 법정의 상황에서 이루어진 것이다. 법정에서 뺨을 맞고 대응하면 쌍방 과실이 되지만, 참으면 상대방의 책임을 물을 수 있다는 말이다. 이에 대해서는 조철수, 『예수 평전』, 김영사, 2010, 355쪽 참조.

예수의 둘레에 있던 제자들이 상황을 알아차리고 "주님, 저희가 칼로 칠까요?"라고 물었다. 제자들 가운데 한 명이 대제사장 종의 오른쪽 귀를 쳐서 잘라버렸다. 그러자 예수께서 "멈추어라. 더 이상은 안 된다"라고 대답해 말씀하셨다. 예수는 그 사람의 귀를 만져 고쳐 주셨다.[2]

이 구절은 예수가 수난(예수의 예루살렘 입성에서 죽음에 이르는 전 과정을 일컫는 말)을 앞두고 예루살렘 동쪽에 있는 동산인 겟세마니에서 벌어진 사건을 묘사하고 있다. 유대인 지도자들은 예수가 백성을 선동해 로마에서 반란을 일으킬 수 있다고 염려해 그를 체포하려 했다. 이때 예수의 제자들이 "주님, 저희가 칼로 칠까요?"라고 물었다. 이 구절에서 명확히 드러나듯이 예수의 제자들은 칼을 차고 있었다. 그리고 제자들 가운데 한 명은 실제로 칼을 휘둘러 예수를 체포하러 온 무리를 공격했다. 예수가 비폭력 평화운동을 펼쳤다면 제자들이 칼을 차고 다녔다는 이 진술은 이해할 수 없다. 혹시 「루카 복음서」의 저자가 무언가 사실을 잘못 기록한 것이 아닐까? 다른 복음서의 진술을 살펴보자.

대제사장이 보낸 무리가 손으로 예수를 붙잡았다. 예수 곁에 서 있던 제자 가운데 한 명이 대제사장의 종을 쳐서 귀를 잘라버렸다. 예수가 그들에게 "너희는 마치 강도를 체포할 때처럼 칼과 몽둥이를 들고 나를 잡으러 왔구나"라고 말했다. 내가 성전에서 가르치면서 매일 너희와 함께 있었는데, 너희가 나를 붙잡지 않았다. 그러나 이는 구약성경의 예언을 이루기 위함이다. 제자들이 모두 예수를 버리고 도망갔다.[3]

「마르코 복음서」의 이 묘사에도 예수의 제자 가운데 칼을 찬 자가 있

---

2 「루카 복음서」 22:49-51.
3 「마르코 복음서」 14:46-50.

었는데, 그는 칼을 휘둘러 대제사장의 종을 공격했다. 두 복음서에 묘사된 장면은 반란을 일으킨 집단과 그것을 진압하는 무리의 무력 충돌임이 틀림없다.[4] 대제사장이 보낸 무리는 칼과 몽둥이로 무장하고 있었으며, 예수의 제자들도 칼로 무장하고 있었다. 대제사장이 보낸 무리가 급습했기 때문에 예수의 제자들은 제대로 싸우지 못했다. 오직 한 제자만이 칼을 뽑아 저항했지만 고작 적의 병사 한 명의 귀를 잘랐을 뿐이다. 전투가 끝나자 예수는 붙잡혀갔고 제자들은 모두 도망갔다.

겟세마니 동산에서 벌어진 무력 충돌은 우리가 지금까지 예수에 대해 무언가 잘못 생각하고 있었을 가능성을 암시한다. 예수가 비폭력 평화주의자가 아니라 무력 혁명을 통해 새로운 세상을 열려고 했던 것은 아닐까? 후대의 기독교 신자들이 예수의 본래 모습을 감추고, 그들이 원하는 모습으로 예수의 모습을 새로이 만들어낸 것은 아닐까?[5] 예수가 십자가에 못 박히는 장면을 살펴보면서 이 가능성을 탐색해보자.

> 예수의 죄목을 적은 죄 패에는 유대인의 왕이라고 씌어 있었다. 예수와 함께 강도 두 사람도 십자가형을 받았는데 하나는 그의 오른편에, 다른 하나는 왼편에 달렸다.[6]

이 구절에 따르면, 예수의 죄명은 '유대인의 왕'이다. 로마 총독 빌라도가 예수를 재판했는데, 그가 '유대인의 왕' 행세를 했다고 판단하고 사형

---

4 「요한 복음서」에는 겟세마니 충돌에 대한 묘사가 없다. 「요한 복음서」가 왜 겟세마니 사건을 묘사하지 않았는지에 대해서는 차정식, 『예수는 어떻게 죽었는가』. 한들, 2006, 121~30쪽 참조.

5 예수 죽음의 책임을 일방적으로 유대인에게 돌리는 것은 복음서의 저자들이 예수 죽음의 책임을 로마제국에 돌림으로써 로마제국과 대결하는 상황을 피하려고 했기 때문이었다. 이에 대해서는 Marta Sordi, Annabel Bedini (tr.), *The Christians and the Roman Empire*, Routledge, 1994, pp. 7~8 참조.

6 「마르코 복음서」 15:26-7.

을 판결했다. 다시 말해 예수는 로마제국에 반란을 기도한 반역자로 사형 판결을 받았다. 그런데 기이하게도 예수와 함께 십자가형에 처해진 두 사람은 '강도'였다. 로마제국에 맞선 반역자와 일반 형사범인 강도가 함께 처형된다는 것은 당시의 관습에 맞지 않다. 로마 시대 강도는 대개 십자가형에 처해지지 않았다. 강도가 사형에 처할 정도로 중범죄자라면 참수형이나 투석형이 일반적이었다.[7] 따라서 예수가 강도 두 명과 함께 십자가에 못 박혔다는 것은 무언가 이상하다.

이런 의문을 가지고 신약성경의 원본인 헬라어 성경을 보자. '강도'의 원어는 '레스테'(ληστή)이다. 헬라어 사전을 보면 이 단어는 '강도나 도둑, 해적, 반역자'라는 의미를 갖고 있다. 이 가운데 어떤 번역어가 옳을까? 1세기 유대 역사가 요세푸스는 이들의 정체와 활동을 자세하게 전한다. 그에 따르면, 이들은 무리를 지어 다니면서 로마의 지배에 찬성하는 자들을 죽이거나 괴롭혔으며, "사람들을 현혹해 반란을 일으키도록 부추기고 독립을 위해 싸울 것을 종용했다".[8] 따라서 이들은 우리의 개념으로 보면 독립운동가이다. 이들은 로마의 지배를 앞장서서 옹호했던 귀족들이나 부자들의 집을 약탈했지만 일반 백성을 괴롭히지는 않았다. 따라서 일반 백성은 그들을 지지하고 존경했다.[9] 따라서 예수 옆에 매달린 두 '강도'는 반역자라고 번역하는 것이 옳다.

이 추론이 맞다는 것은 무엇보다 신약성경에서 확인된다. 복음서들에 따르면, 빌라도는 예수에게 사형을 판결하기 직전에 유대인들의 축제 때마다 죄수 한 명을 풀어주는 관례에 따라 예수와 바라빠라는 죄수 가운데 한 명을 풀어주고자 제안했다. 그런데 바라빠는 "예루살렘에서 일어난

---

7 André Daigneault, *The Good Thief*, Xulon, 2005, p. 25.
8 요세푸스, 박정수·박찬웅 옮김, 『유대전쟁사』, 나남, 2008, 230쪽.
9 프레더릭 머피, 유선명 옮김, 『초기 유대교와 예수 운동』, 새물결플러스, 2020, 508~09쪽.

반란과 살인으로 감옥에 갇혀 있던 '레스테'였다".[10] 따라서 '레스테'는 반역자임이 틀림없다.

그런데 대부분의 영어 성경과 한글 성경은 예수와 함께 못 박힌 두 사람을 '강도'나 '도둑'으로 번역했다.[11] 왜 기독교 지도자들은 '레스테'를 반역자가 아니라 '강도'라고 번역하고 있을까? 예수가 로마제국에 반역을 저질러 다른 반역자들과 함께 십자가형에 처해졌다는 사실을 인정하기 싫었기 때문이다. 평화와 사랑을 주창한 예수가 폭력적으로 반란을 기도했다는 사실을 인정할 수 없었던 것이다. 신약성경을 비롯한 초기 기독교 자료에서 예수의 무리가 무력 혁명을 기도했음을 시사해주는 구절들을 살펴보면서 이 문제를 계속 고민해보자.

왜 예수 제자들은 모두 도망갔을까

예수가 겟세마니에서 붙잡힌 이후, 예수의 제자들은 모두 고향 갈릴래아로 도망갔다. 예수의 제자들이 고향 갈릴래아로 도망간 것은 매우 기이한 일이다. 만약 예수가 무력 혁명을 기도하지 않고 단지 하느님 말씀을 통해 새로운 세상을 열어야 한다고 설교하고 다니기만 했다면, 예수가 무죄 판결을 받을 수도 있었다. 예수 시절 세례 요한을 비롯해 많은 이가 새로운 세상을 열어야 한다고 설교하고 다녔다. 그렇지만 그들 대부분은 처벌받지 않았다. 세례 요한이 헤로데 안티파스 왕에게 죽임을 당하기는 했지만, 그것은 세례 요한이 종교 지도자로 종교적 각성 운동을 했기 때문이 아니라 헤로데 안티파스를 정치적으로 비난했기 때문이었다. 세례 요

---

10 「요한 복음서」 18:40; 「루카 복음서」 23:18; 조배현, 「빌라도(Pontius Pilate)에 관한 연구: 역사적 빌라도와 정경적 빌라도」, 총신대학교 석사학위논문, 2017, 52쪽.
11 「요한 복음서」 18:40; 윤철호, 『너희는 나를 누구라 하느냐』, 대한기독교서회, 2013, 328쪽.

한은 헤로데 안티파스가 불의를 저지르면서 그의 동생인 필리포스의 아내와 결혼한 것을 여러 차례 비난했다.[12] 더욱이 세례 요한이 죽임을 당할 때, 그의 제자들은 거의 아무런 해를 당하지 않았다.[13] 따라서 예수가 무력 혁명을 시도하지 않았다면 예수의 제자들은 예수가 오해를 받았다고 주장하면서 그를 위한 구명 활동을 펼쳤을 것이다. 그런데 예수의 제자들은 단 한 명도 빠짐없이 모두 황급히 그들 고향인 갈릴래아로 도망갔다.

갈릴래아로 도망간 제자들은 한동안 쥐 죽은 듯 조용히 지냈다. 「요한 복음서」에 따르면, 그들은 혹시 그들을 체포하러 온 사람이 있을까봐 집에서도 모두 문을 잠그고 숨어 지냈다.[14] 기독교 복음서 가운데 유일하게 여성의 이름으로 작성된 「막달라 마리아 복음서」는 이 사실을 좀더 자세하게 전한다.

> 그들은 슬픔에 빠져 크게 울면서 말했다. "우리가 어떻게 세상 밖으로 나가서 사람의 아들의 나라 복음을 전파하겠습니까? 그들이 예수를 살려두지 않았는데, 어찌 우리를 살려주겠습니까?"[15]

「막달라 마리아 복음서」의 사료로서의 가치를 먼저 살펴보자. 2세기 기독교 세계에는 여러 분파가 있었다. 4세기 이후 정통 교회로 성장할 교회

---

12 「마르코 복음서」 6:18; 박찬웅, 「헬레니즘 시대 유대 사회의 재편 과정: 통치구조 관계를 중심으로 ― 원시기독교의 선교모델과 관련하여」, 『대학과 선교』 29, 2015, 151쪽.
13 요세푸스는 세례 요한이 마케루스 성(城)에 감금되었다가 처형당했다고 전한다. 세례 요한의 처형 이후 그의 제자들에 대한 탄압은 확인되지 않는다. 세례 요한이 비밀리에 처형당했다는 것에 대해서는 박찬웅, 「세례 요한과 헤롯 안티파스에 관한 비교 연구」, 『신약연구』 16-3, 2017, 48쪽 참조.
14 「요한 복음서」 20:19.
15 *Gospel of Mary*, 9:7-12. 「막달라 마리아 복음서」의 번역은 송혜경, 『영지주의자들의 성서』, 한님성서연구소, 2014; Karen L. King, *The Gospel of Mary of Magdala: Jesus and the First Woman Apostle*, Polebridge, 2003 참조.

를 원정통 교회라고 한다. 로마 교회와 아시아 교회가 원정통 교회의 중추였다. 원정통 교회 이외에 주요 분파로는 비밀스러운 계시와 신령한 지식을 강조했던 영지주의와 예루살렘 교회의 신앙을 계승한 유대파 교회를 들 수 있다. 이들이 각기 여러 복음서를 써서 자신들의 주장이 옳다고 주장했기 때문에 2세기 기독교 세계에는 30여 권의 복음서가 유통되고 있었다. 4세기에 원정통 교회가 로마제국 정부의 지지를 받으면서 다른 분파들을 탄압했다. 이때 원정통 교회가 채택한 네 개의 복음서만이 정경 문서로 규정되었고 다른 문서들은 모두 외경으로 분류되었다. 이렇게 정경과 외경을 나누는 기준은 신앙의 관점에서 이루어진 것이다. 역사학의 관점에서 보자면, 외경 문서도 작성 시기와 내용에 따라 사료로서 충분한 가치가 있다. 때때로 사료로서의 가치만을 따지자면 외경 문서가 더 가치가 높을 때도 있다. 정통 교회의 4복음서가 정통 교회의 신앙의 관점에서 각색된 반면, 외경 문서들은 신앙의 관점으로 윤색되지 않은 자료를 포함하고 있기 때문이다.

「막달라 마리아 복음서」는 1896년 1월 이집트에서 처음 발견되었는데, 긴 편집과 해독 작업을 거쳐 1955년 발표되었다. 이 복음서의 저작 시기는 2세기 중반이지만 복음서의 내용 가운데 일부는 1세기의 전승을 담고 있다. 특히 앞에서 인용한 구절은 예수 사망 직후에 쓰였다. 이 구절에는 '사람의 아들'이라는 단어가 등장한다. 이 단어는 예수의 별명이었는데, 기독교 신자들은 1세기 말 이후 '사람의 아들'이라는 용어를 잘 쓰지 않았다.[16]

---

16 그러나 「필립보 복음서」, 「야고보의 비밀 가르침」, 「요한의 비밀 가르침」을 비롯한 나그함마디 문헌의 여러 문서에서 '사람의 아들'이라는 칭호가 사용되었다. 이는 나그함마디 문헌이 묵시 문학의 성격이 강하기 때문이다. 나그함마디 문헌에서 예수가 어떻게 불렸는가에 대해서는 김형진, 「나그함마디 문서(The Nag Hammadi library)의 예수 이해: 영지주의적 이해」, 감리교신학대학교 석사학위논문, 2006 참조.

따라서 「막달라 마리아 복음서」는 갈릴래아로 도망간 예수의 제자들이 유대인 지도자들이나 로마 정부가 그들을 체포하려 올까봐 두려워하면서 숨어 지냈음을 보여준다.[17] 만약 예수의 제자들이 단순히 종교적 분파를 형성하고 정통 유대인들과 교리 논쟁만을 벌였다면, 이런 상황은 발생하지 않았을 것이다. 예수의 제자들이 스승과 함께 무장 봉기를 기도했다가 실패했다고 생각할 때에만 제자들이 모두 예수를 버리고 황급히 고향 땅으로 도망가 숨어 지냈던 사실을 이해할 수 있다.

예수와 베드로, 맞장을 뜨고 싸우다

시몬 베드로는 예수의 수제자이고 최초의 교회인 예루살렘 교회의 수장이며, 로마에서 순교한 신앙의 모범으로 알려져 있다. 베드로가 예수의 수제자로 자리매김하는 데 가장 중요한 계기는 그가 예수의 정체를 바로 알아보고 모범적인 신앙 고백을 했다는 것이다. 「마태오 복음서」는 이 상황을 다음과 같이 전한다.

> 예수께서 제자들에게 "그러면 너희는 나를 누구라고 말하느냐?"라고 물으셨다. 시몬 베드로가 "당신은 살아 계신 하느님의 아들이자 그리스도이십니다"라고 대답해 말했다. 그러자 예수께서는 "요나스의 아들 시몬아, 너는 복이 있다. 살과 피가 아니라 하늘에 계신 내 아버지가 그 사실을 너에게 알려주셨다"라고 말씀하셨다. 또한 나는 말한다. "너는 베드로이다. 내

---

17 예수를 정치범으로 파악하는 대표적인 연구로는 George F. Brandon, *Jesus and the Zealots: A Study of the Political Factor in Primitive Christianity*, Charles Scribner's Sons, 1967; 김득중, 『주요 주제를 통해서 본 복음서들의 신학』, 한들, 2006을 들 수 있다. 예수가 어떤 태도를 취했던 예수의 제자들을 비롯해 당시의 많은 유대인이 예수를 정치적 메시아로 인식했다는 것은 확실하다. 이에 대해서는 David M. Scholer (ed.), *Social Distinctives of the Christians in the First Century: Pivotal Essays by E. A. Judge*, Baker Academic, 2008, p. 45 참조.

가 이 반석 위에 내 교회를 세울 터인즉 지옥의 문이 그것을 누르지 못할 것이다. 또 나는 너에게 하늘나라의 열쇠들을 주겠다. 네가 무엇이든지 땅에서 매면 하늘에서도 매일 것이며, 땅에서 풀면 하늘에서도 풀릴 것이다"라고 말씀하셨다. 그러고 나서 예수께서는 자신이 그리스도라는 것을 누구에게도 말하지 말라고 제자들에게 엄히 명령하셨다.[18]

이 구절에 따르면, 예수가 제자들에게 너희는 나를 누구라고 생각하느냐고 묻자 베드로가 평범한 사람은 생각할 수도 없을 만큼 뛰어나게 대답했다. 예수는 베드로의 대답에 감명받아 그에게 하늘나라의 열쇠를 주었다. 이는 베드로를 수제자로 임명하는 것인데, 열쇠가 권위를 상징하기 때문이다.

그런데 최초의 복음서인 「마르코 복음서」는 이 기사를 전하면서 완전히 다르게 이야기한다. 「마르코 복음서」에 따르면, 예수가 제자들에게 너희는 나를 누구라고 생각하느냐라고 묻자 베드로가 나서서 "당신은 그리스도이십니다"라고 대답했다. 이때 예수는 베드로를 칭찬하지 않았고 그런 이야기를 아무에게도 하지 말라고 말한다. 그리고 곧 자신의 운명을 다음과 같이 말한다.

그리고 예수께서는 사람의 아들(예수의 별명)이 반드시 유대의 원로들, 대제사장들, 그리고 서기들로부터 많은 고난을 당하고 죽임을 당한 후, 3일 만에 다시 살아나야 한다고 제자들에게 가르치기 시작했다. 예수께서 이 이야기를 공개적으로 하셨다. 그러자 베드로가 예수를 붙잡고 크게 비난하기 시작했다. 그러자 예수께서는 몸을 돌려 제자들을 본 후에, 베드로를 크게 꾸짖어 말했다. "사탄아 물러나라. 너는 하느님의 일은 마음에 없고 사람의 일만 생각한다."[19]

---

18 「마태오 복음서」 16:15-20.

이 구절에 따르면, 베드로가 예수의 정체를 고백했을 때 예수는 베드로를 칭찬하지 않았다. 오히려 예수는 베드로의 고백이 잘못되었음을 지적했으며, 베드로의 생각과는 달리 자신은 유대 지도자들의 손에 고통받고 죽을 것이라고 말했다. 그런데 베드로는 예수의 가르침을 받아들이는 것이 아니라 크게 화를 내면서 예수를 비난했다.

이 대목을 번역문으로 보면 제대로 된 뜻을 알 수가 없다. 대부분의 한글 성경들이 베드로의 행위를 온건하게 해석하고 있기 때문이다. 개역 한글본은 "예수를 붙들고 간하였다", 공동 번역본은 "예수를 붙들고 그래서는 안 된다고 펄쩍 뛰었다", 새 번역본은 "예수를 바싹 잡아당기고, 그에게 항의하였다"라고 번역했다. 그리고 베드로의 행동에 대한 예수의 반응을 묘사하면서는 대개 예수가 꾸짖었다고 번역했다. 그러나 헬라어 원어 성경으로 보면 두 사람의 행위는 똑같이 '에피티마오'(ἐπιτιμάω)로 묘사되어 있다. 이 단어는 상대방을 비판적으로 평가해 항의한다는 뜻인데, 성경에서는 귀신을 쫓을 때 사용되었다(「마르코 복음서」 1:25, 3:12, 4:39, 9:25).

따라서 이 장면을 있는 그대로 이야기하자면, 먼저 베드로가 예수를 매우 심하게 비난하면서 항의했고 예수는 베드로의 말을 듣고 다시 심하게 비난하면서 베드로를 꾸짖었다. 다시 말해 이 장면에서 두 사람은 여러 제자가 보는 앞에서 서로를 극렬하게 비난하면서 크게 싸웠다. 심지어 예수는 베드로를 '사탄'이라고 부르며 상종할 수 없는 인간이라고 비난했다.

그렇다면 이때 베드로는 왜 극렬하게 예수를 비난했을까? 그것은 예수의 정체와 운명에 대해 예수와는 다른 생각을 피력했기 때문이다. 베드로와 제자들은 생업을 포기하고 예수를 따랐는데, 그 이유는 예수가 '그리스도'가 될 것이라고 믿었기 때문이다. 그렇다면 그들이 생각한 그리스도는 어떤 존재인가?

---

19 「마르코 복음서」 8:31-33.

베드로는 예수가 왕이 될 것이라고 믿었다

예수의 제자들이 모두 유대인이었기 때문에 제자들이 '그리스도'를 어떤 존재로 생각했는지 알려면 먼저 유대인이 메시아를 어떻게 생각했는지 알아야 한다. 그리스도는 히브리어 '메시아'를 헬라어로 번역한 말인데, 히브리어로 '메시아'는 '기름부음을 받은 자'라는 뜻이다. 구약성경의 첫 5권인 모세 오경에서 이 단어는 하느님으로부터 선택받아 제사를 주관하는 사람들을 가리키기 위해 사용되었다. 모세 오경은 모세가 썼다고 알려진 것으로 기원전 1290년경에 시작된 출애굽 시대를 배경으로 하고 있다.

이스라엘 백성은 모세의 인도를 받아 출애굽한 이후에 가나안 족속을 물리치고 팔레스타인 지역에 정착했다. 이스라엘 백성이 팔레스타인에 정착한 지 얼마 되지 않아 필리스티아인(블레셋 사람들)이 쳐들어와 이스라엘을 위협했다. 당시 이스라엘 백성은 12개의 부족으로 구성되어 있었고 부족 연합의 수장이 있기는 했지만, 왕이 없었기에 효율적으로 필리스티아인에 대항할 수 없었다. 이에 이스라엘 백성은 왕을 뽑기로 했다. 이스라엘 백성이 최초의 왕으로 사울을 뽑을 때, 예언자 사무엘이 사울에게 기름을 부어주면서 왕으로 삼았다. 이후 메시아는 이스라엘의 왕을 가리키는 단어로 사용되었다. 「여호수아」, 「사무엘 상·하」, 「역대 상·하」 같은 구약 역사서에 메시아라는 단어는 약 25번 나타나는데, 모두 기름부음을 받은 왕과 관련해 사용되었다.[20]

그런데 기원전 586년 유대 왕국이 멸망하면서 유대에는 더 이상 왕이 없었다. 나라를 잃은 고통 속에서 이스라엘 백성이 신음하자, 예언자 예레미야(Jeremiae)와 에제키엘(Ezekiel)을 비롯한 유대 지도자들은 하느님

---

20 이희창, 「구약에 나타난 메시아 개념 연구」, 칼빈대학교 석사학위논문, 2005, 3쪽.

이 새로운 메시아를 보내 나라를 복원해줄 것이니 이스라엘 백성은 나라를 잃었다고 낙담하지 말라고 가르쳤다. 이것이 메시아 신앙이다. 예수 시절 메시아 신앙은 유대인들 사이에서 널리 신봉되었다. 이스라엘 사람들은 지혜와 힘이 뛰어난 지도자가 나타나면 그를 메시아로 숭배하고 로마에서 반란을 일으켜 자신들을 독립시켜 달라고 요청하곤 했다.

베드로가 생각했던 메시아는 바로 이런 존재였다. 그에게 메시아는 유대인의 왕으로서, 위대한 능력을 발휘해 로마군을 물리치고 이스라엘의 영광을 복원할 사람이었다. 따라서 "당신은 그리스도이십니다"라는 베드로의 고백에서 그리스도는 세상의 왕을 의미했다. 그런데 당시 유대인들은 로마의 지배를 받고 있었다. 이때 이스라엘 백성이 예수를 새로운 왕으로 추대한다는 것은 반란을 의미했다. 실제 예수 시절에 여러 명이 메시아를 자처하면서 크고 작은 반란을 일으켰다. 헤로데의 부하였던 시몬, 평범한 양치기였던 아트롱게스, 히스기야의 아들 유다(Judas, son of Hezekiah), 농민 비적 출신의 갈릴래아의 유다(Judas of Galilee), 테우다스(Theudas) 등이 그런 인물들이다. 역사가 요세푸스는 이런 상황을 "그때부터 온 유대 땅에 반란자 무리가 들끓었다"라고 썼다. 이렇게 이스라엘 백성이 '메시아'를 환영하곤 했기 때문에 로마 정부는 메시아를 칭하는 자들이 나타날 때면 반란이 일어날까봐 크게 긴장했다.[21]

다시 「마르코 복음서」의 진술로 돌아가보자. 예수가 너희는 나를 누구라고 생각하느냐고 묻자, 베드로는 "당신은 그리스도이십니다"라고 말했다. 이때 예수는 베드로를 칭찬하지 않고 오히려 제자들에게 "그 일에 대해서 아무에게도 말하지 말라"라고 엄중히 말했다.[22]

예수의 대답에는 두 가지 의미가 담겨 있다. 먼저 예수는 자신이 스스

---

21 게르트 타이쎈·아네테 메르츠, 손성현 옮김, 『역사적 예수』, 다산글방, 2001, 219~20쪽.
22 「마르코 복음서」 8:29-30.

로 메시아라고 생각했다. 예수는 베드로의 말을 부정하지 않았다. 그 역시 자신이 유대의 왕이 되어 로마군을 물리치고 이스라엘의 영광을 복원할 것이라고 생각하고 있었기 때문이다. 예수는 스스로 메시아라고 생각했지만 아직 스스로 메시아라고 밝혀서는 안 된다고 생각했다. 예수가 자신이 메시아임을 밝히지 않은 사실을 '메시아의 비밀'이라고 한다. 많은 신학자가 '메시아의 비밀'에 깊은 신학적 의미가 담겨 있다고 파악했다. 그러나 이 말을 단어 그대로 해석하면 너무나 쉽게 이해가 간다. 어떤 인물이 메시아임을 선포하는 것은 로마에 맞서는 반란군의 우두머리가 된다는 것을 의미했다. 예수는 그의 무리가 아직 반란을 일으킬 준비가 되어 있지 않았기 때문에 준비가 끝날 때까지 그 사실을 숨기라고 명령했을 뿐이다.

사도 요한 형제도 예수를 정치적 왕으로 생각했다

예수의 수제자로 알려진 베드로는 예수가 정치적 메시아로서 이스라엘 백성을 구하고 큰 영광을 차지할 것이라고 믿었다.[23] 베드로는 예수가 백성을 이끌고 반란을 일으켜 왕이 된 후에 영광을 차지하면[24] 자신도 크게 출세할 것이라고 기대했다.[25] 베드로만 이렇게 생각했던 것일까? 예수의 제자들 가운데 베드로와 함께 삼총사를 이루었던 인물이 있다.

그들은 제베대오의 아들 요한과 그의 형 야고보였다. 두 형제 중 동생인 요한은 세례 요한과 구별하기 위해 사도 요한이라고 부른다. 이들은 '천둥의 아들들' 혹은 '진노의 자식들'이라는 뜻을 가진 보아네르게스라고

23　정승우, 『인류의 영원한 고전: 신약성서』, 아이세움, 2007, 134쪽.
24　Elaine Pagels, *Beyond Belief: The Secret Gospel of Thomas*, Random House, 2003, p. 72.
25　Raymond Brown, *An Introduction to New Testament Christology*, Paulist Press, 1994, p. 5.

불렸다. '천둥의 아들들'은 벼락처럼 사악한 자들을 혼내주라는 뜻이다. 이 별명은 폭력적이고 선동적인 색채를 띠고 있는데, 실제 이들은 매우 과격해 사마리아 사람들이 예수를 영접하지 않았을 때 "주님, 저희가 하늘에서 불을 내리게 하여 그들을 불살라 버릴까요?"라고 말했다.[26]

그런데 이들에게 이렇게 폭력적인 별명을 붙여준 사람은 다름 아닌 예수였다.[27] 만약 예수가 자신의 제자단을 모든 사람을 위해 헌신적으로 희생하는 집단으로 여겼다면, 제자들에게 '섬김의 아들들'이나 '사랑의 아들들'이라는 별명을 붙여주었을 것이다. 예수가 그들에게 '천둥의 아들들'이라는 별명을 붙여준 것은 그 무리를 무력 집단으로 생각하고 요한의 형제를 선봉대장으로 여겼기 때문일 것이다. 그런데 예수가 요한 형제에게 '천둥의 아들들'이라는 별명을 붙여주었다는 사실은 「마르코 복음서」에만 나온다. 「마르코 복음서」를 저본으로 삼았던 「마태오 복음서」와 「루카 복음서」는 이 사실을 삭제했다. 이는 두 복음서의 저자들이 요한 형제의 별명이 무장 집단에나 어울린다고 생각했음을 의미한다.

하여튼 예수는 그들을 각별히 사랑했고 중요한 일을 할 때면 베드로와 함께 그들을 특별히 데리고 다녔다. 가령 변화산이라고도 불리는 타보르산에 오를 때에도 셋만 데리고 갔다. 변화산에 오른 예수는 마치 천사처럼 변했고, 구약 시대 인물인 엘리야와 모세가 내려와 예수와 대화를 나누었다. 세 제자는 이 모습을 보고 예수가 하느님이 보내신 특별한 인물이라는 사실을 확인했다. 또한 예수는 수난을 앞두고 겟세마니 동산에 기도하려 갈 때도 세 제자만 데리고 갔다.[28]

이렇게 요한 형제는 12제자 가운데 베드로에 버금가는 권위를 가지고

---

26 「마르코 복음서」 3:17; 김득중, 『주요 주제를 통해서 본 복음서들의 신학』, 한들, 2006, 324쪽.
27 「마르코 복음서」 3:17.
28 「마태오 복음서」 26:37.

있었고 예수의 총애를 받았다. 그런데 그들은 예수가 수난을 앞두고 예루살렘으로 가기 직전에 그에게 다음과 같이 말했다.

> 제베대오의 아들들인 야고보와 요한이 예수께 가까이 가서 "선생님, 우리가 부탁하는 것을 무엇이든 들어주시기를 원합니다"라고 말했다. 예수께서 그들에게 "너희는 내가 너희를 위하여 무엇을 해주기를 원하느냐?"라고 물으셨다. 그들은 "선생님께서 영광의 자리에 앉으실 때 저희를 한 명은 선생님의 오른편에, 한 명은 왼편에 앉게 해주십시오"라고 말했다. 그러자 예수께서는 "너희는 너희가 부탁하는 일이 무엇인지 알지 못하고 있다. 너희가 내가 마시는 잔을 마실 수 있으며 내가 받은 세례를 받을 수 있느냐?"라고 물으셨다. 그들이 "예, 할 수 있습니다"라고 대답하자 예수께서 다시 이렇게 말씀하셨다. "너희가 내가 마실 잔을 마시고 내가 받을 세례를 받기는 할 것이다. 그러나 내 오른편이나 왼편 자리에 앉는 것은 내가 주는 것이 아니다. 그 자리에 앉을 준비가 되어 있는 사람들에게 돌아갈 것이다. 이 대화를 듣고 있던 다른 열 제자가 야고보와 요한에게 몹시 화를 냈다.[29]

이 구절에서 요한과 야고보는 예수가 수난을 맞이하기 위해 예루살렘으로 가는 것을 혁명을 통해 새로운 왕국을 건설하러 가는 것으로 이해하고는 새로운 왕국에서 높은 관직을 차지하길 원한다고 말하고 있다.[30] 일반적으로 신학자들은 이 구절에서 요한과 야고보가 예수가 '수난'을 통해 죽음으로써 새로운 구원의 길을 열 것을 제대로 이해하지 못해 세속적인 욕심을 피력했다고 주장한다.[31]

---

29 「마르코 복음서」 10:35~41.
30 Scott Hahn (ed.), *Reading Salvation: Word, Worship, and the Mysteries*, Emmaus Road Publishing, 2005, pp. 44~46.

이 해석은 요한 형제가 예수가 반란을 일으킬 것이라고 믿었음을 인정하고 있기에 옳다. 그렇지만 요한 형제가 그런 생각을 가졌던 것을 오해라고 규정하는 문제점을 갖고 있다. 예수의 핵심 제자였던 베드로, 요한, 야고보는 3년이나 예수를 모시고 다니면서 그에게 배웠다. 그들이 모두 예수의 정체를 몰라보고 오해했다고 주장하는 것이 타당한가? 만약 정말로 예수의 모든 제자가 예수의 말을 오해했다면, 그것은 예수가 잘못 가르쳤거나 최소한 예수가 무언가 오해할 소지를 제공했기 때문일 것이다.

요한 형제는 예수 사후 예루살렘 교회의 수립에도 중요한 역할을 했다. 「사도행전」은 사도 요한이 베드로와 함께 예루살렘 교회를 세웠다고 전하며, 바울은 49년경에 열린 사도회의에서 예루살렘 교회의 기둥인 사도 요한이 회의에 참가했다고 전한다. 그런데 요한 형제에 대한 서술 가운데 일반적으로 거의 주목받지 못하지만 중요한 사실이 있다. 「마르코 복음서」를 비롯한 복음서들은 요한 형제를 소개할 때 사도 야고보를 사도 요한보다 먼저 소개했다. 심지어 「마르코 복음서」 3:17은 사도 야고보를 베드로 다음으로 소개했다. 이는 사도 야고보가 사도 요한보다 형이며, 12제자 가운데 베드로 다음으로 권위가 높은 인물이었음을 의미한다.[32]

그런데 「사도행전」은 예루살렘 교회의 초기 모습을 전하면서 사도 야고보의 활동을 전하지 않는다. 「사도행전」 2:1-5:42를 보면, 예루살렘 교회의 최고 지도자는 베드로이고, 베드로 다음으로 중요한 인물은 사도 요한이었다. 이들은 여러 차례 기적을 행하면서 신자들을 가르치고, 교회를 지도하고, 유대인들을 향해 복음을 전파했다. 「사도행전」의 진술을 읽다

---

31 Mookgo Solomon Kgatle, "Discipleship understandings and misunderstandings in Mark 10:35-42. A reader response criticism", *Stellenbosch Theological Journal* 3-1, 2017, pp. 186~87.

32 Martin Hengel·Anna Maria Schwemer, John Bowden (tr.), *Paul Between Damascus and Antioch: The Unknown Years*, Louisville, Ky.: Westminster John Knox Press, 1997, p. 244.

보면 사도 요한이 그토록 비중 있는 인물로 활동하고 있는데, 그의 형 야고보는 어디로 사라진 것일까라는 의문이 든다.

이런 의문은 「사도행전」 12:1-3에서 해소된다. 이 구절들에 따르면, 헤로데 아그리파 1세가 요한의 형 야고보를 칼로 쳐 죽이고 베드로를 감옥에 가두었다. 헤로데 아그리파 1세는 로마 황제 클라우디우스의 총애를 받아 41년에 유대 지역의 왕이 되어 44년까지 다스렸다. 헤로데 아그리파 1세가 사도 야고보와 베드로를 박해했던 이유는 알려져 있지 않다. 아마 '칼리굴라 위기'와 관련이 있었던 것 같다. 로마 황제 칼리굴라는 예루살렘에 그의 조각상을 세우라고 명령했는데, 이에 대해 유대인들은 극렬하게 반대했다. 로마와 유대의 대립이 너무나 심해 전쟁이 일어날 것 같았다.[33] 헤로데 아그리파 1세는 즉위 후에 예루살렘을 방문했는데, 민족주의적 열광이 여전히 팽배한 것을 보고는 유대인들이 미워했던 베드로와 사도 야고보를 박해해 그들을 달래고자 했다.[34] 이 사건은 사도 야고보가 예루살렘 교회의 최고 지도자 가운데 한 명이었음을 보여준다. 사도 야고보가 예루살렘 교회에서 가장 눈에 띄는 인물이 아니었다면 헤로데 아그리파 1세가 그를 죽일 이유가 없었을 것이다.[35]

---

33 칼리굴라 위기의 경과에 대해서는 박찬웅, 「헬레니즘 문화와 유대교 전통의 충돌」, Canon & Culture 4-2, 2009, 27~52쪽 참조.

34 Rainer Riesner, Douglas W. Scott (tr.), *Paul's Early Period: Chronology, Mission Strategy, Theology*, Grand Rapids: Wm. Eerdmans, 1998(Germany original edition, 1994), p. 120; 박찬웅, 「로마제국 시대 유대 사회의 중형재판권에 관한 연구」, 『신학논단』 89, 2017, 201~02쪽. 2세기에 작성된 「베드로 행전」 5:22는 사도들이 예수 부활 이후 12년 동안 예루살렘을 떠나지 않았다고 전한다. 이 기록에 신빙성이 있다면, 헤로데 아그리파 1세의 박해는 44년경에 있었다.

35 2세기 초 히에라폴리스의 주교였던 파피아스는 '주님의 말씀들에 대한 강해'라는 긴 책을 썼다. 그의 책은 현존하지 않고 일부만 후대 인용으로 전한다. 그런데 교부들의 증언에 의하면, 파피아스의 책 2권에 헤로데 아그리파 1세가 사도 야고보뿐만 아니라 사도 요한도 죽였다고 기록했다. 그러나 파피아스의 증언은 바울의 증언과 조화될 수 없다. 바울은 49년에 열린 사도회의에 요한이 참가했다고 기록했다. 이에 대해서는 Luke J. Stevens, "Did Eusebius Read Papias?", *The Journal of*

사도 야고보가 살해된 뒤에도 사도 요한은 예루살렘 교회의 주요 지도자로서 위상을 잃지 않았다. 사도 요한은 49년에 열린 예루살렘 사도회의에서 '예루살렘 교회의 기둥'으로 참여했다. 초기 기독교의 전승들에 따르면, 66년 유대인들이 로마에 대항해 반란을 일으켰을 때 사도 요한은 에페소로 피난했다. 이때 사도 요한은 예수의 어머니 마리아를 모시고 갔다. 이 때문에 에페소에는 지금도 사도 요한과 예수의 어머니 마리아와 관련된 유적이 많이 남아 있다. 사도 요한이 예수의 어머니 마리아를 모시고 갔다는 것은 그가 예수로부터 정통성을 인정받은 중요한 제자라는 것을 의미한다. 이는 특히 「요한 복음서」에서 명확히 확인된다. 「요한 복음서」에서 예수는 십자가에서 죽으면서 사도 요한에게 자신의 어머니를 잘 부탁한다라고 특별히 당부했다. 이는 예수가 자신의 정통성을 사도 요한에게 주었음을 의미한다. 사도 요한은 에페소에 도착한 후에 큰 교회를 세웠다. 그 후 아시아 일대에 세워진 교회들은 사도 요한을 자기들 교회의 '설립자'라고 여기면서 요한의 신학에 따라 기독교를 발전시켰다.

예수 제자들 가운데는 열심당원이 있었다

예수 시절 유대인들은 로마의 지배를 받고 있었는데, 민족의식이 유독 강해 로마 지배에 대해 다른 어떤 종족보다 격렬하게 저항했다. 예수가 태어나기 이전부터 여러 사람이 메시아를 자처하면서 반란을 일으켰고 예수 시절에도 저항운동을 강렬하게 펼치는 사람들이 있었다. 이들 가운데 특히 폭력을 통해 로마제국을 무너뜨리고 유대인들의 독립 왕국을 세우려고 했던 사람들을 열심분자 혹은 열심당원이라고 부른다.

열심당의 정체에 대해서는 다양한 의견이 있다. 1세기 유대에 대해 가

Theological Studies 70-1, 2019, pp. 167~68 참조.

장 자세한 자료를 전하는 요세푸스는 '열심당'(Zealot)이라는 단어를 66년에 시작된 유대 제1차 반란 중에 활동했던 과격파를 지칭하기 위해 사용했다.[36] 이 진술을 중요하게 생각하는 학자들은 유대 제1차 반란 이전에 로마에 맞서 무장 독립운동을 하거나 반로마 테러 활동을 펼쳤던 무리와 열심당을 구분한다.[37] 그러나 유대 반란 이전에 로마에 맞선 열광적 민족주의자들도 자칭 타칭으로 '열심당'이라고 불렸다. 이들은 몇 명이 모여 무리를 형성하기도 했고 개인적으로 활동하기도 했다.[38] 이들 가운데 특히 시카리파가 유명했다. 시카리는 '단도(sica)를 가지고 다니는 사람들'이라는 뜻인데, 이들은 가슴에 단도를 숨기고 다니면서 로마에 협력하는 유대인들에게 테러를 가하곤 했다.

그런데 예수의 제자들 가운데 열심당원이 있었다. 이는 「마태오 복음서」가 제시하고 있는 12제자의 다음 명단에서 확인된다.

> 예수께서 열두 제자를 불러 더러운 영들을 제어하는 능력을 주시고, 그들로 하여금 더러운 영들을 쫓아내고 온갖 병자와 허약한 자들을 고치게 하셨다. 열두 사도의 이름은 이러하다. 첫째는 베드로라고 부르는 시몬이고, 그의 동생 안드레아, 제베대오의 아들 야고보와 그의 동생 요한, 필립보와 바르톨로메오, 토마스와 세리 마태오, 알패오의 아들 야고보와 타대오, 열심당원 시몬, 그리고 예수님을 팔아넘긴 유다 이스카리옷이다.[39]

이 명단에는 시몬이라는 이름이 두 번 등장하는데, 시몬 베드로와 이름이 같은 또 다른 시몬을 소개하면서 '열심당원'이라고 명기하고 있다.

36　요세푸스, 앞의 책, 2008, 2, 22, 1.
37　레스터 L. 그래비, 이유미 옮김, 『제2성전기 유대교: 느헤미야, 마카비, 힐렐과 예수 시대의 유대 역사와 종교』, 컨콜디아사, 2017, 134~37쪽.
38　데이빗 로드스, 「젤롯운동의 기원과 역사」, 『신학사상』 81, 1993, 173~79쪽.
39　「마태오 복음서」 10:4.

어떤 번역본들을 보면 이 사람을 '열심당원'이 아니라 '가나안 사람'이라고 소개하고 있다. 이는 성경에 여러 판본이 있고 어떤 판본에 '가나안 사람'(Kananaion)이라고 되어 있기 때문이다. 그러나 오래되고 좋은 필사본에 분명 그는 '열심당'(ζηλωτήν)이라고 소개되어 있다.[40] 더욱이 시몬이 열심당원이라는 사실은 「루카 복음서」 6:15에서도 확인된다. 따라서 그를 열심당이 아니라 가나안 사람이라고 소개하고 있는 성경들은 예수의 제자들 가운데 열심당원이 있다는 사실을 인정하기 싫었기 때문에 본문을 수정한 결과이다.

시몬 이외에 예수를 판 유다도 열심당원이었을 가능성이 있다. 유다의 정식 이름은 '시몬의 아들 유다 이스카리옷'(Judas Iscariot, the son of Simon)이다. 이 이름에서 이스카리옷이 무엇을 의미하는지 명확하지 않다. 어떤 학자들은 유대 지방 남쪽의 도시인 크리욧(Kerioth)의 다른 표현으로 보면서 유다가 크리욧 출신임을 의미한다고 주장한다. 이렇게 볼 경우에 유다는 12제자 가운데 유일하게 갈릴래아가 아니라 유대 지방 출신이다.[41] 어떤 학자들은 이 해석에 반대하면서 '이스카리옷'은 시카리파와 관련이 있다고 주장한다. 신약성경은 수많은 필사를 거치면서 많은 이문(異文, 같은 구절의 철자가 다른 것)이 관찰된다. 어떤 필사본들에서 이 구절은 '이스카리옷'이 아니라 '스카리오테스'(Skariotes) 또는 '스카리오트'(Skarioth)라고 되어 있다. 이 단어는 '시카리파'(sicarii)라는 단어와 유사하다.[42] 이는 유다가 열심당이었을 가능성을 암시한다.[43]

---

40   김인철, 『유대 문화로 읽는 복음서의 난제들 (상)』, 그리심, 2007, 144~45쪽.
41   「여호수아」 15:25.
42   최순봉, 「유다스 호 이스카리오테스」, 『광신논단』 17, 2008, 123~25쪽; Robert Eisenman, *James: The Brother of Jesus*, Penguin, 1997, p. 179.
43   이스카리옷에 대해서는 본문에서 소개한 것 이외에 추가로 두 가지 설명이 있다. 하나는 사기꾼을 의미하는 아람어 '시카르야'(sheqarya)에서 유래했다는 것이며, 다른 하나는 12부족의 하나인 '잇사갈인'(Issacharite)에서 유래했다는 것이다. 이에 대해서는 피터 스탠퍼드, 차백만 옮김, 『예정된 악인 유다』, 미래의창, 2016,

유다가 열심당이었다고 주장하는 학자들은 유다가 예수를 판 이유를 정치적으로 설명한다.[44] 이 주장에 의하면, 유다는 예수가 제자들을 이끌고 로마 군대를 무찌른 후 이스라엘 왕국을 복원할 것이라고 믿었다. 그런데 그의 기대와 달리, 예수는 자꾸 머뭇거렸고 봉기하려고 하지 않았다. 참을 수 없었던 유다는 예수가 체포되어 죽을 위기에 처한다면 마음을 바꾸어 살기 위해 백성을 선동할 것이라고 생각했다. 따라서 그는 예수를 팔 때 예수가 죽을 것이라고 생각하지 않았다. 그렇지만 유다는 그의 예상과 달리 예수가 아무런 저항도 하지 않고 십자가에서 죽어 버리자, 자신이 잘못된 선택을 했음을 뉘우치고 대제사장에게서 배반의 대가로 받은 은 30냥을 반납하려 했다. 은 30냥은 현재 우리나라 돈으로 치면 약 1천만 원이다. 그러나 대제사장이 돈을 되돌려 받기를 거부하자 자신의 행동을 후회하면서 자살했다.[45]

앞에서 살펴보았듯이, 예수의 제자들 가운데에는 명확하게 열심당이라고 제시된 사람도 있고 열심당이었을 가능성이 높은 사람도 있다. 성경에 따르면, 예수의 12제자는 예수가 직접 선발한 사람들이다. 예수는 제자들을 선발할 때 그들의 인물됨은 물론, 과거의 행적과 미래의 운명까지 정확하게 알고 있었다.[46] 예수가 무력 투쟁에 반대했다면 무력으로 로마에 저항하는 노선을 추구했던 자들을 제자로 삼았던 사실은 해명하기 곤란하다.

42쪽 참조.
44 아이작 아시모프, 박웅희 옮김, 『아시모프의 바이블』, 들녘, 2002, 244~45, 292~93쪽.
45 「사도행전」 1:17-20.
46 폴 존슨, 이종인 옮김, 『예수 평전』, RHK, 2012, 76쪽; 레이먼드 브라운, 김광식 옮김, 『신약성서 그리스도론 입문』, 분도출판사, 1999, 52쪽.

예수에게서도 혁명가의 모습이 관찰된다

예수는 '평화의 왕'이라고 불린다. 그가 "평화를 위해 일하는 사람은 행복하다. 그들은 하느님의 아들이 될 것이다"라고 가르쳤고 사람들에게도 "평화를 빕니다"라고 인사하곤 했기 때문이다. 그렇지만 이런 이미지와 맞지 않게 예수는 대단히 격정적이고 때때로 폭력적인 모습을 보였다. 예수는 그에게 맞섰던 바리사이파와 사두가이파 사람들을 거듭해 '독사의 자식들'이라고 불렀으며, 그들이 지옥의 형벌을 피할 수 없다고 저주하곤 했다.[47]

예수는 적대자들뿐만 아니라 제자들이 잘못할 때도 불같이 화를 내곤 했다. 가령 사람들이 어린아이들을 예수에게 데리고 가서 쓰다듬어 달라고 했을 때 제자들이 그들을 막는 일이 있었다. 그때 예수는 제자들의 잘못을 좋게 타이르는 것이 아니라 심하게 화를 냈다(ἠγανάκτησεν). 나자로라는 사람이 매우 아팠을 때도 이런 일이 있었다. 「요한 복음서」에 따르면, 예수가 특별히 사랑했던 나자로라는 인물이 매우 아파 곧 죽게 생겼다. 가족이 예수에게 사람을 보내 빨리 와 고쳐달라고 했지만 예수가 늦게 도착하는 바람에 나자로가 죽어버렸다. 가족들과 제자들이 슬피 울면서 통곡하자, 예수가 "크게 분노하면서 그들에게 야단법석을 떨지 말라고 야단쳤다."[48]

이렇게 성정이 불같았던 예수는 제자들에게도 자신 못지않게 치열하게 싸워야 한다고 가르치면서 "내가 세상에 평화를 주러 온 줄로 생각하지 마라. 평화가 아니라 칼을 주러 왔다"라고 말했다. 평화가 아니라 칼을 주러 온 예수가 칼로 로마제국을 무너뜨리고 새로운 나라를 세우려고 시도하지는 않았을까? 겟세마니 동산에서의 충돌 장면으로 돌아가보자. 그

---

47 「마태오 복음서」 23:33.
48 「요한 복음서」 11:33.

때 예수의 제자들은 칼을 차고 있었다. 제자들이 예수의 명령을 받지 않고 독자적으로 칼을 준비했던 것일까? 「루카 복음서」는 제자들이 칼을 준비한 것이 독자적인 판단에 의해서가 아니라 예수의 명령으로 이루어졌다고 말한다. 「루카 복음서」에 따르면, 예수는 예루살렘에 입성한 다음에 성전에서 여러 가르침을 펼쳤고 겟세마니에서 잡혀가기 직전에 다음과 같이 말했다.

> 그리고 예수께서 사도들에게 "내가 예전에 너희를 돈주머니나 식량 자루나 신발도 없이 보냈는데, 부족한 것이 생긴 적이 있었느냐?"라고 물으셨다. 제자들이 "아무것도 부족한 것이 없었습니다"라고 대답했다. 그러자 예수께서는 "그러나 지금은 돈주머니가 있는 사람들은 그것을 가지고 가고 식량 자루가 있는 사람은 그것을 가지고 가거라. 또 칼이 없는 사람은 겉옷을 팔아 칼을 사라"라고 말씀하셨다.[49]

이 구절에서 예수는 명확히 제자들에게 칼을 사라고 명령하고 있다. 특히 이 구절의 시점이 중요하다. 예수가 예루살렘 성전에 진출하기 오래전에 이 말을 했다면 무슨 다른 뜻이 있다고 해석할 수도 있다. 그러나 예수가 이렇게 말한 시점은 겟세마니의 충돌이 있기 직전이었다. 이는 봉기 직전에 제자들에게 무기와 식량을 확보하고 상황을 점검하는 데 만전을 기하라는 명령이다.[50] 따라서 제자들이 겟세마니에서 칼을 차고 있었던 것은 예수의 명령에 따른 것이었다.

---

49 「루카 복음서」 22:35-37.
50 Ernst Bammel·C. F. D. Moule, *Jesus and the Politics of His Day*, Cambridge University Press, 1985, p. 335; 김기혁, 「복음서에 나타난 혁명가적 예수와 체 게바라와의 비교연구」, 감리교신학대학교 석사학위논문, 2011, 36쪽.

복음서는 예수의 진짜 모습을 감추고 있다

예수의 일생과 말씀을 전하는 복음서는 사료로서 가치가 높지 않다. 우선 복음서는 모두 예수 당대의 기록이 아니다. 「마르코 복음서」는 70년경, 「마태오 복음서」는 80년경, 「루카 복음서」는 80년대 후반, 「요한 복음서」는 100년경에 집필되었다. 가장 빨리 집필된 「마르코 복음서」도 예수가 세상을 떠난 이후 40년이 흐른 뒤에 비로소 기록되었다. 형식적으로는 모두 예수를 직접 모셨던 제자들이나 제자들과 함께 일했던 동역자들이 기록한 것으로 되어 있지만, 신학자들 대부분은 복음서들의 실제 저자가 이름을 알 수 없는 후대의 신자라고 생각하고 있다. 다시 말해 예수가 세상을 떠난 이후 상당한 시간이 흐른 다음, 누군가 예수의 행적을 정리하고 책의 이름을 지을 때 초기 기독교 주요 지도자의 이름을 붙였다는 것이다. 복음서가 1차 사료가 아니라는 것보다 더 심각한 것은 신앙의 관점이 깊이 채색되어 있다는 것이다. 해당 저자들이 복음서를 쓸 때 예수는 종교적 숭배 대상이었다. 따라서 예수의 행적이나 말씀은 신화적으로 각색되었다.

그러나 복음서 저자들이 무에서 유를 창조한 것은 아니다. 예수가 세상을 떠난 직후부터 예수의 행적이나 말씀이 입에서 입으로 전해졌으며, 일부는 단편적으로 기록되었다. 복음서 저자들이 구전 전승이나 기록된 단편을 참조했기에 복음서의 기록 가운데 일부는 역사적 사실을 담고 있다. 학자마다 복음서의 역사적 가치를 평가하는 정도는 다양한데, 복음서의 역사적 가치를 매우 낮게 평가하는 학자들도 복음서 안에 실린 예수의 말씀이나 행적 가운데 18퍼센트 정도는 사실이라고 판단하고 있다.[51]

---

51 1985년 로버트 펑크와 크로산을 비롯한 북미 연구자들이 '예수 세미나'라는 연구단체를 만들었다. 이들은 투표를 통해 복음서 내용 가운데 18퍼센트를 예수가 직접 한 말로 평가했다.

복음서가 전체적으로 신뢰성이 낮은 문서이기는 하지만, 복음서의 기록 가운데 그래도 가장 믿을 만한 부분은 수난에 관한 것이다. 수난은 '예수의 죽음에 이르는 과정, 그리고 예수가 그 과정에서 겪었던 고통'을 의미한다. 예수 사후 기독교 신자들은 예수가 부활했다고 믿고 예배나 교육시간에 예수가 어떻게 죽었으며 부활했는지를 이야기하곤 했다. 이 이야기들을 묶은 것이 '수난 이야기'(Passion Narrative)인데, 수난 이야기는 복음서 내용 가운데 가장 많은 부분을 차지하고 있다. 특히 최초의 복음서인 「마르코 복음서」는 내용의 절반이 수난 이야기이다. 이렇게 수난 이야기는 예수가 세상을 떠난 직후부터 기록되기 시작했기에 작성 시기가 매우 빠르다. 4복음서에 묘사된 수난의 순서와 내용이 일치하는 부분이 많다는 사실이 이런 추론을 뒷받침한다.[52]

따라서 역사적 예수에 대한 논의는 복음서 가운데 가장 신뢰할 수 있는 「마르코 복음서」, 그리고 복음서 내용 가운데 가장 믿을 수 있는 수난 이야기에서 시작하는 것이 좋다.[53] 물론 그렇다고 해서 「마르코 복음서」에 실린 수난 이야기가 모두 사실은 아니다. 가령 「마르코 복음서」는 유월절에 로마 총독이 유대인 죄수를 풀어주는 관습이 있는 것처럼 묘사하지만 다른 기록들에서 이 관습은 확인되지 않는다.[54]

또한 「마르코 복음서」는 로마 총독이었던 빌라도를 공정하고 자비로운 인물로 묘사하고 있지만, 성경 이외의 다른 기록들에 의하면 빌라도는 포악하고 잔인한 인물이었다. 빌라도는 로마의 제5대 총독으로 10년 동안(26~36년)이나 유대인들을 다스렸다. 1세기 인물인 유대 역사가 요세푸스와 유대인 저술가 필로(Philo)가 상세히 전하는 바에 따르면, 빌라도는 로마 황제의 이미지를 새긴 깃발을 예루살렘 성전에, 로마 황제와 자신의

---

52 차정식, 『예수는 어떻게 죽었는가』, 한들, 2006, 34~35쪽.
53 Richard Bauckham, *Jesus and the Eyewitnesses*, Eerdmans, 2008, p. 235.
54 Robert H. Stein, *Mark*, Baker Academic, 2008, p. 696.

이름을 새긴 방패들을 예루살렘 안에 있는 건물에 설치하려 했고 예루살렘 성전의 기금을 이용해 수로 공사를 감행했으며, 로마에 저항하는 사람들을 무자비하게 처형했다.[55] 이 때문에 유대인들은 여러 차례 그의 통치에 항의했으나 빌라도의 잔인한 통치를 막지는 못했다.

「마르코 복음서」가 빌라도의 모습을 실제와 다르게 묘사했던 것은 빌라도를 로마제국을 상징하는 인물로 제시하려고 했기 때문이다. 「마르코 복음서」는 유대 제1차 반란이 진압된 직후에 쓰였다. 66년 팔레스타인의 유대인들이 로마제국에 맞서 대반란을 일으켰다. 로마제국은 10만 명의 대군을 동원했지만 반란을 진압하는 데에는 4년이나 걸렸다. 70년 예루살렘에 입성한 로마군은 대학살을 자행하고 수십만 명의 유대인을 죽이거나 노예로 끌고 갔다.

「마르코 복음서」는 바로 이런 상황에서 쓰였다. 로마군이 반란군을 진압하고 유대인들을 잔인하게 학살하는 모습을 보고 「마르코 복음서」의 저자는 큰 근심에 쌓였다. 기독교의 창시자인 예수가 반란의 수괴로 유죄 판결을 받고 십자가에서 죽었기에 로마군이 기독교 신자들도 로마에 대항한 반란 세력으로 볼 수 있었다.[56] 「마르코 복음서」의 저자는 기독교의 창시자인 예수가 반란 수괴로 유죄 판결을 받고 십자가에서 죽었다는 사실을 어떻게든 변명함으로써 기독교는 유대교와 다른 종교이고 로마의 통치를 기꺼이 받아들임을 알려야 한다고 생각했다.[57] 「마르코 복음서」의 수난 이야기를 살펴보면서 「마르코 복음서」 저자의 의도가 어떻게 구현되

---

55 요세푸스, 앞의 책, 2008, 2, 9, 2~4쪽; 조배현, 앞의 글, 2017, 6~21쪽. 그러나 빌라도가 유례없는 폭군이거나 무능한 통치자는 아니었다. 이에 대해서는 Joshua Yoder, *Representatives of Roman Rule: Roman Provincial Governors in Luke-Acts*, Berlin: Walter de Gruyter, 2014, pp. 161~68 참조.

56 Hendrika Nicoline Roskam, *The Purpose of the Gospel of Mark in its Historical and Social Context*, Leiden: Brill, 2004, pp. 140~41.

57 같은 책, pp. 5~7.

었는지 살펴보자.

「마르코 복음서」에 따르면, 예수가 겟세마니 동산에서 기도하고 있을 때 유대인 지도자들이 보낸 무리가 예수를 체포했다. 예수를 체포해 심문하면서 유대인들의 지도자인 대제사장이 예수에게 "당신이 찬양받으실 분의 아들 메시아요?"라고 물었을 때 예수는 "그렇소, 나는 메시아요"라고 대답했다.[58] 1세기 팔레스타인에서 메시아는 왕을 의미했기에 로마의 지배 아래 누군가 왕이라고 주장하는 것은 반역죄에 해당했다. 유대 지도자들은 예수가 무리를 이끌고 다니면서 '자칭 왕'이라고 말하고 다닌다는 소리를 듣고는 예수를 잡아다가 그 사실을 확인했다. 유대 지도자들은 예수가 스스로 메시아라고 인정했기 때문에 로마에 반란을 일으킬 것을 염려해 그를 로마 총독 빌라도에게 고발했다.

예수를 인계받은 빌라도는 예수에게 "당신이 유대인의 왕이오?"라고 물었다. 이때 예수는 빌라도 앞에서 자신의 유죄를 인정하지 않았다. 예수는 다만 "당신이 그렇게 말하고 있습니다"라고 말함으로써 자신이 사실은 왕이라고 주장하지 않았는데, 유대인들이 죄를 뒤집어씌웠고 빌라도도 그들의 주장에 현혹되었다고 주장하고 있다. 예수가 적극적으로 자신이 무죄라고 변호하지 않자, 빌라도는 어쩔 수 없이 예수를 처벌해야 한다고 생각했다. 그렇지만 예수가 유죄인지 확실하지 않다고 생각했기에 유월절에 죄수 한 명을 석방해주는 관습을 내세워 그를 석방하려 했다. 빌라도는 유대인들에게 바라빠라는 반역자와 예수 가운데 누구를 석방해줄 것인지 물었다. 이때 유대인들이 바라빠를 석방하고 예수를 십자가에 죽이라고 요청하자, 빌라도는 "그가 도대체 무슨 나쁜 일을 했소?"라고 묻는다. 그러자 유대인들이 더욱 흥분해 예수를 십자가에 못 박으라고 요구했다. 빌라도는 그들을 만족시켜주기 위해 예수를 십자가에 못 박으라고 명

---

58 「마르코 복음서」 14:62. 한글 성경은 "그렇소"라고 번역했지만, 헬라어 원문은 "내가 메시아요"이다.

령했다.[59]

이상의 「마르코 복음서」 진술에 따르면, 예수는 빌라도 앞에서 자신이 왕이라고 주장했음을 인정하지 않았고 빌라도는 공정한 재판관으로 유대인들의 주장이 중상모략이라고 판단했다. 빌라도는 어떻게든 예수를 풀어주려 했으나 유대인들의 요구가 너무나 강력했기에 어쩔 수 없이 예수를 십자가에 못 박았다. 따라서 비록 예수가 반란군의 수괴로 십자가에 못 박혔지만, 그것은 사실이 아니며 유대 지도자들의 모함이었다. 로마제국을 상징하는 빌라도는 예수가 무죄라고 판단했다.[60] 이렇게 「마르코 복음서」는 예수의 죽음을 오해로 발생한 사건으로 제시함으로써 예수의 추종자인 기독교 신자들이 반란 수괴의 후예가 아님을 역설했다.

「마태오 복음서」는 「마르코 복음서」의 수난 이야기를 읽고 몇 가지 변경을 가해 예수 죽음의 책임을 유대인에게 돌리고 예수가 반란군의 수괴가 아니었다는 「마르코 복음서」의 주장을 더욱 강화했다. 「마태오 복음서」에 첨가되거나 변경된 내용은 다음과 같다. 먼저 유대인의 대제사장이 예수에게 "당신이 하느님의 아들 메시아인지 밝히시오"라고 요구했을 때, 예수는 "그렇소"라고 대답하지 않고 "당신이 그렇게 말하였소"라고 대답한다. "그렇소"라고 대답하는 것은 스스로 메시아임을 인정하는 것이지만, "당신이 그렇게 말하였소"라고 대답하는 것은 자신은 그렇게 생각하지 않는데 유대의 대제사장이 모함을 하고 있다는 뉘앙스를 띠고 있다. 따라서 「마태오 복음서」에서 예수는 유대 지도자들 앞에서도 스스로 반란을 주

---

59 「마르코 복음서」 15장 전반부.
60 「마르코 복음서」가 전하는 빌라도의 재판 장면이 역사적 사실은 아니다. 「마르코 복음서」는 66년에서 70년 사이에 진행된 유대 반란 당시 또는 그 직후에 쓰였다. 로마인들 사이에 반유대주의가 널리 퍼진 상황에서 「마르코 복음서」의 저자는 기독교의 창시자인 예수가 반란자가 아니라는 사실을 선전하고자 했다. 따라서 「마르코 복음서」의 빌라도 재판 묘사는 이런 욕구의 산물이다. 이에 대해서는 Hendrika N. Roskam, 앞의 책, 2004, pp. 6~7 참조.

도한 메시아였음을 인정하지 않고 있다. 「마태오 복음서」는 또한 빌라도에게 면죄부를 주기 위해 적극적으로 노력한다. 「마태오 복음서」는 먼저 빌라도의 아내를 등장시켜 "당신은 그 무죄한 사람의 일에 관여하지 마십시오. 간밤에 저는 그 사람의 일로 꿈자리가 몹시 사나웠습니다"라고 빌라도에게 당부하게 한다. 부인의 부탁을 받은 빌라도는 예수를 풀어주기 위해 노력하지만 유대인들이 폭동을 일으킬 기세로 예수를 십자가에 못 박으라고 하자, 물을 가져다가 군중 앞에서 손을 씻으면서 "너희가 맡아 알아서 처리하여라. 나는 이 사람의 피에 대해서는 책임이 없다"라고 말했다. 이때 유대 군중은 "그 사람의 피에 대한 책임은 우리와 우리 자손들이 지겠습니다"라고 소리쳤다".[61]

이렇게 「마태오 복음서」는 빌라도의 책임을 면제해 주고자 그의 아내를 등장시키며, 또한 빌라도로 하여금 "나는 이 사람의 피에 대해서는 책임이 없다"라고 말하게 했다. 그리고 결정적으로 유대인을 단죄하기 위해 유대인들로 하여금 "그 사람의 피에 대한 책임은 우리와 우리 자손들이 지겠습니다"라고 외치게 했다. 따라서 「마태오 복음서」는 예수의 죽음에 대한 책임을 명확하게 유대인에게 지우면서 빌라도의 책임은 면제해 주고 있다.[62] 그럼에도 불구하고 「마태오 복음서」에서 빌라도는 예수가 무죄라고 한 번도 명시적으로 선언하지 않았다.

「루카 복음서」는 예수가 메시아가 아닌데 오해를 받아 죽었다는 「마태오 복음서」의 명제를 더욱 강화하기 위해 두 가지 전략을 구사했다.[63]

---

61 「마태오 복음서」 27:24-25.
62 그러나 「마태오 복음서」에서 여전히 예수 죽음의 책임이 로마제국에 있는지, 유대인들에게 있는지에 대해서는 명확하지 않은 측면이 있다. 「마태오 복음서」의 예수 재판 장면에서 빌라도가 주도적인 역할을 하고 있는 것으로 묘사되어 있기 때문이다. 이에 대해서는 Richard Horsley (ed)., *Christian Origins*, Fortress Press, 2005, p. 148 참조.
63 조재천, 「누가-행전에 나타난 빌라도의 초상」, 『신약논단』 18-4, 2011, 1048~55쪽.

먼저 「루카 복음서」는 예수의 산헤드린(유대의 자치 기구이자 최고 의회) 재판을 「마르코 복음서」나 「마태오 복음서」와 다르게 구성했다. 「마르코 복음서」의 산헤드린 재판에서 예수는 스스로 왕임을 인정했고 나아가 자신이 하느님으로부터 특별한 사명을 받은 신적인 존재라고 주장했다. 이 말을 들은 대제사장은 자신의 옷을 찢으면서 예수가 하느님의 신성을 모독했다고 말하면서 재판관들의 의견을 물었다. 모든 재판관이 "예수가 사형을 받아야 할 죄를 지었다"[64]라고 말했다. 「마태오 복음서」의 산헤드린 재판에서 예수는 스스로 메시아라고 주장하지는 않았지만 하느님으로부터 특별한 사명을 받은 신적인 존재라고 주장했다. 이 말을 들은 대제사장과 재판관들은 「마르코 복음서」에서와 똑같이 행동했다.[65]

그런데 「루카 복음서」의 산헤드린 재판에서 예수는 메시아임을 인정하지 않았을 뿐만 아니라 유대 율법으로도 아무런 죄를 짓지 않았다. 「루카 복음서」는 대제사장이 옷을 찢으면서 예수가 하느님의 신성을 모독했다고 말한 사실, 그리고 재판관들이 예수가 죽을죄를 지었다고 선언한 사실을 삭제해버렸다. 이 때문에 「마르코 복음서」와 「마태오 복음서」를 읽으면 예수가 유대인들이 수용할 수 없는 행동을 한 것처럼 생각되지만, 「루카 복음서」를 보면 유대인들의 눈으로 보더라도 예수의 행동에 이상한 것이 하나도 없어 보인다.

그리고 「루카 복음서」는 예수가 메시아라고 주장하지 않았음을 빌라도의 입을 통해 강조한다. 「루카 복음서」에서 예수를 재판하게 된 빌라도는 "당신이 유대인들의 왕이오?"라고 물었다. 예수는 "당신이 그렇게 말하고 있소"라고 대답했다. 그런데 빌라도는 예수에게 재차 묻지 않고 "나는 이 사람에게서 아무 죄목도 찾지 못하겠소"라고 말하면서 예수가 무죄임을 선언한다. 「루카 복음서」의 저자는 빌라도가 왜 예수가 무죄라고 생각하

64 「마르코 복음서」 14:63-64.
65 「마태오 복음서」 26:65-66.

게 되었는지 아무런 이유도 제시하지 않는다. 「루카 복음서」의 저자에게 그 사실은 너무나 확실해 아무런 설명이 필요하지 않은 것이었다. 빌라도가 예수의 무죄임을 선언했지만 유대인들은 거듭해 예수가 유죄이니 처형하라고 요구했다. 그렇지만 빌라도는 그들의 주장에 굴복하지 않고 두 번이나 더 "여러분이 이 사람이 왕 행세를 했다고 고발해 내가 그를 신문해 보았지만, 그 사람에게서 여러분이 고소한 죄목을 전혀 찾지 못하였소"라고 말했다.[66]

이렇게 빌라도는 한 번이 아니라 세 번이나 예수가 무죄임을 선언하면서 유대인들을 설득하려 애썼다.[67] 따라서 「루카 복음서」를 읽는 사람들은 예수가 억울하게 유대인들의 모함으로 죽었고 로마제국의 관리인 빌라도는 공정한 재판관으로 기독교의 창시자를 지켜주기 위해 노력했다고 믿게 될 터였다.

「요한 복음서」는 「마르코 복음서」, 「마태오 복음서」, 「루카 복음서」와 전혀 다른 성격의 복음서이다. 세 복음서는 예수를 인간 가운데 가장 선한 자 혹은 하느님으로부터 특별한 사명을 받은 사람, 하느님의 양자로 선택받아 특별한 권한을 부여받은 자로 제시하고 있다. 이에 반해 「요한 복음서」는 첫 구절에서부터 예수를 태초부터 계셨던 하느님이라고 부르고 있다. 「요한 복음서」는 예수의 재판에 대해서도 완전히 다른 관점을 취함으로써 예수가 유대인의 왕으로서 반란을 시도했다는 사실을 빗겨간다. 「요한 복음서」에서 유대인들의 고발로 예수를 재판하게 된 빌라도가 예수에게 "당신이 유대인의 왕이오?"라고 물었을 때, 예수는 "내 나라는 이 세상에 속하지 않는다. 내 나라가 이 세상에 속한다면 내 부하들이 싸워 내가 유대인에게 넘어가지 않게 하였을 것이다"라고 말했다.[68] 이 말은 예수가

---

66 「루카 복음서」 23:13-14.
67 「루카 복음서」 23:4, 14, 22.
68 「요한 복음서」 18:36.

이 세상에 새로운 왕국을 세우러 온 것이 아니라 영적인 측면에서 인간을 구원하러 왔음을 의미한다. 빌라도는 예수가 유대인들의 오해로 잘못 고소되었음을 간파하고는 "나는 저 사람에게서 아무런 죄목도 찾지 못하였소"라고 말했다. 그렇지만 어리석은 유대인들이 예수를 죽이라고 계속 요구하자 빌라도는 할 수 없이 예수를 십자가에 못 박았다.

「요한 복음서」에서 유대 지도자들이 예수를 메시아라고 고발한 것은 예수의 참 정체와 목적을 잘 몰라 범한 어리석은 행동이다. 온 우주의 모든 일을 주관하는 하느님이신 예수가 폭력으로 반란을 일으켜 로마에 대항한다는 것은 있을 수 없는 일이다. 그는 하느님이기에 말 한마디로 로마 제국 정도는 순식간에 없애버릴 수도 있다. 이 점에서 「요한 복음서」는 예수가 폭력으로 로마를 전복하고 이 땅에 새로운 유대인의 왕국을 세우려 했다는 혐의를 완전히 다른 차원의 사고를 끌어들임으로써 철저하게 부정했다. 이렇게 4복음서는 후대에 쓰인 것일수록 예수의 폭력성을 더욱 철저히 감추고 제거했다.

지금까지 4복음서의 예수 재판에 대한 장면을 비교하면서 살펴보았다. 각 복음서의 차이점을 한마디로 정리하면, 가장 먼저 쓰인 「마르코 복음서」에서 예수는 혁명가의 모습이 관찰되지만 늦게 쓰인 순서대로 그 모습이 점차 옅어진다. 복음서의 묘사에서 예수는 시간이 흐를수록 혁명가에서 영적인 지도자로 바뀌었다.

예수는 33년에 종말이 올 것이라고 믿었다

「마르코 복음서」와 「루카 복음서」에 따르면, 예수의 제자들 가운데는 로마제국에 무장으로 맞서 싸워야 한다고 생각했던 열심분자가 있었다. 또한 수난 기사를 보면 예수의 제자들은 예수가 잡혀가던 날 무장을 하고 있었고 실제로 무력을 행사했다. 따라서 예수와 그의 제자들은 무력으로 혁명을 시도했던 반란자들이었다. 그들을 예수가 봉기해 로마군을 몰아내고 유대의 왕이 될 것이고, 그러면 자신들은 높은 권력을 차지할 수 있을 것이라고 믿었다. 예수가 그런 자들의 스승이었으니, 예수도 무력 혁명을 반대하지 않았음이 틀림없다. 만약 예수가 무력 혁명에 반대했다면, 그런 자들을 제자로 뽑지 않았을 것이고 무엇보다 제자들이 칼로 무장하는 것을 엄격히 금했을 것이다.

그런데 예수를 단순히 무력 혁명가라고 단정하기에는 해명하기 어려운 사실들이 있다. 예수는 공생애를 펼치는 동안 제자들에게 무술 훈련을 시키지 않았다. 제자들 가운데 특별히 무술에 뛰어난 사람은 아무도 없었다. 그들은 모두 갈릴래아에서 물고기를 잡던 평범한 어부들이었다. 만약 예수가 무력 혁명을 꿈꾸었다면 평상시에도 제자들을 훈련하고 민중을 규합해 세력을 키워야 했을 것이다. 그러나 평상시 예수는 유대 예언자의 전통에서 윤리와 도덕에 관련된 가르침과 하느님 나라에 대한 가르침을 펼쳤다. 이 때문에 예수를 견유철학자 가운데 한 명이라고 파악하는 학자도 있다. 예수는 또한 유대의 지배층이나 로마에 대해 적대적인 발언도 거의 하지 않았다.

더욱이 예수의 마지막 예루살렘 입성 장면을 무력 혁명을 시도하는 집단의 활동으로 보기에는 어딘가 이상한 측면이 있다. 먼저 예수는 무력 혁명을 수행할 만큼 많은 병력을 이끌고 가지 않았다. 예수는 많아야 수십 명의 추종자를 데리고 갔을 뿐이다. 만약 예수가 상당한 규모의 병력을 이끌고 갔거나 무력 혁명의 구체적인 징후를 보였다면, 그 사건은 요세푸스의 글에 묘사되었을 것이다. 요세푸스가 정치적 반란의 경우에 소규모라도 거의 빼놓지 않고 언급했기 때문이다.[69] 또한 예수는 예루살렘에 공개적으로 입성했고 의도적으로 구약에 묘사된 메시아(왕)의 모습을 했으며, 백성으로부터 메시아라고 환호를 받았다. 예수의 적대자였던 유대

---

69 최갑종 편역, 『최근의 예수 연구』, 기독교문서선교회, 1994, 266~67쪽.

인 지도자들뿐만 아니라 예루살렘의 치안을 담당하던 로마 병사들도 예수의 예루살렘 입성이 큰 반향을 일으키고 있다는 사실을 모두 다 알 정도였다. 무력 혁명을 꿈꾸는 자가 자신이 메시아라고 선포하면서 그렇게 공개적으로 입성하지는 않았을 것이다.

여기서 예수가 예루살렘에 입성한 것의 의미를 다시 살펴보아야 한다. 예수는 공생애 기간 내에 자신이 메시아라고 공개적으로 밝히지 않았다. 그가 놀라운 가르침과 기적을 펼치자 많은 사람이 그를 메시아로 생각했으며, 심지어 세례 요한도 그가 메시아가 아닐까 생각하고 사람을 보내 질문했다. 그렇지만 예수는 한 번도 거기에 대해 명확한 답을 제시하지 않았으며, 오히려 그를 메시아로 부르거나 추앙하려는 사람들을 제지하곤 했다.[70] 베드로가 그를 "주는 메시아이십니다"라고 고백했을 때, 아무에게도 말하지 말라 경고했으며,[71] 귀신들이 그를 하느님의 아들이라고 외치자 그 사실을 알리지 못하게 했다.[72] 이렇게 예수가 공생애 기간에 자신의 정체를 숨긴 것을 '메시아의 비밀'이라고 부른다.

그런데 33년 4월 예수는 예루살렘에 입성하면서 완전히 다르게 행동했다. 예루살렘으로 가는 길에 여러 기적을 행했으며, 성문에 들어갈 때는 나귀를 탔고 또한 사람들이 왕권을 상징하는 종려나무 가지를 들고 예수를 '다윗의 아들'이라고 외치는 것을 말리지 않았다.[73] 그리고 예수는 성전에 들어가 그곳에서 장사하는 상인들의 탁자를 엎어버렸으며, 또한 어떤 여인으로부터 머리에 기름부음을 받았다. 기름부음을 받는 것은 구약

---

70 Robert Stewart (ed.), *The Resurrection of Jesus*, Minneapolis, 2006, pp. 8~10; Stephen C. Barton (ed.), *The Cambridge Companion to the Gospels*, Cambridge University press, 2006, pp. 55~64.
71 「마르코 복음서」 8:29-30.
72 「마르코 복음서」 3:11.
73 나귀를 타는 것을 비롯해 예수의 예루살렘 입성 장면은 고대 이스라엘에서 왕의 예식 가운데 하나였다. 이에 대해서는 최갑종 편역, 앞의 책, 1994, 246~49쪽 참조.

시대 특정한 인물이 왕으로 즉위하면서 하는 의식이다. 서양의 왕들도 이 전통을 계속 이어갔는데, 그 때문에 서양 왕들의 취임식을 도유식이라고 부른다. 예수가 그런 의식을 치렀다는 것은 그가 메시아임을 천하에 드러내고 과시하는 것이었다.

이렇게 예수는 예루살렘으로 가는 길에, 그리고 예루살렘에 입성해 많은 사람이 보는 앞에서 공개적으로 메시아라고 선포했다. 예수가 입성할 때 백성이 그를 '이스라엘의 왕'이라고 환호했다는 사실, 산헤드린 재판정에서 유대인 대제사장이 예수에게 메시아인지를 물었다는 사실, 빌라도의 재판정에서 예수의 죄목이 '유대인의 왕'이었다는 사실이 이러한 추론을 뒷받침한다.[74] 그렇지 않았다면 빌라도는 예수를 그냥 평범한 정치범이나 열심분자라고 취급했을 것이다. 더욱이 예수는 재판정에서 빌라도가 "당신이 메시아요?" 혹은 "당신이 유대인의 왕이오?"라는 물음에 대해 부정하지 않았다.[75]

그렇다면 예수는 그때까지 메시아임을 밝히지 않다가 왜 갑자기 태도를 바꾸어 자신이 메시아라고 선포했던 것일까? 다음 장에서 살펴볼 것처럼 예수는 세상의 종말이 매우 임박했다고 믿었는데, 그의 생에 마지막으로 예루살렘에 들어가기 전 종말의 '그날'이 이제 다가왔다는 확신을 갖게 되었던 것 같다. 예수가 드디어 '그날'이 왔기에 이제 자신이 메시아가 되어 새로운 세상을 열 것이라고 선포하자, 제자들이 그 사실을 널리 알렸고 이스라엘 백성이 환호하면서 예수를 환영했다.[76]

---

74 「마르코 복음서」 15:2; 「마태오 복음서」 27:31.
75 조승호, 「예수의 산헤드린 재판 재구성」, 장로회신학대학교 석사학위논문, 2005, 38~42쪽.
76 김진호, 『예수 역사학』, 다산글방, 2000, 160~63쪽.

하늘의 군대를 기다렸던 예수

예루살렘 입성을 전후해 예수와 그의 제자들이 보인 행적에 대한 복음서들의 묘사는 예수가 종말이 '당장에' 이루어질 것이며, '그날' 그가 메시아로서 유대의 왕으로 즉위할 것이라고 믿었음을 보여준다. 여기서 중요한 모순이 발생한다. 예수가 메시아로 등극하려면 세계 최강이었던 로마군을 몰아내고 이스라엘 왕국을 복원해야만 한다. 그런데 앞에서 살펴보았듯이 예수의 무리는 무력 혁명을 기도하는 반란 집단의 면모를 제대로 갖추지 않았다. 예수의 제자들이 가벼운 무장을 하기는 했지만 그들의 무장으로 로마군을 몰아내고 새로운 왕국을 수립한다는 것은 불가능했다. 그렇다면 예수는 무슨 수단으로 새로운 왕국을 수립할 수 있다고 생각했던 것일까?

예수 시절에 있었던 에세네파의 신앙이 이 질문에 대한 해답을 제시한다. 에세네파는 극단적인 종말론자들로서 세상을 등지고 살면서 종말의 '그날'을 맞을 준비를 했다. 그들은 이 세상이 오염되어 있다고 생각했기 때문에 광야로 나아가 그들만의 공동체를 세우고 성경에 규정된 부정한 것들을 철저히 피했으며, 자주 목욕함으로써 몸의 정결을 유지했다. 심지어 그들은 배변이 부정을 가져온다고 생각해 안식일에는 배변조차 삼갔다.[77]

이들이 이렇게 극도로 정결을 유지하려고 했던 것은 종말의 '그날'이 오면 하늘의 군대가 내려와 세상의 모든 악한 세력과 최후의 대결을 벌일 것인데,[78] 그때 자신들도 '천사처럼' 되어 투쟁에 합류해야 한다고 믿었기 때문이다.[79] 이들의 신앙을 잘 보여주는 '전쟁 두루마리'라는 문서의 한

---

77 요세푸스, 박정수·박찬웅 옮김, 『유대전쟁사 2』, 나남, 2008, 147~49쪽.
78 최후의 날에 하늘의 군대가 내려온다는 이야기는 「에녹서」에도 나온다. 프레더릭 머피, 앞의 책, 2020, 258쪽 참조.

구절을 살펴보자.

> 주님은 거룩한 분이요, 영광의 왕이 우리와 함께하십니다. 그의 거룩한 백성은 우리의 영웅들이요, 그의 천사들의 군대는 우리와 함께 병적에 편입되어 있습니다. 전쟁 용사들이 우리의 회중 가운데 있고, 그의 영들(천사)의 군대가 우리와 보조를 같이 합니다.[80]

이 구절은 최후의 날에 지상의 의로운 사람들이 하늘에서 내려온 '하늘의 군대'와 힘을 합쳐 사탄과 그를 추종하는 무리들과 종말의 대전쟁을 벌인다는 세계관을 보여준다.[81]

현대인은 거의 대부분 이들의 세계관을 이해할 수 없다. 대부분의 현대인이 신과 천사를 영적인 존재로 생각하기 때문이다. 그러나 천사가 영적인 존재라는 관념은 중세 말기에 형성되어 근대에야 정착되었다. 고대인들에게 신과 천사들은 물질적인 존재였다. 그들은 하늘에 살지만 때때로 지상에 내려와 인간들과 여러 관계를 맺는다. 특히 그들은 대부분 남성이어서 성욕을 느낄 때면 지상으로 내려와 인간 여성들과 성관계를 맺는다. 인간 가운데 영웅들은 그렇게 해서 태어난 사람들이다. 고대인들은 로마의 건국자로 알려진 로물루스와 레무스 같은 전설적인 인물뿐만 아니라 알렉산드로스 같은 실존 인물들도 신들의 후손이라고 믿었다. 따라서 고대인들은 천사들이 영적인 존재가 아니라 인간처럼 물질로 구성되어 있다

---

79 Alan F. Segal, *Life After Death*, New York, 1989, pp. 303~04; 일레인 페이절스, 권영주 옮김, 『사탄의 탄생』, 루비박스, 2006, 80~84쪽; 이윤경, 「벨리알과 사탄에 대한 역사적 개념 변천 연구」, 『한국기독교신학논총』 76, 2011, 47쪽.
80 F. 마르티네즈·E. 티그 셀라아르 영어 편역, 강성열 옮김, 『사해문서 1』, 나남, 2008, 182~83쪽에서 재인용.
81 이용범, 『요한福音과 쿰란文書의 終末論 比較 硏究』, 계명대학교 박사학위논문, 1997, 108쪽.

고 믿었다.

유대인의 신 야훼도 하늘에 계시면서 천사들로 구성된 군대를 거느리고 있었다. 구약성경을 보면 유대인이 적들과 싸우고 있을 때 야훼가 천사들을 보내 승리하게 해주었다는 이야기가 여러 번 나온다.[82] 기원전 2세기에 이 신앙은 더욱 강해졌다. 가령 구약성경의 한 권인 「마카베오 2서」에 따르면, 기원전 2세기 중반 마카베오가 시리아의 안티오코스 4세에 맞서 반란을 일으켰을 때 야훼는 여러 차례 천사들을 보내어 마카베오군을 승리로 이끌어주었다. 천사가 내려와 마카베오군을 이끌었다는 것을 잘 보여주는 한 구절을 살펴보자.

> 마카베오가 이끄는 유대 군대가 적장 디모테오가 이끄는 군대와 싸우고 있었다. 전투가 격렬해졌을 때 하늘에서 다섯 사람이 황금 재갈을 물린 말을 타고 위풍도 당당하게 나타났다. 그들은 마카베오를 에워싸고 자기들의 무장으로 마카베오를 보호하여 부상을 입지 않도록 지켜주었다. 그들은 적군에게 활을 쏘고 벼락을 내리쳤다. 그래서 적군들은 눈이 어두워져서 큰 혼란에 빠지고 지리멸렬하게 되었다. 이 전투에서 적군은 보병 이만 오백 명과 기병 육백 명을 잃었다.[83]

이 구절에서 하늘에서 내려온 다섯 사람은 천사이다. 현대인들은 믿기 힘들겠지만 그들은 인간들처럼 화살을 쏘면서 적군과 싸웠다. 이후에도 마카베오와 그의 후계자들은 어려움에 처할 때마다 야훼에게 천사들을 보내달라고 기도했고 하느님은 천사들을 보내 유대군의 선봉에 서게 했다. 기원전 2세기~기원전 1세기 당시에 묵시 신앙을 추구했던 유대인들

---

82 「열왕기 하」 19:35; 김종형, 「그룹과 천사의 비교 연구」, 연세대학교 석사학위논문, 2003, 47쪽.
83 「마카베오 하」 10:29-31. 이 구절은 킹제임스 본과 공동 번역본을 참고했다.

은 이런 구절들을 읽고 또 읽으면서 글자 그대로 믿었다. 그런 믿음은 결코 소수의 특이한 사람들이 신봉했던 것이 아니었다. 대다수 유대인이 철석같은 사실이라고 믿었는데, 「마카베오 2서」는 유대인이 생명처럼 여겼던 구약성경이었기 때문이다.[84]

예수도 그렇게 믿는 사람 가운데 한 명이었다. 그는 머지않아 최후의 날이 올 것이고, 그날에 하느님이 천사로 구성된 군대를 보내 모든 악한 세력을 없애줄 것이라고 굳게 믿었다. 이는 복음서에 기록된 예수의 행적에서 확인된다. 예수는 마지막 날을 거듭해 천사와 연계했다. 그는 세상 끝 날에 추수가 이루어질 때 '천사'가 추수꾼으로 의인과 악인을 구별할 것이라고 말했으며,[85] 나팔 소리와 함께 '그날'이 시작되면 천사가 사방에서 선택된 자들을 모을 것이라고 가르쳤다.[86] 예수는 최후의 날에 천사들이 심판의 역할을 할 것이라고 비유하는 것에 그치지 않고 다음과 같이 천사로 된 군대를 직접 언급했다.

"내가 아버지께 청하기만 하면 당장에 천사들의 군대 열두 군단 이상을 보내주실 것이다"라고 말씀하셨다.[87]

이 구절은 예수가 천사들로 구성된 군대가 있고 그들이 이 땅에 내려와 자신을 도와줄 것을 믿었음을 보여준다.[88] 천사들의 군대는 매우 강력하고 하느님의 신령한 힘을 받았기 때문에 헤로데 대왕이 증축한 성전도

---

84 Paul Middleton, *Radical Martyrdom and Cosmic Conflict in Early Christianity*, T&T Clark, 2006, pp. 130~31; 프레더릭 머피, 앞의 책, 2020, 354~59쪽.
85 「마태오 복음서」 13:39, 13:49.
86 「마태오 복음서」 24:31.
87 「마태오 복음서」 26:53-54.
88 Alan F. Segal, *Life After Death*, Doubleday, 1989, pp. 434, 464~65.

허물어버리고 3일 만에 새로 건축할 것이다.[89] 물론 거기에 저항하는 세력도 만만찮을 것이다.[90] 따라서 하늘의 군대가 내려와 로마군을 몰아낼 때 제자들도 무장하고 함께 싸워야 한다. 마카베오 전쟁 때 마카베오의 무리가 무장하고 시리아군과 싸웠던 것과 똑같은 이치이다. 예수는 이러한 구상을 가지고 있었기 때문에 열심분자를 제자들로 삼았으며, 제자들이 무장하는 것을 말리기는커녕 오히려 칼을 준비하라고 명령했다.[91] 예루살렘에서 예수의 무리가 무장하고 있었던 것은 바로 이 때문이었다.

그러나 예수의 바람과 달리 하느님은 하늘의 군대를 보내주지 않았다. 예수는 십자가에서 죽어가면서 낙담해 "엘로이, 엘로이, 레마 사박타니?"라고 부르짖었다.[92] 예수가 절규하면서 외쳤던 이 말은 "나의 하느님, 나의 하느님. 어찌하여 나를 버리시나이까?"[93]라는 뜻이다.

예수가 세상을 떠난 이후 기독교 신자들은 예수가 품었던 환상을 새롭게 해석했다. 그들은 머지않아 예수가 다시 올 것인데, 그때 하늘에서 천사들로 구성된 군대를 끌고 와 사탄과 그가 이끄는 마귀들, 그리고 사탄을 추종하는 세상 사람들을 모두 쓸어버리고 새로운 세상을 건설할 것이

---

89 E. P. 샌더스, 황종구 옮김, 『예수와 유대교』, 크리스천다이제스트, 2008, pp. 111~14쪽은 천사들이 건축할 것이라는 사실은 언급하지 않았지만, 예수의 성전 정화가 임박한 종말과 하느님의 힘으로 수립될 새로운 성전의 도래를 예언한 것이라고 주장했다.

90 예수와 같이 최후의 날에 종말 전쟁을 구상하고 있었던 쿰란의 에세네파는 종말 전쟁이 40년 동안 지속될 것이라고 생각했다. 이에 대해서는 김판임, 『쿰란 공동체와 초기그리스도교』, 비블리카아카데미아, 2008, 182쪽 참조.

91 유대인들은 성격이 다른 두 메시아, 즉 정치적 메시아와 종교적 메시아를 기다리고 있었는데, 다수의 학자는 예수를 정치적 메시아가 아니라 종교적 메시아로 보려는 시각이 강하다. 이에 대해서는 조승호, 「예수의 산헤드린 재판 재구성」, 장로회신학대학교 석사학위논문, 2005, 48~51쪽 참조.

92 Paula Fredriksen, *Jesus of Nazareth, King of the Jews: A Jewish Life and the Emergence of Christianity*, Vintage, 2000.

93 「마르코 복음서」 15:34. '예수의 제자들은 왜 칼을 차고 있었는가?'는 정기문, 「예수의 수난과 제자들의 무장」, 『서양고대사연구』 57, 2020을 수정 보완한 것이다.

라고 믿었다. 가령 2세기의 대표적인 기독교 지도자이자 순교자인 유스티누스는 "예수께서 재림하실 때 천사들로 구성된 군대를 끌고 와 모든 죽은 이를 부활시키신 후에 자격 있는 이들에게는 영원한 생명을 주실 것이고, 악마와 불의한 이들을 영원한 불 속으로 던져버리실 것입니다"[94]라고 말했다. 이후 현대까지 기독교 신자들은 하느님이 최후의 심판 때 천사들로 구성된 군대를 끌고 와 사탄이 이끄는 사악한 군대와 최후의 일전을 벌일 것이기에, 기독교 신자들도 거기에 적극 참여해 하늘의 군대가 승리를 거두는 데 기여해야 한다고 믿고 있다.[95]

---

94 Justinos, *1 Apologia*, 52.
95 제임스 D. G. 던, 김득중·이광훈 옮김, 『신약성서의 통일성과 다양성』, 솔로몬, 2005, 485~94쪽.

제4장

예수와 함께 부활한 성도들은 어떻게 되었을까

예수와 함께 부활한 신자들이 있었다

사람이 태어나 죽는 것은 정해진 이치이다. 지금까지 태어난 모든 사람은 죽었다. 처녀에게서 태어난 하느님의 아들 예수조차도 죽었다. 죽음 이후 세계에 대해 명확히 아는 사람은 아무도 없다. 그렇지만 기독교 신자들은 예수가 죽은 지 3일 만에 부활해 모든 사람에게 부활의 희망을 주었다고 믿고 있다. 그 믿음에 따르면, 예수가 다시 와서 세상을 심판할 때 무덤에서 잠자고 있던 자들은 부활해 심판받을 것이고, 살아 있는 자들은 산 채로 심판받을 것이다. 그때 기독교 신자들은 예수로부터 천국행 티켓을 받아 죽지 않고 영원히 살 것이다.

그런데 부활이라는 단어를 생각할 때 흔히 잊어버리는 것이 있다. 부활은 세상이 파국적으로 멸망한 뒤에 이루어진다. 하늘 아래 모든 것이 파괴되는 그날, 예수가 재림해 세상 모든 사람을 부활시킬 것이다. 아직 세상의 종말이 오지 않았으므로 사람들이 부활하는 일도 일어나지 않았다. 일반적으로 기독교 신자들은 이렇게 생각하고 있다. 그런데 「마태오 복음서」에는 이런 믿음을 혼란스럽게 하는 구절이 있다.

예수께서 다시 큰 소리로 울부짖으시고 숨을 거두셨다. 그러자 예루살렘 성전의 휘장이 위에서 아래로 두 개로 찢어졌다. 지진이 일어났고 바위들이 쪼개졌다. 무덤들이 열리자, 무덤 속에서 잠자고 있던 많은 성도의 육체가 다시 살아났다. 예수께서 부활하신 다음에 그들은 무덤을 나와서 예루살렘으로 갔고, 많은 사람 앞에 모습을 드러냈다.[1]

이 구절에 따르면, 예수가 십자가에서 죽은 이후 무덤에서 다시 살아날 때 예수 혼자만 부활한 것이 아니다. 죽어서 무덤에 묻혀 있던 많은 성도가 예수와 함께 부활해 예루살렘으로 들어갔고 많은 사람 앞에 모습을 나타냈다.

이 구절은 두 가지 점에서 기이하다. 먼저 무덤에 묻혀 있다가 살아난 신자들은 언제 죽었던 것일까? 예수가 죽기 이전에 아직 기독교라는 새로운 종교는 탄생하지 않았다. 예수가 십자가에 못 박힐 때 모든 제자가 도망가버렸다는 사실에서 알 수 있듯이 제자들도 예수가 부활해 새로운 세상을 열 것이라고는 믿지 않았다. 예수가 죽고 나서 한참 시간이 지난 후에 제자들 가운데 누군가 죽은 예수가 살아났다고 말하기 시작했고 다른 제자들이 그들의 증언을 믿음으로써 비로소 기독교가 탄생했다. 따라서 이때 부활한 사람들은 시기를 따졌을 때 기독교 신자일 수가 없다.

그런데 「마태오 복음서」는 이들을 '성도'(聖徒), 즉 성스러운 신도라고 부르고 있다. '성스러운 신도'가 기독교 신자를 가리킨다면 「마태오 복음서」의 이 구절은 시대착오적인 실수를 하고 있다. 예수가 죽을 때까지 아직 기독교라는 종교는 탄생하지 않았기 때문이다. 초기 기독교 지도자들은 「마태오 복음서」의 이 시대착오를 인정하지 않고 이들을 순교자와 같은 거룩한 신자를 의미한다고 해석했다.[2]

---

1 「마태오 복음서」 27:50-53.
2 Candida R. Moss, *The Other Christs*, Oxford University Press, 2010, p. 122.

이 구절에는 훨씬 더 당혹스러운 사실이 있다. 예수는 부활해 지상에서 40일을 머문 후에 하늘로 승천했다. 그런데 이때 예수와 함께 부활했던 성도들은 어떻게 되었을까? 예수가 죽은 후 100여 년이 지난 130년경까지 기독교 신자들은 그들이 아직 살아 있다고 믿었다. 이는 하드리아누스 (Hadrianus) 황제 시기에 활동했던 콰드라투스(Quadratus)라는 기독교 지도자의 글에서 확인된다. 그는 125년경에 로마 황제 하드리아누스에게 기독교를 설명하고 변호하는 글을 썼는데, 그 글에서 "우리 주가 죽음에서 살려낸 사람들이 지금까지도 살아 있습니다. 그들은 우리 주의 행적이 진실임을 입증합니다"[3]라고 썼다. 콰드라투스가 로마 황제에게 기독교를 옹호하기 위해 쓴 글에서 거짓말을 하지는 않았을 터이기에, 그의 말을 믿으면 예수가 죽은 후 약 100년이 지나도록 기독교 신자들은 예수가 무덤에서 살려낸 자들을 목격했음이 틀림없다.

한참 시간이 지난 후인 기원후 4세기에 이들에 대한 증언이 다시 나온다. 4세기에 정체를 확인할 수 없는 기독교 신자가 「니코데모의 복음서」라는 작품을 썼다. 이 복음서에 따르면, 예수가 부활시킨 사람들은 유대 북부의 한 도시인 아리마태아(Arimathea)라는 도시에 살고 있었다. 예수를 죽인 유대인 지도자들이 예수가 살아났다는 소문이 돌자, 기독교 신자들에게 거짓말하지 말라고 따져 물었다. 그러자 기독교 신자들은 예수뿐만 아니라 예수와 함께 많은 사람이 부활했으며, 그들이 아리마태아에 살고 있다고 주장했다. 유대교 지도자들이 그 말이 사실인지 확인하기 위해 그곳으로 갔다. 유대교 지도자들이 그들을 찾아내자, 그들은 "우리는 저승에서 잠을 자고 있었는데 한밤중에 밝은 빛이 비추었고, 그 후 살아나서 예루살렘으로 갔다가 다시 아리마태아로 이주해 살고 있다"[4]라고 대답했

---

3 Eusebius, Εκκλησιαστικης Ιστοριας, 4, 3
4 송혜경 역주, 『신약 외경 I』, 한님성서연구소, 2021, 253~54, 290~91쪽; 레이몬드 E. 브라운, 이순성 옮김, 「예수의 죽음을 동반하는 종말론적 사건, 특히 잠자던 성도들

다. 이후에는 이들에 대한 증언이 없다. 기독교 교리에 따르면, 죽은 사람이 부활하면 다시 죽지 않고 영원히 산다. 그렇다면 이때 부활한 사람들은 지금까지도 지구상 어디엔가 살고 있을 것이다.

기원전 1세기, 유대인은 '지금' 종말이 온다고 믿었다

이 세상이 파국적인 종말을 맞은 다음에 모든 사람이 심판받는다는 생각은 페르시아의 종교인 조로아스터교에서 유래했다. 기원전 3세기부터 유대인들 사이에 조로아스터교의 영향을 받은 묵시 종말 신앙이 성행했다. 많은 유대인은 하느님으로부터 세상의 종말에 대한 신비스러운 계시를 받았다고 주장하면서 종말과 그 이후의 세상에 대한 문서들을 작성했다. 구약성경의 한 권인 「다니엘서」, 구약 외경인 「에녹서」, 예수 시절 활동했던 유대교 분파인 에세네파가 작성한 쿰란 문서 등이 대표적인 문서이다. 이 가운데 에세네파의 종말론이 특히 잘 알려져 있다.

에세네파는 유대인들 가운데 스스로 '경건한 자들'이라고 생각하는 자들이 모여 엄격한 금욕주의를 실천했던 집단이다. 1세기 로마의 역사가 플리니우스(Plinius)는 이들에 대해 다음 같이 묘사했다.

> 아스팔리테스 서쪽에 그것이 내뿜는 해로운 공기를 피하기 위해 충분히 멀리 떨어져 에세네파가 살고 있다. 그들은 세상을 등지고 살고 있는데, 그 기이함에서 세계의 모든 족속을 능가한다. 그들은 완전히 금욕하며 그들 공동체에 아예 여자를 한 명도 살지 못하게 한다. 돈도 가지지 않으며, 대추야자를 유일한 친구로 삼고 있다. 그러나 세월이 흘러도 그들의 숫자는 줄어들지 않는데, 운명의 거센 힘에 이끌려서든 혹은 세상의 비참함에 지쳐서이든 간에, 엄청나게 많은 낯선 자가 입회하러 오기 때문이다. 믿기 힘

의 되살아남(마태 27:51-53)」, 『신학전망』 186, 2014, 212쪽.

들 수도 있겠지만 이들에게서 아이는 한 명도 태어나지 않지만 이들 공동체는 수천 세대가 흘러간다고 해도 영원히 존속할 것이다. 다른 사람들이 인생에 대해 느끼는 유감스러움(paenitentia)이 그들에게는 인구를 제공하는 그토록 풍요로운 원천으로 작용하고 있다.[5]

이 진술에서 보듯이 에세네파는 세상을 등지고 사막에 별도의 공동체를 구성했다. 에세네파 신앙 모임 가운데 대표적인 것이 쿰란 공동체이다. 쿰란은 사해(死海) 서쪽에 있는 평원 명칭인데, 1947년부터 이곳의 동굴 11개에서 많은 문서가 발견되었다. 고고학 연구 결과에 따르면, 약 200여 명의 유대인이 이곳에 공동체를 구성하고 살았다. 쿰란 문서를 보면 이 공동체는 유대교의 정결 규칙을 엄격하게 준수했다. 그들은 구약성경이 부정하다고 규정한 모든 것을 피했으며, 공동체를 정결하게 유지하기 위해 극도로 애썼다. 특히 그들은 인간의 배설물이 부정하다고 생각했기 때문에 배변 후 대변을 즉시 땅에 묻었다. 심지어 하느님의 거룩한 날인 안식일에는 배변 자체를 하지 않으려고 애썼다.[6]

이렇게 에세네파가 정결례를 엄격하게 준수하면서까지 금욕적인 생활을 했던 것은 종말의 날이 매우 가까웠다고 그들이 생각했기 때문이다. 이때 "매우 가까웠다"라는 말은 막연하게 추상적으로 종말이 곧 온다를 의미하지 않는다. 쿰란 공동체는 구체적으로 종말의 날이 언제 올 것인지를 진지하게 고민했다. 이들 공동체의 지도자인 '정의의 스승'이 기원전 152년에 하느님의 계시를 받아 공동체를 결성했는데, 그가 40년 동안 활동하면서 진리를 가르치다가 죽은 지 40년 후에 종말의 날이 시작된다고 믿었다. 이 계산법에 따르면, 기원전 72년이 종말의 날이 시작되는 해였다.[7]

---

5 Plinius, *Natural History*, 5, 15.
6 요세푸스, 박정수·박찬웅 옮김, 『유대전쟁사 2』, 나남, 2008, 147~49쪽.

이 계산과 달리 기원전 72년에 종말이 오지 않았다. 쿰란 공동체의 예언이 실패하자 많은 사람이 실망했다. 그러나 묵시 종말론을 신봉하는 유대인들은 포기하지 않고 새로운 해석을 내놓았다. 이들은 「다니엘서」 9:24에 근거해 기원전 25년에 메시아가 와서 종말이 시작된다고 계산했다.[8] 이때도 종말이 시작되지 않자, 기원후 27/28년에 종말이 온다는 주장이 다시 성행했다. 세례 요한은 이 계산에 영향을 받았던 것 같은데, 이 해에 그가 종말이 곧 올 것이니 회개하라고 선포하기 시작했기 때문이다.[9] 이렇게 기원전/후에 유대인들 가운데는 종말이 정말 임박했다고 믿는 사람이 많았다. 그들은 종말이 정해지지 않은 미래가 아니라 그들이 살아 있을 때 온다고 믿었는데, 그들이 종말의 징조라고 믿었던 사건이나 재해가 발생하면 농사조차 포기하고 종말을 기다렸다.[10] 예수와 그의 추종자들도 이런 유대인이었다.[11]

예수의 종말론

예수가 공생애를 시작하면서 세상에 던진 첫 마디는 "하느님이 약속한 (종말의) 때가 왔다. 하느님 나라가 다가왔으니, 회개하라"[12]였다. 이 구

---

7 송창현, 「쿰란 사본의 종말론에 관한 연구」, 『가톨릭 신학과 사상』 74, 2014, 197~99쪽.
8 조철수, 『예수 평전』, 김영사, 2010, 485~86쪽.
9 Rainer Riesner, Douglas W. Scott (tr.), *Paul's Early Period: Chronology, Mission Strategy, Theology*, Grand Rapids: Wm. Eerdmans, 1998(Germany original edition, 1994), pp. 43~44.
10 Josephus, *Bellum Judaicum*, 2, 200은 칼리굴라가 그의 조각상을 예루살렘에 세우라고 명령하자 유대인들이 종말이 임박했다고 생각해 농사짓지 않았음을 전하고 있다.
11 레이몬드 E. 브라운, 이순성 옮김, 「예수의 죽음을 동반하는 종말론적 사건, 특히 잠자던 성도들의 되살아남(마태 27:51-53)」, 『신학전망』 186, 2014, 212쪽.
12 「마르코 복음서」 1:15.

절에서 "하느님이 약속한 때가 왔다"의 원어는 "페플레로타이 호 카이로스"(πεπλήρωται ὁ καιρός)인데, 한글 성경들은 "때가 찼다"라고 번역하고 있다. 이 번역은 직역으로서는 큰 문제가 없지만 "때가 찼다"라는 말의 의미를 쉽게 파악하기 어렵다. 이 구절에서 '카이로스'(καιρός)는 정해진 때를 의미하고 '페플레로타이'(πεπλήρωται)는 완전히 채워져 끝남을 의미한다. 따라서 "하느님이 약속한 때가 이미 왔다"라고 번역하는 것이 좋다.[13] 이 구절에서 하느님이 약속한 때는 종말의 때이니, 좀더 의역해 "종말의 때가 이미 시작되었다"라고 번역할 수도 있다.

이후 예수는 하느님 나라, 즉 천국의 도래에 대해 계속 이야기했다. 회개하지 않는 도성에 관한 비유, 씨 뿌리는 자의 비유, 천국에서 큰 자에 관한 비유, 포도원 품꾼의 비유, 불의한 농부에 대한 비유, 혼인 잔치 비유, 무화과나무의 비유, 충성되고 지혜로운 종의 비유, 열 처녀 비유, 양과 염소 비유 등 여러 비유를 사용하면서 천국의 도래를 설파했다. 사실, 예수가 지상에 남긴 말 가운데 가장 많은 것이 천국에 대한 것들이다.

그런데 예수의 이런 이야기 가운데 참으로 이해할 수 없는 대목이 있다. 예수는 막연하게 천국이 가까이 왔다고, 다시 말해 천국의 도래가 가까운 미래 언젠가 이루어질 것이라고 말하지 않고 바로 자기 시대에 이루어질 것이라고 거듭 말하곤 했다.

> 그때 '사람의 아들'의 표징이 하늘에 나타날 것이다. 그러면 이 땅의 모든 종족이 가슴을 칠 것이고, '사람의 아들'이 권능과 위대한 영광을 떨치며 하늘의 구름을 타고 나타나는 것을 볼 것이다. 사람의 아들은 큰 나팔 소리와 함께 그의 천사들을 보낼 것이고, 천사들은 하늘 이 끝에서 저 끝까지 사방에서 그가 선택한 사람들을 모을 것이다. 무화과나무를 보고 배워

---

13 Eve-Marie Becker, *The Birth of Christian History: Memory and Time from Mark to Luke-Acts*, Yale University Press, 2017, p. 137.

라. 무화과나무의 가지가 부드러워지고 잎이 돋아나면 곧 여름이 온다. 마찬가지로 너희가 이런 일들이 일어나는 것을 보거든 '사람의 아들'이 문 앞에 가까이 왔음을 알아라. 진실로 너희에게 말한다. 이 세대가 지나가기 전에 이 모든 일이 일어날 것이다. 하늘과 땅은 사라질지라도 내 말은 결코 사라지지 않을 것이다.[14]

이 구절에서 '사람의 아들'은 예수를 가리킨다. 이 말은 원래 유대 묵시문학에서 최후의 날에 하느님의 명령을 받고 지상에 내려와 세상의 모든 사람을 심판하고 하느님 나라를 수립할 사자(使者)를 가리켰다. 예수와 그의 제자들은 이 단어를 예수를 가리키기 위해 사용했다. 따라서 사람의 아들이 천사들과 함께 온다는 것은 최후의 심판을 시작한다는 것을 의미한다. 그런데 예수는 사람의 아들이 행할 그 심판이 '이 세대'에 이루어질 것이라고 표명했다. 여기서 예수가 '이 세대'라는 말을 비유적으로 사용했다고 주장하는 사람들도 있지만, 이 단어는 분명 자기 세대를 가리키는 말이었다. 이는 똑같은 용법이 복음서의 여러 구절에서 확인되기에 의심할 수 없는 사실이다. 한 구절을 더 살펴보자.

사람이 온 세상을 얻는다고 해도 자신의 목숨을 잃으면 무슨 소용이 있겠느냐? 사람이 자기 목숨을 무엇과 바꿀 수 있겠느냐? 사람의 아들이 아버지의 영광에 싸여 자기 천사들을 거느리고 올 터인데 그때에 그는 모든 사람에게 그들이 행한 대로 갚아줄 것이다. 나는 분명히 말한다. 여기 서 있는 사람들 중에는 죽지 않고 사람의 아들이 와서 그의 왕국을 세우는 것을 볼 사람도 있다.[15]

---

14 「마태오 복음서」 24:30-35.
15 「마태오 복음서」 16:26-28.

이 구절에서 예수는 분명히 '여기 서 있는 사람들 중에' 사람의 아들이 하느님 나라를 세우는 것을 볼 자가 있다고 말했다. 이렇게 예수는 그와 함께 살았던 사람들이 살아 있을 때 최후의 심판이 이루어질 것이라고 믿었던 극단적 종말론자였다. 2000년대를 살고 있는 우리는 그런 일이 일어나지 않았다는 것을 알고 있기에 혹시 예수가 이 말을 직접 하지 않았고 후대에 만들어진 말이라고 의심해볼 수도 있다. 그러나 예수가 극단적인 종말론자였다는 사실은 의심할 수 없는 엄연한 사실이다. 앞에서 인용한 두 구절 이외에도 여러 구절이 종말론자로서의 예수의 면모를 보여주기 때문이다. 한 구절을 더 살펴보자. 예수가 예루살렘에서 최후의 만찬을 하고 유다의 배반으로 대제사장에게 잡혀갔을 때의 일이다.

고위 사제들과 산헤드린 전체가 예수를 죽이기 위해 증거를 찾았지만 아무것도 찾을 수 없었다. 많은 자가 거짓 증언을 했는데, 그들의 증언이 일치하지 않았다. 몇 사람이 나서서 "우리는 이 사람이 나는 사람의 손으로 지은 이 성전을 헐어버리고 사람의 손으로 짓지 않은 새 성전을 사흘 안에 세우겠다고 큰소리치는 것을 들은 일이 있습니다"라고 말했다. 그러나 그들의 증언이 서로 일치하지 않았다. 대제사장이 나서서 예수에게 "사람들이 그대에게 불리한 증언을 했는데, 그대는 반박할 말이 없는가?"라고 물었다. 그러나 예수는 입을 다물고 한마디도 하지 않으셨다. 대제사장은 다시 "그대가 과연 찬양을 받으실 하느님의 아들 그리스도인가?"라고 물었다. 예수는 "그렇다. 너희는 사람의 아들이 전능하신 분의 오른편에 앉아 있는 것과 하늘의 구름을 타고 오는 것을 볼 것이다"라고 대답하셨다.[16]

이 인용문 마지막 구절에서 예수는 대제사장의 집 뜰에 모인 많은 사

---

16 「마르코 복음서」 14:55-62.

람에게 "너희는 사람의 아들이 전능하신 분의 오른편에 앉아 있는 것과 하늘의 구름을 타고 오는 것을 볼 것이다"라고 말했다. 이렇게 예수는 여러 사람 앞에서 반복해 이 세대가 가기 전에 혹은 여기 있는 사람들이 죽기 전에 종말이 올 것이라고 공개적으로 선언하고 다녔다.[17] 이는 그가 극단적인 종말론자임을 의미한다.

요즘 누군가 예수처럼 '이 세대'가 가기 전에 세상이 멸망할 것이라고 외치고 다니면 대부분의 사람은 그를 광인이라고 부를 것이다. 그러나 예수 시절 많은 사람이 종말을 기다리고 있었고 예수의 카리스마가 매우 뛰어났기 때문에 많은 사람이 그를 따랐다. 그의 주위에 모여든 사람들은 그가 한 말을 곧이곧대로 믿었는데, 심지어 하늘나라가 가까운 미래의 언젠가가 아니라 즉시 올 것이라고 믿었다.[18] 예수가 3년 동안의 공생애를 마감하고 예루살렘을 향해 가다가 예리코에 들렀을 때 청중이 그렇게 믿었음을 「루카 복음서」는 이렇게 묘사하고 있다.

> 예수께서 예리코에 들어가시어 거리를 지나가려고 하셨다. …… 예수께서 자캐오에게 "오늘 이 집은 구원을 얻었다. 이 사람도 아브라함의 자손이기 때문이다. 사람의 아들은 잃어버린 사람들을 찾아 구원하러 왔다"라고 말씀하셨다. 사람들이 예수가 말하는 것을 듣고 있을 때, 비유 하나를 더 들어 말씀하셨다. 예수께서 예루살렘에 가까이 도착하셨고 사람들이 하느님의 나라가 '지금 당장' 나타날 것이라고 생각했기 때문이다.[19]

이 구절에서 사람들은 하느님 나라가 임박한 미래가 아니라 '지금 당장'

---

17 Bart Ehrman, *Jesus: Apocalyptic Prophet of the New Millennium*, Oxford University Press, 1999, pp. 155~56.
18 버트런드 러셀, 송은경 옮김, 『나는 왜 기독교인이 아닌가』, 사회평론, 1999, 34쪽.
19 「루카 복음서」 19:1-11.

나타날 것이라고 믿었다. 도대체 사람들은 무엇을 보고 하느님 나라가 '지금 당장' 이루어질 것이라고 생각했던 것일까? 그것은 예수와 그의 제자들이 반복해 종말이 시작되었다고 선전했기 때문이다.[20]

예루살렘 교회와 바울의 종말론

예수는 종말이 임박해 하느님 나라가 곧 성립되고 모든 사람이 심판을 받을 것이라고 가르치다가 죽었다. 예수가 세상을 떠나고 난 이후, 제자들은 뿔뿔이 흩어졌다가 곧 다시 모여 예루살렘 교회를 결성했다. 이들이 예루살렘 교회를 결성할 수 있었던 결정적인 계기는 예수가 부활했다고 믿었기 때문이다. 예수가 정말로 부활했는지는 알 수 없지만 베드로와 요한을 비롯한 예수의 제자들과 예수의 형제 야고보를 비롯한 가족이 예수가 부활했다고 믿었다는 것은 확실하다. 사도 바울의 서간들을 비롯해 여러 문헌이 그 사실을 명확하게 전하기 때문이다. 신약성경에 따르면, 예루살렘 교회의 신자들은 종말이 임박했다고 믿어 재산을 모두 팔고 함께 모여 살면서 예수가 구름을 타고 재림하기만을 기다렸다.[21]

---

20 Paula Fredriksen, *Jesus of Nazareth, King of the Jews: A Jewish Life and the Emergence of Christianity*, Vintage, 2000. 그러나 예수가 33년 유월절에 마지막으로 예루살렘을 방문하면서 자신의 죽음이 임박했다고 믿었다는 사실을 꼭 종말론에 입각해야만 설명할 수 있는 것은 아니다. 예수는 공생애 기간에 사회 개혁을 요구했고 로마제국에 빌붙어 사는 유대 종교 지도자들을 격렬하게 비난하곤 했다. 따라서 예수와 유대 지도자들 사이에 늘 긴장이 있었다. 세례 요한의 죽음에서 알 수 있듯이 이 긴장이 고조되면 유대 지도자들이 예수를 죽일 수 있었다. 따라서 생의 말년에 예수는 자신의 행동이 유대 지도자들을 과도하게 자극했으며, 자신이 예루살렘을 방문하면 유대 지도자들이 죽일지도 모른다고 생각했을 수 있다. 이에 대해서는 윤철호, 『너희는 나를 누구라 하느냐』, 대한기독교서회, 2013, 332쪽 참조.

21 Arthur C. McGlffert, *A History of Christianity in the Apostolic Age*, 1951, pp. 66~67. 그러나 「사도행전」에 묘사된 이상적인 재산 공유 공동체가 단지 이상일 뿐, 실제로는 의무적 재산 기부가 아니라 자발적 기부였다는 주장도 있다.

그런데 일반적으로 사람들이 잘 모르는 사실이 있다. 유대 묵시 문학에 따르면, 종말의 날이 오면 모든 사람이 부활해 하느님의 심판을 받는다. 예수가 부활했다는 것은 그가 특별한 능력을 가진 초인간적인 존재임을 의미하고 또한 종말의 날이 시작되었다는 것을 의미한다. 왜냐하면 예수의 부활은 일회적인 사건이 아니기 때문이다. 예수는 부활의 첫 열매이다. 가을에 첫 열매가 열리면 곧 모든 열매가 열리듯이 이제 예수가 부활했으니 곧 모든 죽은 이가 연달아 부활해 심판받게 될 것이다.

초기 기독교 신자들이 이렇게 생각했음을 우리는 사도 바울의 증언을 통해 알 수 있다. 사도 바울은 원래 유대인들 가운데 엄격한 율법주의자였던 바리사이파에 속한 인물이었다. 그는 처음에는 기독교 신자들이 유대교의 율법을 위반하고 있다고 생각해 기독교 신자들을 박해했다. 그는 기독교 신자들을 체포하기 위해 다마스쿠스로 가는 길에 예수의 환영을 보고 기독교로 개종했다. 그는 기독교로 개종한 이후 선교 활동에 힘썼으며, 여러 편지를 써서 기독교 교리를 수립하는 데 기여했다. 그의 이름으로 쓰인 편지 13편이 신약성경에 포함되어 있어 그가 초기 기독교 발전에 얼마나 큰 위상을 차지하고 있는지를 알 수 있다.

바울은 예수 못지않은 신비주의자였다. 그는 기도하면서 자주 계시를 받거나 환상을 보았으며, 때때로 자신의 몸이 변해 하늘을 여행하기도 했다. 바울의 다음 고백은 이 사실을 명확히 보여준다.

> 이로울 것이 없지만 나는 자랑하지 않을 수 없습니다. 그리고 주님께서 보여주신 환시와 계시를 말씀드리고자 합니다. 나는 그리스도를 믿는 어떤 사람을 알고 있는데, 그 사람은 14년 전에 셋째 하늘까지 들어 올려진 일이 있습니다. 나는 그 사람이 몸째 올라갔는지, 아니면 몸을 떠나 올라갔는지 모르지만 하느님께서는 아십니다.[22]

---

22 「코린토 신자들에게 보낸 둘째 서간」 12:1-3.

이 구절에서 "내가 잘 아는 그리스도 교인 하나"는 바울 자신을 의미한다.[23] 유대 묵시 문학 전통에서 하늘의 계시를 받은 자들은 자신을 1인칭이 아니라 3인칭으로 표현하곤 했다.[24] 바울이 '14년 전'이라고 체험 시기를 명확하게 밝힌 것은 바울이 그 체험을 매우 소중하게 생각하고 있었음을 의미한다.[25] 환상 중에 자신의 몸이 변해 하늘을 여행하는 체험은 아무나 할 수 있는 것이 아니다. 그것은 신비주의자들이 추구하는 체험의 최고 단계이다. 극도로 신비를 추구하면서 최고 경지에 이른 사람만이 그런 체험을 할 수 있다. 이토록 신비주의에 심취했던 바울은 묵시 종말론을 강력하게 믿고 있었다.[26] 그는 신자들에게 늘 묵시 종말의 날에 대해 다음과 같이 가르치곤 했다.

명령이 내려지면 대천사의 부르는 소리와 하느님의 나팔 소리가 울리면서 주님께서 친히 하늘로부터 내려오실 것입니다. 그러면 그리스도를 믿다가 죽은 사람들이 먼저 살아날 것이고, 다음으로는 그때에 살아 있는 우리가 그들과 함께 구름을 타고 공중으로 들리어 올라가 주님을 만나게 될 것입니다. 이렇게 해서 우리는 주님과 함께 영원히 함께 있게 될 것입니다. 그러므로 여러분은 이런 말로 서로 격려하십시오.[27]

이 편지글은 테살로니카 교회에 보낸 것이다. 초대교회 시절에 교회는 현대처럼 건물을 가리키는 것이 아니라 신자들의 모임을 의미했다. 테살

---

23 Alan F. Segal, *Life After Death: A History of the Afterlife in Western Religion*, Doubleday, 2004, pp. 407~08.
24 요아힘 그닐카, 이종한 옮김, 『바울로』, 분도출판사, 2008, 192쪽.
25 김철홍, 「고린도후서 11:23-12:10의 네 가지 주제와 바울의 거짓사도 논쟁」, 『신약연구』 15, 2016, 141~47쪽은 바울의 이 경험이 그의 사도성을 뒷받침하기 위한 근거라고 주장하고 있다.
26 Bart Ehrman, *Jesus, Interrupted*, Harper One, 2009, p. 87.
27 「테살로니카 전서」 4:16-18.

로니카 교회의 신자들은 바울에게서 종말이 임박했다고 배웠지만 시간이 흘러도 종말은 오직 않고 신자들이 한 명 두 명 죽어갔다. 예수의 재림이 점점 지연되자, 신자들은 조바심이 났고 불안해지기 시작했다. 바울은 이들에게 죽은 신자들은 소멸한 것이 아니라 부활할 것이고, 부활의 날이 멀리 있는 것이 아니라 자기와 신자들이 죽기 전에 이루어질 것이라고 말하고 있다.[28] 이렇게 바울은 신비주의자였는데, 종말이 이미 시작되었으며 자기 당대에 예수가 재림해 세계의 종말을 완수할 것이라고 확신하고 있었다.[29] 물론 예수가 그랬듯이 바울은 자신의 확신이 헛되이 무너지는 것을 보면서 60년대 중반에 쓸쓸히 죽었다.

지연에 대한 해명

지금까지 예수는 '여기에 살아 있는 사람 중에' 살아 있을 때 종말을 맞을 사람이 있다고 자주 말했으며, 바울도 그가 살아 있을 때 종말이 이루어질 것을 확신했음을 살펴보았다. 예수와 바울은 그들의 확신과 달리 종말을 맞지 못하고 죽었다. 그렇지만 바울은 죽기 전에 자신의 확신이 틀렸기에 이제 미망에서 깨어나라는 편지를 신자들에게 쓰지는 않았다. 따라서 바울이 세운 교회의 신자들은 계속해서 곧 종말이 올 것이라고 굳게 믿었다.

그러나 예수가 세상을 떠나고서도 40년이 지난 70년이 되었지만 예수의 재림은 오지 않았다. 이제 생전에 예수를 보았던 자들은 거의 죽어가고 있지만 예수는 재림하지 않았으며, 세상의 끝이 다가왔다는 징후도 나

---

28 Alan F. Segal, *Life after Death: A History of the Afterlife in Western Religion*, Doubleday, 1989, pp. 412~40.
29 John Dominic Crossan·Jonathan L. Reed, *In Search of Paul*, Harper San Francisco, 2004, p. 173.

타나지 않았다. 따라서 많은 신자가 그들의 믿음이 헛된 것이 아니었는지 초조해하기 시작했다. 「마르코 복음서」 13장은 이런 상황을 보여준다.

「마르코 복음서」 13장에 따르면, 수난을 앞두고 예수는 제자들을 이끌고 예루살렘 성전에 올라가 성전이 완전히 무너질 것이라고 예언했다. 이는 종말의 때가 왔음을 의미한다. 이때 제자들은 그날이 언제이고 어떤 징조가 있을 것인지를 물었다. 이에 예수는 "가짜 그리스도가 나타나며, 전쟁이 일어나고, 자연재해가 일어날 것이며, 기독교 신자들이 박해를 받을 것이고, 또한 복음이 세상 끝까지 전파되어야 한다. 그리고 거짓 그리스도와 거짓 예언자들이 나타날 것이며, 해가 어두워지는 것 같은 거대한 재해가 있을 것이다. 그러면 사람의 아들이 천사를 보내 신자들을 모아 종말을 집행할 것이다"라고 대답했다.

예수의 이 대답은 그의 평소 가르침과 모순된다. 그는 평소 종말의 때가 오면 어떤 징조가 나타날 것이라고 가르치지 않고 종말이 지금 곧 시작될 것이라고 말했다. 그런데 이 대답에는 종말의 때가 오기 전에 나타나야 할 징조들을 길게 늘어놓고 있다. 따라서 「마르코 복음서」 13장에 실린 여러 징조는 종말의 지연에 대한 해명으로 해석하는 것이 옳다. 다시 말해 「마르코 복음서」가 집필되었던 70년경에 종말이 오지 않자 많은 신자가 동요하고 있었는데, 기독교 지도자들은 이들의 동요를 막기 위해 예수가 종말이 오기 전에 여러 징조가 나타날 것이라고 예언했다고 꾸며냈다.[30]

이렇게 종말의 지연을 여러 징조를 설정해 해명하는 현상은 바울 서간들에서도 관찰된다. 「테살로니카 신자들에게 보낸 둘째 서간」에 의하면, 그 교회의 신자들은 종말의 지연에 지쳐 헛것을 보거나 신경 과민증에 걸렸다. 그리하여 광신에 빠진 몇몇 신자가 예수가 재림했다고 떠들고 다녔

---

30 Theodore Weeden, *Mark: Traditions in Conflict*, Fortress, 1971, pp. 81~91.

다. 다음 글은 여러 신자가 그들의 주장에 현혹되었음을 보여준다.

> 형제들이여, 우리 주 예수 그리스도의 재림과 그분 앞에 우리가 모이게 될 일에 관해 당부를 드리겠습니다. 어떤 사람들이 예언이나 설교로 또는 우리가 썼다고 거짓으로 꾸민 편지를 내세우면서 주님의 날이 왔다고 주장하더라도 동요하거나 불안해하지 마십시오. 여러분은 아무에게도 절대로 속아 넘어가지 마십시오. 그날이 오기 전에 먼저 사람들이 하느님을 배반하게 될 것이며, 또 멸망할 운명을 지닌 악한 자가 나타날 것입니다.[31]

바울은 기독교 제2의 창시자로 알려져 있을 정도로 비중이 높은 인물이다. 그가 이렇게 높은 권위를 차지하게 된 것은 무엇보다 그의 이름으로 된 글 13편이 신약성경에 포함되었기 때문이다. 그런데 현대 학자들은 바울의 서간 13편 가운데 6편은 바울이 쓴 것이 아니라 후대 신자들이 바울의 이름을 빌려 쓴 차명 서간이라고 생각하고 있다. 바울이 직접 쓴 것을 '진정 서간'이라고 하는데, 차명 서간들의 문체와 신학이 진정 서간들과는 크게 다르기 때문이다. 문제의 이 구절을 담고 있는 「테살로니카 신자들에게 보낸 둘째 서간」은 바울의 진정 서간이 아니다. 즉 바울이 직접 쓴 것이 아니라 바울 사후에 바울의 제자가 그의 이름을 빌려 쓴 것이다.

「테살로니카 신자들에게 보낸 둘째 서간」의 저자는 바울 사후에 테살로니카 교회에 예수의 재림을 두고 많은 논란이 일어나자 바울의 권위를 빌려 그 문제를 해결하고자 했던 것 같다. 그의 해결책은 재림의 시간을 조금 연기하는 것이었다. 즉 종말이 지금 당장 이루어지는 것이 아니라 그 이전에 어떤 징조가 있을 것인데, 그 징조는 신자들의 배반과 극도로 사악한 자의 등장이다. 앞에서 설명했듯이 바울은 종말의 임박을 정말

---

31 「테살로니카 신자들에게 보낸 둘째 서간」 2:1-3.

로 믿었기 때문에 그의 진정 서간에서는 종말 때 나타날 여러 징조에 대해 언급하지 않았다.[32] 오히려 바울은 그의 진정 서간에서 '그날'은 "도둑과 같이 올 것이다"[33]라고 말하곤 했다. 도둑은 그가 도둑질하러 가는 것을 숨기고 주인이 모를 때 갑자기 남의 집에 들어가 물건을 훔친다. 예수가 도둑과 같이 온다는 말은 어떤 징조도 없이 갑자기 온다는 말이다. 따라서「테살로니카 신자들에게 보낸 둘째 서간」의 저자는「마르코 복음서」의 저자가 그랬듯이 종말 이전에 몇 가지 징조가 일어날 것이라고 주장함으로써 종말의 지연을 해명하고 있다.[34]

바울이 세운 교회들이 종말의 때를 두고 분란에 빠져 있을 때, 아시아 일대에 넓게 퍼져 있던 기독교 공동체들은 아직 희망을 버리지 않고 있었다. 예수가 그의 말을 들은 사람 가운데 죽지 않고 '그날'을 맞는 사람이 있을 것이라고 말했는데, 그의 말을 직접 들은 사도 요한이 아직 살아 있었기 때문이다.[35] 전승에 따르면, 사도 요한은 66년 유대인들이 로마에 대항해 대규모 반란을 일으켰을 때 전란을 피해 에페소로 갔고 상당 기간 거기서 활동했다. 그렇지만 사도 요한도 세월의 무게를 이기지 못하고 90년대 후반에 세상을 떠났다.[36] 사도 요한이 세상을 떠나면서 예수의 종

---

32 Bart Ehrmann, *Forgery and Counterforgery: The Use of Literary Deceit in Early Christian Polemics*, Oxford University Press, 2013, pp. 164~65.
33 「테살로니카 신자들에게 보낸 첫째 서간」 5:2.
34 Bart Ehrmann, 앞의 책, 2009, pp. 123~25는, 이 사실을 지적하면서 바로 이 때문에「테살로니카 신자들에게 보낸 둘째 서간」이 차명 위작(僞作)이라고 밝히고 있다. 그에 따르면,「테살로니카 신자들에게 보낸 첫째 서간」에서 바울은 부활이 임박했다고 주장하고 있는 데 반해,「테살로니카 신자들에게 보낸 둘째 서간」의 저자는 종말 이전에 적그리스도가 나타나야 한다고 말하고 있다. 이 주장은 서로 모순이다. 따라서 내용의 불일치를 고려해보면「테살로니카 신자들에게 보낸 둘째 서간」은 위서(僞書)이다.
35 레이먼드 E. 브라운, 김광식 옮김, 『신약성서 그리스도론 입문』, 분도출판사, 1999, 77쪽.
36 전승에 의하면, 요한은 100년경까지 살았다. 그에 대한 전승에 대해서는 김주찬, 『밧모섬에서 돌아온 사도 요한』, 옥합, 2004 참조.

말 예언을 직접 들은 사람이 모두 죽었다. 예수의 종말 예언이 허구로 밝혀지자 동요하는 신자가 점점 늘어났다. 이에 신자들의 동요를 막기 위해 기독교 지도자들은 조금만 더 기다리면 정말 '그날'이 올 것이라고 거듭 말했다. 주의 형제 야고보의 이름을 빌려 쓴 다음 서간의 한 구절은 이러한 절박함을 잘 보여준다.

> 그러므로 형제들이여, 주님께서 오실 때까지 인내하며 기다리십시오. 농부가 땅에서 귀중한 수확을 낼 때까지 어떻게 기다리는지 보십시오. 그는 곡식이 이른 비와 늦은 비를 맞으며 익을 때까지 기다립니다. 여러분도 참고 기다리며 마음을 굳게 가지십시오. 주님께서 다시 오실 날이 가까웠습니다. 형제들이여, 심판을 받지 않으려거든 서로 비난하지 마십시오. 진실로 심판하실 분이 이미 문 앞에 서 계십니다.[37]

이렇게 1세기 말 기독교 지도자들은 '조금만 더, 조금만 더'를 거듭 외치면서 마음을 굳게 하고 기다리라고 채근했다.[38] 기독교 지도자들이 「마르코 복음서」나 「테살로니카 신자들에게 보낸 둘째 서간」에서 고안한 방안, 즉 종말 이전에 여러 징조가 있을 것이라는 주장을 거듭해가면서 정말 종말이 임박했으니 동요하지 말라고 주장하자 다수의 기독교 신자는 그들의 해명을 믿고 신앙을 지켜나갔다. 그들의 노력 덕분에 1세기 말에서 2세기 초 사이에 기독교의 교세는 위축되지 않아 아시아와 로마를 중

---

37 「야고보서」 5:7-9.
38 「마태오 복음서」와 「루카 복음서」에는 종말의 지연에 대한 신자들의 초조함과 그에 대한 기독교 지도자들의 반응이 좀더 심각하게 다루어지고 있다. 가령 「마태오 복음서」와 「루카 복음서」에 나오는 '신실한 종과 신실하지 못한 종', 「마태오 복음서」에 나오는 '열 처녀 비유'는 종말 지연에 대한 해명과 신자들의 인내를 촉구하고 있다. 이에 대해서는 김득중, 『복음서의 비유들』, 컨콜디아사, 1988, 163, 211쪽 참조.

심으로 계속 팽창했다. 1세기 말에 기독교 신자는 수만 명에 이르렀다.³⁹ 기독교 운동이 30년대 팔레스타인에서 120명으로 시작했으니, 수만 명이라면 대단한 성공이었다. 그러나 2세기 초가 되어서도 종말이 오지 않자, 많은 신자가 종말의 지연을 더 이상 참을 수 없다면서 기독교 지도자들을 비난했다. 그들이 일으킨 소요와 그에 대한 기독교 지도자들의 대응을 살펴보자.

2세기 초 기독교 신자들의 동요

2세기 초 종말이 오지 않자, 많은 기독교 신자가 예수의 약속이 거짓말로 밝혀졌다고 불평하면서 교회를 떠나기 시작했다. 이는 신약성경 가운데 가장 늦게 쓰인 문서인 「베드로의 둘째 서간」에서 확인된다. 이 서간은 종말의 지연에 실망해 교회를 떠난 사람들의 이야기를 다음과 같이 전한다.

> 사랑하는 형제 여러분, 무엇보다 이것을 아셔야 합니다. 마지막 날에 자신들의 욕망에 따라 사는 자들이 여러분을 조롱하면서 "그리스도가 다시 온다는 약속은 어떻게 되었습니까? 그 약속을 기다리던 조상들이 죽었지만 세상은 창조된 이후에 아무것도 변한 것이 없습니다"라고 말할 것입니다.⁴⁰

이 구절에서 예수가 약속한 종말이 왜 오직 않느냐고 불평을 늘어놓은

---

39 에티엔트 트로크메, 유상현 옮김, 『초기 기독교의 형성』, 대한기독교서회, 2003, 165쪽.
40 「베드로의 둘째 서간」 3:4; Bart Ehrmann, 앞의 책, 2013, pp. 228~29는, 이렇게 말한 자들은 교회를 떠난 것이 아니라 원정통 교회 지도자들의 묵시 종말론에 반대하면서 비묵시적 세계관을 피력했다고 주장했다.

사람들은 원래 기독교 신자들이었다. 그들은 종말이 임박했다는 기독교의 가르침을 믿고 교회에 다녔지만, 부모 형제가 죽어도 종말은 오지 않은 것에 실망해 교회에 계속 남아 있는 신자들을 조롱하면서 교회를 떠났다.

「베드로의 둘째 서간」뿐만 아니라 2세기 초에 사도 교부들이 작성한 문서에도 이런 신자들이 관찰된다. 교부는 기독교의 아버지와 같은 존재로 기본적인 교리를 확립하는 데 중요한 역할을 했던 사람들을 의미하는데 그중에서도 사도, 즉 예수의 제자들로부터 직접 가르침을 받았던 사람들을 사도 교부라고 한다. 사도 교부의 으뜸이 로마의 클레멘스이다. 그는 로마에서 이방인으로 태어났다가 기독교로 개종해 베드로에게서 직접 배웠으며, 후에 로마 교회의 최고 우두머리인 주교가 되었다. 2세기 초에 기독교 세계의 최고 지도자로 활동했던 클레멘스는 종말의 지연으로 인해 동요하던 신자들에 대해 이렇게 설명했다.

"우리 부모 때부터 이런 이야기들을 들어왔다. 그러나 보아라, 이제 우리가 늙었지만 이 가운데 하나도 이루어지지 않았다'라고 말하는 사람들은 정말 불쌍한 사람들이다. …… 그러나 주님의 계획은 재빨리 그리고 갑작스럽게 이루어질 것이다. 성경이 입증하듯이 그는 빨리 오실 것이다. 그는 늦추지 않으실 것이다."[41]

이 구절은 2세기 초 기독교 신자들 가운데 많은 사람이 기독교 지도자들의 반복되는 '허언'에 반발해 교회를 떠났음을 보여준다.[42] 갈수록 배교

---

41 1 Clemens, 23.
42 종말 지연의 문제는 1세기 후반 신자들에게 이미 중요한 문제였다. 특히 「루카 복음서」의 저자는 이 문제를 깊이 고민하면서 해명하기 위해 노력했던 것 같다. 이에 대해서는 조경수, 「사도행전에 나타난 예루살렘 교회연구」, 호서대학교 석사학위논문, 2003, 53쪽 참조.

자들이 늘어나자 기독교 지도자들은 좀더 구체적이고 신빙성 있는 다른 논리를 개발하기 시작했다.

지연에 대한 새로운 설명

2세기 초 종말의 지연에 대한 여러 대응 방안이 강구되었다. 몇몇 지도자들은 좀더 구체적인 날짜를 제시하는 방법을 채택했다. 2세기에 익명의 기독교 신자가 작성한 「사도들의 서간」(Epistula Apostolorum)은 이런 사례를 보여준다. 이 문서는 외경으로 분류되지만 2~3세기에 상당히 인기가 있었으며, 에티오피아 교회가 성경으로 인정할 정도로 초기 기독교 신자들에게 영향력이 컸다. 이 문서는 예수가 부활한 이후에 사도들과 나눈 대화를 담고 있는데, 대화 가운데서 제자들은 예수에게 종말의 날이 언제 올지 묻는다. 이에 대해 예수의 답은 판본에 따라 다른데 어떤 판본에는 150년, 어떤 판본에는 180년으로 되어 있다. 180년으로 제시한 판본은 150년에 종말이 이루어지지 않자 시점을 변경한 것으로 보인다. 이 문서는 2세기 기독교 지도자들이 종말이 먼 미래의 일이 아니라 정말 가까운 특정한 해에 이루어질 것이라고 가르쳤음을 보여준다.[43] 이런 기독교 지도자들은, 요즘 말로 하면 시한부 종말론자들이었다.

구체적으로 시기를 제시하지는 않고 약간 모호한 방식으로 시점을 제시하는 지도자들도 있었다. 그 가운데 가장 널리 성행했던 방식이 "하루가 천년 같다"라는 셈법이었다. 이 셈법은 「베드로의 둘째 서간」에서 처음 등장한다.

---

43 *Epistula Apostolorum*, 17, 2; Darrell D. Hannah, "The Four-Gospel 'Canon' in the *Epistula Apostolorum*", *The Journal of Theological Studies* 59-2, 2008, pp. 628~30. 「사도들의 서간」은 부활한 예수가 제자들과 대화하는 형식을 띠고 있다. 재림의 시기에 대해 원문에는 120년으로 되어 있다. 따라서 예수가 33년에 부활했다면, 재림의 해는 150년이 아니라 153년이 된다.

> 사랑하는 형제들이여, 이 한 가지를 명심하십시오. 주님께서는 하루가 천년 같고 천년이 하루 같습니다. 어떤 사람들은 주님께서 약속하신 것을 지체하고 있다고 생각하고 있지만, 사실은 지체하는 것이 아니라 여러분을 위해 참고 기다리시는 것입니다. 주님은 모든 사람이 회개해 아무도 멸망하지 않기를 원하시기 때문입니다. 그러나 주님의 날은 도둑처럼 갑자기 올 것입니다. 그날이 오면 하늘은 큰 소리를 내며 소멸할 것이고 세상을 구성하고 있는 것들은 불에 타 해체될 것이며, 땅과 그 위에서 이루어진 모든 것이 드러날 것입니다.[44]

이 인용문은 예수가 약속을 미루고 있어서, 즉 종말의 그날이 자꾸 지연되어 많은 신자가 불평을 늘어놓았다는 것을 명확히 보여준다. 그런데 갑자기 "하루가 천년 같고 천년이 하루 같다"라는 말을 한 이유는 무엇인가? 그것은 인간이 천년이라고 생각한 시간이 예수에게는 하루와 같고, 하느님이 하루라고 생각한 시간이 인간에게는 천년에 해당할 수 있다는 말이다. 직설적으로 이야기해보자면, "인간이 천년을 기다려도 그것은 예수에게는 하루밖에 되지 않는다. 우리는 예수가 세상을 떠난 지 몇십 년이 지났다고 생각하지만 그 시간은 예수에게는 몇 분 정도밖에 되지 않는다. 그러니 조바심을 버리고 종말의 때가 자꾸 늦어지는 것을 불평하지 말라"라는 소리이다. 이렇게 1세기 말에서 2세기 초 사이에 기독교 지도자들은 예수의 재림을 인간의 시간으로 측정하는 것은 불가하다면서 종말의 지연을 여러 가지 방식으로 해명하고 있었다.

---

44 「베드로의 둘째 서간」 3:8-10.

하루는 천년이라는 셈법의 유행

「베드로의 둘째 서간」은 종말에 대한 예수의 약속이 이루어지지 않았다고 불평하는 기독교 신자들에게 주님에게는 천년이 하루 같다라고 말하면서 인내를 요구했다. 그런데 천년이 하루 같다는 말은 비유인가, 아니면 글자 그대로 받아들인 후 천년을 하루로 계산해 종말의 날을 계산해야 하는가? 2세기 초 이후의 많은 기독교 신자가 거룩한 성경에 쓰여 있으니 글자 그대로 진실이라고 믿었다. 그리고 하느님께서 6일 동안 천지를 창조하신 이후 쉬셨기 때문에 이 세상의 역사는 6천 년 동안 진행되고 나서 종말을 맞을 것이라고 주장하기 시작했다.[45] 이 계산법은 120년경에 바울과 함께 일했던 바르나바의 이름으로 쓰인 「바르나바 서간」에 처음 등장한다.

> 하느님이 엿새 만에 그 일을 끝내셨다라는 말은 하느님이 6천 년 만에 모든 것을 완수하실 것을 의미합니다. 그에게는 하루가 천년 같기 때문입니다. …… 자녀들이여 엿새 만에, 즉 6천 년 만에 세상은 그 끝을 맞을 것입니다.[46]

「바르나바 서간」의 저자로 알려진 바르나바는 예루살렘 교회에 모든 재산을 기증한 것으로 유명했는데, 최초의 이방인 교회인 안티오키아 교회

---

45 기원전 2세기 이후 유행했던 묵시 신앙을 신봉했던 유대인들은 종말이 가까웠다고 믿었고 여러 가지 셈법으로 그 날짜를 계산하고자 시도했다. 기원전 150년경에 집필된 「다니엘서」는 기원전 25년경에 메시아가 출생한다고 주장했으며, 쿰란파는 기원전 177/176년에 메시아가 출생한다고 주장했다. 예수나 바울도 이 영향을 받을 수 있었다. 특히 예수가 말한 '일흔번 씩 일곱 번'이라는 말은 종말의 때와 관련이 있을 수 있다. 이에 대해서는 조철수, 『예수 평전』, 김영사, 2010, 485~90쪽 참조.

46 *Epistle of Barnabas*, 15, 4.

의 최고 지도자로 오랫동안 활동했다. 이렇게 중요한 인물의 이름으로 쓰였기 때문에 3세기까지 기독교 지도자들은 「바르나바 서간」을 매우 권위 있는 문서로 생각했으며, 심지어 알렉산드리아의 클레멘스 같은 지도자들은 성경으로 인정해야 한다고 가르쳤다.

이렇게 중요한 문서인 「바르나바 서간」은 세상이 창조된 이후 6천 년 만에 멸망한다고 가르치고 있었다. 따라서 지구가 창조된 날짜를 정확하게 알 수 있다면 멸망할 날짜 또한 정확하게 알 수 있었다. 2세기 초 이후 많은 기독교 신자가 이렇게 생각하고는 지구의 창조 날짜를 계산하는 데 매달렸다. 앞에서 언급했던 「사도들의 서간」의 종말 날짜도 이런 계산에서 나왔을 것이다. 그런데 2세기 중반 이후에 기독교 신자들은 종말의 날이 먼 미래라고 생각하지는 않았다. 특히 소아시아에서 태어난 몬타누스라는 자는 하느님이 금세 종말이 올 것이라고 자신에게 계시를 주었다며 사람들을 선동하고 다녔다. 많은 신자가 그의 말에 현혹되었는데, 심지어 2세기 말의 유명한 지도자였던 테르툴리아누스(Tertullianus)조차 그를 신봉했다.

2세기 후반 들어 많은 기독교 신자가 열광적인 종말론에 빠져 재산을 팔아치우고 산에 모여 종말을 기다리는 기이한 행동을 하자, '하루는 천 년 셈법'에 따라 종말의 날이 먼 미래의 일이라고 주장하는 사람들이 나타났다. 3세기 초 로마 교회의 최고 지도자였던 히폴리투스가 대표적인 인물이다. 히폴리투스는 심판의 '그날'이 상당히 먼 훗날이라고 주장했는데, 그에 의하면 '그날'은 500년경에 이루어질 것이다. 그의 이야기를 들어보자.

> 우리 주는 천지 창조 이후 5500년째 되는 해에 베들레헴에서 최초로 육신을 입고 그 모습을 드러내셨다. …… 하느님이 천지를 창조하고 쉬셨던 안식일은 성도들에게 주어질 미래 왕국의 예표이고 상징이다. '그날' 성도들은 그리스도와 함께 다스릴 것이고 요한이 계시록에서 말했듯이 그리스

도가 하늘에서 내려올 것이다. 주님에게는 하루가 천년 같으시다. 하느님이 6일 만에 천지를 만드셨으니, 천지의 역사를 마무리하는 데는 6천 년이 필요하다.⁴⁷

이렇게 히폴리투스는 천지가 창조된 이후 5500년 되는 해에 예수가 출생했고 출생한 해로부터 500년이 지나면, 즉 기원후 500년이 되면 세상이 멸망할 것이라고 주장했다.⁴⁸ 히폴리투스는 무슨 근거로 이런 계산을 내놓았을까? 신약성경의 「마태오 복음서」와 「루카 복음서」에 예수의 족보가 자세히 제시되어 있다. 특히 「루카 복음서」는 아담에서 예수까지 직계 혈통의 족보를 제시하고 있다. 그런데 구약성경에 보면 족보에 등장하는 인물들의 나이가 제시되어 있는 경우가 많다. 가령 최초의 인류인 아담은 930살을 살았고 심지어 므두셀라라는 인물은 969살까지 살았다. 따라서 구약성경과 신약성경의 족보를 정밀하게 연구하면 지구가 창조된 해를 정확하게 알 수 있다.

처음에 히폴리투스는 많은 지지자를 얻지 못했다. 히폴리투스와 같은 시대에 살았던 기독교 신자들은 대부분 세계가 앞으로도 그렇게 오랫동안 지속된다는 말을 믿지 않았다. 그들은 세계가 너무나 노쇠했고 기근과 전염병, 전쟁이 계속되고 있기에 세계는 몇십 년 안에 멸망할 것이라고 믿었다. 가령 250년대에 카르타고의 주교였던 키프리아누스(Cyprianus)는 249년에 시작된 데키우스(Decius) 황제의 기독교 박해가 종말의 징조이기 때문에, 몇 년 안에 적그리스도가 나타나 세상의 종말을 가져올 것이라고 주장했다.⁴⁹

---

47 Hipolytis, *In Danielem*, 4 (http://www.newadvent.org/fathers/0502.htm에서 인용).

48 Jan Krans et al. (ed.), *Paul, John, and Apocalyptic Eschatology*, Brill, 2013, pp. 252~53; 데미안 톰슨, 이영아·이종인 옮김, 『종말: 새로운 천년에 대한 믿음과 두려움』, 푸른숲, 1999, 54~55쪽.

그러나 키프리아누스의 주장과 달리 종말이 오지 않자 점점 더 많은 사람이 히폴리투스의 주장을 받아들여 500년이 되면 종말이 올 것이라고 믿었다. 물론 그들의 기대와 달리 500년에 종말은 오지 않았다. 그러자 기독교 신자들은 히폴리투스의 계산이 잘못되었다며 새로운 계산법을 내놓았다. 섹스투스 율리우스 아프리카누스(Sextus Julius Africanus)와 투르의 그레고리우스(Gregory of Tours)는 500년이 아니라 800년에 멸망할 것이라고 주장했으며, 교황 실베스테르 2세(Sylvester II)는 1000년에 종말이 올 것이라고 주장했다.[50]

특히 기원후 1000년에 종말이 올 것이라는 주장이 광신적인 지지를 얻었다. 1000년 무렵에 매우 많은 유럽인은 세상이 멸망할 것이라고 믿고 기이한 행동들을 했다. 각지의 교회에서 성직자들이 올해 세상이 멸망할 것이라고 설교하자, 유럽인들은 집단 히스테리에 빠져들었다. 많은 사람이 천국에 가겠다는 속셈으로 종교 생활에 헌신했다. 그들은 검은 옷을 입고 성당이나 성인들의 유물 앞에 엎드려 종일 기도하거나 죄를 뉘우친다면서 온갖 기이한 행동을 하면서 시간을 보냈다. 거룩한 성지인 예루살렘에서 종말을 맞이해야 한다면서 예루살렘으로 가는 사람도 폭발적으로 늘어났다. 농민들은 키우던 돼지나 닭을 잡아먹고 종말을 기다렸으며, 사나운 사람들은 폭도로 변신해 부자들의 집을 약탈했다.[51]

그런데 1000년에 종말의 날을 정확하게 계산할 수 없었다. 중세 유럽

---

49 Cyprianus, *Epistulae*, 57-58; Allen Brent, *Cyprian and Roman Carthage*, Cambridge University Press, 2010, p. 112.

50 이 계산법은 3세기 후반 메토디우스(Methodius)라는 성직자가 최초로 제시했는데, 500년 이후 많은 지지자를 얻었다. 이에 대해서는 Jacques Le Goff, *In Search of Sacred Time: Jacobus de Voragine and The Golden Legend*, Princeton University Press, 2014, p. 52 참조.

51 마르크 블로흐, 한정숙 옮김, 『봉건사회 1』, 한길사, 1986, 146~49쪽; Michael Frassetto (ed.), *The Year 1000: Religious and Social Response to the Turning of the First Millennium*, Springer, 2003, pp. 2~4.

은 로마의 장군 카이사르가 만든 율리우스력을 사용하고 있었지만, 지금과 달리 1월 1일이 새해의 첫날이 아니었다. 기독교 지도자들은 1월 1일을 이교도의 축제일이라고 규정하고 새해의 첫날로 기념하지 말라고 가르쳤다. 따라서 나라마다 심지어 한 나라 안에서도 지역마다 새해의 첫날이 달랐다. 현대력으로 환산하면 999년 3월 25일부터 1000년 3월 31일 사이의 여러 날짜가 새해의 첫날로 기념되었다. 이 때문에 유럽에서 종말의 공포는 쉴 새 없이 각 지역을 떠돌아다녔다.[52]

1000년에 사람들의 기대와 달리 종말이 이루어지지 않았지만, 이후에도 오랫동안 많은 기독교 지도자가 새로운 계산법을 제시하면서 종말의 날이 곧 온다고 주장했다. 가령 1492년 아메리카를 발견한 크리스토퍼 콜럼버스(Christopher Columbus)는 생애 말년에 『대예언기』라는 책을 쓰는 데 전념했는데, 미완성인 이 작품에서 그는 그의 시대로부터 150년 안에 종말이 올 것이라고 주장했다. 17세기에 영국의 대주교였던 제임스 어셔(James Ussher)가 종말론에 새로운 지평을 열었다. 그는 기원전 4004년 10월에 지구가 창조되었다는 새로운 연표를 제시해 많은 추종자를 얻었다. 기독교 신자들은 어셔의 연대표에 지구가 6천 년 만에 멸망한다는 오래된 가설을 적용해 1996년 10월에 멸망할 것이라고 믿었다.[53]

이런 믿음이 널리 퍼지면서 20세기 후반 미국에서는 종말과 휴거에 관한 책들이 선풍적인 인기를 끌었다. 어니스트 앵글리(Ernest Angley)의 『휴거』(Raptured)가 대표적인 작품이다. 한국에서도 종말과 휴거에 대한 믿음이 커졌는데, 이장림이라는 목사는 다미선교회를 조직해 1992년 10월 28일에 예수의 재림이 이루어질 것이라면서 대대적으로 선전했다. 한국

---

52 Julia M. H. Smith, *Europe After Rome: A New Cultural History 500-1000*, Oxford University Press, 2005, pp. 77~78; John Ferguson·Francis Clark, *War, Peace, and Religion*, Open University Press, 1973, p. 18.
53 Paula Clifford, *A Brief History of End Time: Prophecy and Apocalypse, then and now*, Sacristy Press, 2016, p. 126.

사회가 떠들썩할 정도로 많은 사람이 다미선교회의 주장에 현혹되어 많은 문제를 일으켰다. 그러나 그날 종말이 오지 않자, 이장림 목사는 연대 계산에 착오가 있었지만 곧 종말이 올 것이라고 선전했다. 그러나 이장림 목사가 정말 2000년에 종말이 온다고 믿었는지는 확실하지 않다. 경찰의 조사에 의하면, 그는 종말을 믿고 찾아온 신자들에게 많은 헌금을 받아 종말의 날 이후 찾을 수 있는 채권을 많이 샀다고 한다.

지금은 2000년이 한참 지난 때이다. 요즘 기독교 신자들 가운데에는 더 이상 "천년이 하루 같다"라는 계산법에 근거해 지구가 6천 년 만에 종말을 맞을 것이라고 주장하는 사람들을 찾기 힘들다. 성경에 나와 있는 연대들을 아무리 잘 꿰어맞추어도 지구의 나이를 6,000살 이상으로 만들 수는 없기 때문이다. 혹여 놀라운 수학 실력을 발휘해 새로운 계산법을 제시하는 사람이 나온다고 하더라도 사람들은 더 이상 믿지 않을 것이다. 2세기 초부터 2000년까지 그렇게 여러 차례 "계산이 틀렸다"를 반복해왔으니, 누가 그런 거짓말에 계속 속을 것인가?

그런데 신기한 일이다. 지금도 많은 기독교 신자가 종말을 선전하는 온갖 사람들에게 속아 인생을 낭비했다는 소리가 계속 들려오고 있다. 2019년에는 신 모라는 목사가 종말이 임박했다면서 신자들만의 특수 집단을 만들어야 한다고 선전했는데, 400명이 넘는 사람이 속아 많은 재산을 바치고 그 집단에 들어갔다가 온갖 학대를 받았다. 또한 지금도 새로운 천지가 열릴 것이라고 선전하는 종파가 오직 그들 종파에 소속된 신자들만 구원받을 것이라고 주장하고 있는데, 전국적으로 많은 사람이 그런 주장을 믿고 종교 생활에 헌신하고 있다.

이런 신비주의자들이 계속 활동하고 있으며, 또한 많은 기독교 신자가 그들에게 속아 넘어가는 것은 성경에 「요한 묵시록」이라는 책이 있기 때문이다. 전하는 바에 따르면, 「요한 묵시록」은 예수의 제자였던 사도 요한이 쓴 것이다. 예수의 제자 가운데 가장 오래 살았던 요한은 생의 말년인 90년대에 종말의 시대에 이루어질 일들에 대해 하느님에게 계시를 받아

「요한 묵시록」을 썼다. 이 문서가 처음 쓰였을 때부터 지금까지 기독교 신자들은 이 문서의 자구 하나하나를 해석해가면서 종말의 시간과 종말의 때에 이루어질 일들을 상상하고 있다. 역사상 등장했던 모든 종말론자는 「요한 묵시록」이 거룩한 성경이고 거기에 실린 모든 예언이 곧 이루어질 것이라고 선전하곤 했다.

그러나 「요한 묵시록」을 맹신하고 있는 사람들이 정말 잊고 있는 것이 있다. 「요한 묵시록」은 그 자체로 그 문서가 쓸모없는 문서라는 것을 입증한다. 「요한 묵시록」에 따르면, 저자인 요한은 어느 일요일에 나팔 소리처럼 울리는 큰 목소리를 들었다. 큰 목소리는 요한에게 "네가 보는 것을 두루마리에 기록해 아시아의 7교회, 즉 에페소, 스미르나, 페르가몬, 티아티라, 사르디스, 필라델피아, 라오디케이아에 보내라"[54]라고 명령했다. 따라서 「요한 묵시록」이 설정하고 있는 독자는 1세기 아시아의 7교회에 소속된 신자들이다. 「요한 묵시록」의 저자는 7교회의 신자들이 죽기 전에 그가 받은 계시가 모두 이루어질 것이라고 생각했다. 그런데 그 7교회 신자들이 모두 죽을 때까지 그의 예언은 하나도 이루어지지 않았다. 따라서 「요한 묵시록」은 2,000년 전에 실패한 예언을 담고 있는 문서이다. 이 문서가 지금도 유효하다고 주장하면서 자구 하나하나를 이상한 방식으로 해석하면서 종말의 때와 상황을 추론하는 것은 허황된 맹신일 뿐이다.

---

54 「요한 묵시록」 1:11.

제5장

예수의 제자는 12명이었는가

예수의 12제자

레오나르도 다빈치가 그린 「최후의 만찬」을 본 사람이라면 누구나 알고 있겠지만 예수에게는 12명의 제자가 있었다. 다빈치의 그림을 보고 있노라면 예수가 최후의 만찬을 했던 곳이 어디이고, 거기에 참가했던 제자들은 누구일까라는 의문이 떠오른다. 최후의 만찬 장소는 정확하지 않다. 성경에 장소에 대한 진술이 명확하지 않기 때문이다.

그러나 신앙의 확실성과 가시성을 추구하는 사람들은 그곳이 '마르코의 다락방'이라는 이야기를 만들어냈다. '마르코의 다락방'은 기독교 역사에서 매우 중요한 의미를 갖는 곳이다. 예수가 승천하면서 성령을 보내준다고 약속했고 제자들이 그곳에 모여 기도하다가 성령을 받았기 때문이다. 그러나 '마르코의 다락방'은 지금 남아 있지 않으며 위치조차 명확하지 않다. 성경에는 예루살렘 성 안의 한 다락방이라고만 묘사되어 있다. 현재 예루살렘 서쪽의 시온산에 '마르코의 다락방'이 있고 많은 기독교 신자가 그곳을 성지로 숭배하고 있지만 그것은 후대에 지어진 것이다. 더욱이 이 방을 다락방이라고 부르는 것은 잘못이다. 헬라어 원어 성경으로 보면, 다락방의 원어는 '아나가이온'(anagaion)이다. 이는 2층에 있는 넓은 방을 의미하는데, 초기 성경 번역자들이 이 단어의 의미를 몰라 잘못 번역한 것이다.[1]

이렇듯 최후의 만찬 장소조차도 확실하지 않은데, 다빈치가 그린 그림이 역사적 사실을 그대로 반영하고 있을 리 없다. 사람들은 다빈치 같은 위대한 화가가 역사적 사실을 정확하게 조사해, 아니면 '하느님으로부터 숭고한 영감을 받아' 그림을 그렸을 것이라고 생각하는 경향을 보인다. 그러나 다빈치의 그림은 최후의 만찬을 사실 그대로 그린 것이 아니라 그가 상상한 대로 그린 것이다. 가령 다빈치의 그림에서 예수는 긴 머리에 중후한 얼굴의 백인으로 묘사되어 있는데, 이는 역사적 사실과는 전혀 맞지 않다. 최후의 만찬 때 예수는 33세의 청년이었고 백인이 아니라 유색 인종이었기 때문이다. 또한 '최후의 만찬'의 전체적인 구도가 완전히 잘못되었다. 예수가 살았던 시대에 다양한 집단이 모여 식사할 때면, 식사에 참가한 사람들은 '카우치'(3인용 긴 의자 혹은 소파)에 왼쪽 팔꿈치로 몸을 기대어 누운 상태에서 오른손으로 음식을 먹었다.[2] 신약성경의 묘사를 보면, 예수와 제자들의 최후의 만찬도 이 방식을 따랐다.[3] 이러한 사실은 초기 기독교 신자들이 그린 최후의 만찬 그림에서 확인된다. 3~4세기에 카타콤에 새겨진 최후의 만찬 장면을 보면, 긴 돌판 같은 것이 가운데 있고 그 주변에서 예수와 제자들이 비스듬히 누워 음식을 먹었다.[4] 이후에도 오랫동안 기독교 신자들은 예수와 제자들이 바닥에 앉거나 비스듬히 누

---

1 김덕수, 『바울』, 살림, 2018, 83~84쪽.
2 조재형, 「고린도전서에 나타난 그레코-로만의 공동 식사: 뛰시아(θυσία) 희생제의로 살펴본 그리스도교의 성찬」, 『Canon & Culture』 13-2, 2019, 287쪽.
3 미타 마사히로, 『성서의 수수께끼를 푼다』, 동방미디어, 1998, 204~05쪽; 권영주, 「그레코-로만 전기의 장르적 특성에 비추어본 복음서 해석: 마가복음 2:1-3:6을 중심으로」, 『영산신학저널』 54, 2020, 215쪽.
4 조인형, 『로마의 카타콤』, 하늘양식, 2013, 215쪽.

워 식사하는 장면을 그리곤 했다.[5] 따라서 다빈치의 그림은 심각하게 역사를 왜곡하고 있다.

제자의 명단: 12명인가, 14명인가, 7명인가

다빈치가 그린 그림의 식탁에 앉아 있는 제자들에 대해 이야기해보자. 그들은 모두 12명인데 각각의 이름은 명확하지 않다. 기이하게도 12명의 이름을 전하고 있는 복음서의 구절들(「마태오 복음서」10:2-4; 「마르코 복음서」3:16-19; 「루카 복음서」6:14-16; 「요한 복음서」1:40-44, 21:2)이 일치하지 않는다.[6] 12제자의 명단을 확인하기 위해 4복음서와 「사도행전」의 해당 구절들을 찾아보면 기이하게도 14명이 나온다. 그들은 베드로, 안드레아, 제베대오의 아들 야고보, 요한, 필립보, 바르톨로메오, 토마스, 마태오, 알패오의 아들 야고보, 타대오, 열심당원 시몬, 유다 이스카리옷, 야고보의 아들 유다, 나타나엘이다. 이 명단을 도표로 살펴보면 다음과 같다.

마태오 10:2-4	마르코 3:14-19	루카 6:13-16	요한 1:40-42, 21:2
시몬 베드로	시몬 베드로	시몬 베드로	시몬 베드로(1:42)
안드레아	안드레아	안드레아	안드레아(1:40)
제베대오의 아들 야고보	제베대오의 아들 야고보	제베대오의 아들 야고보	제베대오의 아들 야고보(21:2)
요한	요한	요한	요한(21:2)
필립보	필립보	필립보	필립보(1:43)
바르톨로메오	바르톨로메오	바르톨로메오	

---

5 남성현, 『고대 기독교 예술사』, 예담, 2011, 135쪽.
6 E. P. 샌더스, 황종구 옮김, 『예수와 유대교』, 크리스천다이제스트, 1994, 147쪽.

마태오 10:2-4	마르코 3:14-19	루카 6:13-16	요한 1:40-42, 21:2
토마스	토마스	토마스	토마스(20:24)
마태오	마태오	마태오	
알패오의 아들 야고보	알패오의 아들 야고보	알패오의 아들 야고보	
타대오	타대오		
열심당원 시몬	열심당원 시몬	열심당원 시몬	
유다 이스카리옷	유다 이스카리옷	유다 이스카리옷	유다 이스카리옷 (6:71)
		야고보의 아들 유다	야고보의 아들 유다 (14:22)
			나타나엘(1:45)

이 목록에서 보듯이 각각의 복음서가 전하는 제자의 명단이 다른데, 그들을 합하면 14명이 된다. 그렇다면 예수의 원래 제자는 14명이었는데, 초대교회 지도자들이 '12'라는 숫자를 특별히 중요하게 여겨 후대에 12명이라고 규정했을 수 있다. '12'는 이스라엘 12부족의 수이며, 종말론자였던 예수와 그의 제자들은 종말의 날에 이스라엘의 12부족이 복원될 것이라고 믿었다.

2~3세기 기독교 신자들은 성경을 읽고 예수의 제자들이 12명이 아니라 14명이라는 사실을 깨닫고 크게 당황했다. 거룩한 성경의 말씀이 교회에서 가르치는 교리와 달랐기 때문이다. 초대교회의 신자들은 야고보의 아들 유다와 타대오를, 그리고 바르톨로메오와 나타나엘을 동일 인물로 규정함으로써 복음서의 모순을 해소하려 했다. 물론 이는 신앙의 관점에서 복음서의 불일치를 해명하려는 욕구의 소산이었다.

그렇지만 14명을 12명으로 조합한다고 해서 문제가 해결되는 것은 아니다. 「요한 복음서」만을 자료로 삼는다면 예수의 주요 제자는 12명이 아니라 7명이 되고 명단도 달라지기 때문이다. 여기서 잠깐 공관복음서의 문제를 살펴보자. 신약성경에는 네 개의 복음서가 있다. 「마태오 복음서」, 「마르코 복음서」, 「루카 복음서」는 같은 관점을 취하고 있다고 해서 공관복음서라고 불린다. 「마르코 복음서」가 가장 먼저 쓰였고 「마태오 복음서」와 「루카 복음서」는 「마르코 복음서」의 내용을 거의 그대로 가져왔다. 가령 「마태오 복음서」는 「마르코 복음서」의 내용 91퍼센트를 그대로 싣고 있다. 따라서 어떤 사건에 대해 세 복음서가 같은 증언을 하고 있는 경우, 세 개의 복음서가 각각 독립적인 증인이라고 생각해서는 안 된다. 증인은 한 명일 뿐, 나머지 다른 두 명은 그 증인의 증언을 반복하고 있을 뿐이다.

흔히 신학자들은 복음서가 네 권임을 상기시키면서 예수의 일생을 증언하는 문서가 네 개라고 주장한다. 그러나 「마태오 복음서」와 「루카 복음서」는 예수를 직접 본 사람들이 예수의 초상화를 그린 것이 아니다. 그 복음서들은 「마르코 복음서」가 그린 초상화를 보고 제3의 새로운 모사화를 그린 것이다. 따라서 공관복음서와 「요한 복음서」의 진술이 다를 경우에 증인이 3 : 1로 많다고 생각해 공관복음서의 진술을 참으로 받아들여서는 안 된다. 「요한 복음서」의 증언은 다른 세 복음서를 합한 만큼의 가치가 있다. 그런데 「요한 복음서」의 12제자 명단은 매우 특이하다. 「요한 복음서」가 제시한 예수 제자들의 명단을 살펴보자.

「요한 복음서」는 두 차례에 걸쳐 예수의 주요 제자들을 소개하고 있다. 한 번은 제자들을 처음 만날 때이며, 다른 한 번은 부활한 예수가 갈릴래아에서 제자들을 만날 때이다. 두 번째 장면에 대해 「요한 복음서」는 다음과 같이 진술했다.

예수께서 티베리아스 호숫가에서 다시 자신을 제자들에게 나타내셨다. 시몬 베드로, 쌍둥이라고 불리는 토마스, 갈릴래아 카나 출신의 나타나엘,

제베대오의 아들들, 그리고 다른 두 제자가 함께 있었다.[7]

이 진술에서 이름이 제시되지 않은 다른 두 제자는 「요한복음서」 1:40-44에서 확인할 수 있다. 그들은 베드로의 형제인 안드레아, 그리고 필립보이다. 따라서 예수의 주요 제자는 시몬 베드로, 토마스, 나타나엘, 제베대오의 아들들인 요한과 야고보, 안드레아와 필립보로서 모두 7명이다. 현대 기독교 신자들은 「요한 복음서」의 이 진술을 무시하고 예수의 제자를 12명이라고 확신하고 있다. 그렇지만 초대교회에는 예수의 제자가 12명이 아니라 7명이라고 생각하는 사람들이 있었다. 가령 2세기 초 히에라폴리스의 주교였던 파피아스는 예수 제자의 명단을 제시하면서 7명의 이름만을 드러냈다. 그가 제시한 제자들의 이름은 "안드레아, 베드로, 필립보, 토마스, 야고보, 요한, 마태오"[8]였다. 또한 100년경에 작성된 「에비온파 복음서」는 예수의 제자들을 "제베대오의 아들 요한과 야고보, 시몬과 안드레아, 타대오와 열심당원 시몬, 유다 이스카리옷, 마태오"라고 했는데, 여기서 배반자 유다 이스라키옷을 제외하면 예수의 제자들은 7명이 된다.[9]

2세기에 「마태오 복음서」를 최고의 복음서로 인정하는 사람들이 점차 늘어나면서 예수의 제자는 12명이라는 주장이 널리 믿어지게 되었다. 그렇지만 예수의 제자 명단에 대한 「요한 복음서」의 주장이 완전히 사라진 것은 아니다. 2세기 초에 작성된 「사도들의 서간」이라는 문서가 이 사실을 잘 보여준다. 이 문서는 유다 이스카리옷를 제외한 11제자가 부활한 예수로부터 받은 가르침을 기록한 것인데, 정통 교회의 신앙을 옹호하고 있다. 원래 헬라어로 작성되었지만 에티오피아어와 콥트어로 번역된 것으로 보아 초대교회에서 매우 인기가 있었다. 이 문서는 11제자를 "요한, 토

---

7 「요한 복음서」 21:1-2.
8 Richard Bauckham, *Jesus and the Eyewitnesses*, Eerdmans, 2008, p. 20.
9 송혜경, 『신약 외경: 상권 복음서』, 한님성서연구소, 2009, 280쪽.

마스, 베드로, 안드레아, 야고보, 필립보, 바르톨로메오, 마태오, 열심당원 시몬, 나타나엘, 케파(Cepha)"[10]라고 제시하고 있다. 이 명단에는 두 가지 사실이 특이하다. 먼저 베드로와 케파가 별도로 제시되고 있다. 베드로의 원래 이름은 시몬인데, 예수가 그에게 케파라는 별명을 지어주었다. 케파는 반석이라는 뜻인데, 이 단어를 헬라어로 번역한 것이 베드로이다. 따라서 베드로와 케파는 동일 인물이다. 바울 서간을 비롯한 신약성경의 여러 문서가 두 사람을 동일 인물로 취급하고 있다. 2세기 초에 작성된 기독교 문서가 왜 이 사실을 제대로 모르고 베드로와 케파를 별도의 인물로 제시했는지는 알 수 없다. 두 번째, 「마태오 복음서」가 12제자로 제시하지 않았던 나타나엘을 12제자 가운데 한 명으로 제시했다. 공관복음서가 이 사람을 언급한 적조차 없기에 일반적으로 기독교 신자들은 이 사람을 12제자로 인정하지 않거나 앞에서 말했듯이 바르톨로메오와 동일 인물이라고 주장한다. 「사도들의 서간」이 이런 인물을 12제자로 규정한 것은 공관복음서와 「요한 복음서」의 진술을 혼합해 12제자의 명단을 구성하려 했기 때문이다.

이렇게 1~3세기에 예수 제자단의 숫자와 명단에 대해서는 여러 의견이 있었다. 누구도 이 기록들을 완벽하게 조화해 예수의 제자 12명의 이름을 제시할 수 없다. 여러 기록이 너무나 혼란스럽기 때문에 자료들을 점검하다 보면 과연 예수의 12제자가 실제로 존재했는지조차 의구심이 든다. 혹시 신약성경 가운데 유일한 역사서인 「사도행전」, 그리고 초대교회의 역사를 방대하게 기록한 에우세비우스(Eusebius)의 교회사를 통해 이런 혼동을 극복할 수 있을까?

먼저 「사도행전」을 살펴보자. 예수의 제자들은 예수가 승천한 이후에 사도라고 불리면서 초대교회의 최고 지도자로 활동했다. 바울의 동역자이

---

10 *Epistula Apostolorum*, 2, 1-3.

자 「루카 복음서」의 저자였던 루카가 1세기 말에 쓴 것으로 알려져 있는 「사도행전」은 이들의 행적을 전하고 있다. 「사도행전」은 명칭을 보면 12제자의 행적을 골고루 전하는 역사서 같다. 그런데 「사도행전」은 사도들 전체의 행적을 소개하지 않고 베드로와 바울을 두 주인공으로 제시하고 있다. 전반부에는 베드로가 후반부에는 바울이 주인공으로 활동하는 데 반해, 다른 제자들은 거의 등장하지도 않는다. 12제자 가운데 베드로를 제외한다면 활동 내역이 전하는 제자는 오직 제베대오의 아들 요한과 그의 형제 야고보뿐이다. 정말 12제자가 존재했다면 「사도행전」이 나머지 9명의 활동을 전혀 전하지 않은 것은 기이한 일이다.

교회사가로 유명한 에우세비우스는 4세기 초에 쓴 그의 『교회사』에서 예수 제자들의 활동을 자세하게 전했다. 그에 따르면, 예수 사후 예수의 제자들은 예루살렘에서 한동안 활동한 후에 사방으로 선교 활동을 갔다. 이때 제자들은 추첨을 통해 할당지를 부여받았다. 그 결과 토마스는 파르티아, 안드레아는 스키타이, 요한은 아시아로 가서 복음을 전파했다. 베드로는 폰투스, 갈라티아, 비티니아, 카파도키아, 아시아, 그리고 최종적으로 로마에 가서 복음을 전했다. 그런데 에우세비우스는 제자들이 각각 맡은 지역을 할당받은 이야기를 하면서 나머지 8명은 언급하지 않았다.[11] 에우세비우스는 이후에 제자들의 활동을 서술하면서도 야고보, 필립보, 마태오를 제외한 다른 제자들은 이름조차 거론하지 않았다. 기독교의 역사를 신성화하려 노력했던 에우세비우스는 정말로 12제자가 존재했고 활동했다면 왜 그들의 활동을 자세히 기록하지 않았을까? 이는 누구나 의심하지 않을 수 없는 거대한 문제임이 틀림없다.[12]

---

11 Eusebius, Ἐκκλησιαστικὴ ἱστορία, 3, 1.
12 「사도행전」에 따르면, 베드로는 예수 못지않은 대단한 기적을 행했다. 그는 수없이 병자를 고쳤는데, 심지어 죽은 사람을 살려내기도 했다. 그가 그렇게 뛰어난 능력을 발휘했기 때문에 수많은 사람이 기독교로 개종했다. 성경에 전하는 이 이야기들이 사실일까? 대단히 의심스럽다. 왜냐하면 베드로와 동시대를 살았던 유대 역사

12제자의 활동

4복음서에 나오는 12제자의 명단과 그들의 특징을 간략하게 살펴보면 다음과 같다.

시몬 베드로: 갈릴래아의 어부로 예수의 수제자였다. 원래 이름은 시몬이고 예수가 '케파'라는 별명을 지어주었는데, 이 단어를 헬라어로 번역하면 돌을 의미하는 '베드로'(Πετρος)이다. 예수가 카파르나움에서 공생애를 시작할 때 그의 집에 머물렀으며, 결혼을 해서 아이도 있었다.

안드레아: 갈릴래아의 어부로 베드로의 형제이며, 원래는 세례 요한의 제자였다. 4복음서의 제자 명단에 처음 나오는 네 제자 가운데 한 명으로 등장한다. 그런데 안드레아는 필립보와 함께 헬라식의 이름을 갖고 있다.[13] 다른 제자들이 모두 유대식 이름을 갖고 있는 데 반해, 두 사람이 헬라식 이름을 갖고 있는 이유는 밝혀지지 않았다.

대(大)야고보: 제베대오의 아들 가운데 형이다. 알패오의 아들 야고보와 구별하기 위해 대야고보라고 부른다. 헤로데 아그리파 1세에 의해 사도들 중에서 최초로 순교했다(「사도행전」 12:1).

요한: 대야고보의 동생이며, 갈릴래아의 어부로 예수가 '사랑하는' 제자로 알려져 있다. 후에 예수의 어머니 마리아와 함께 에페소에서 활동했던 것으로 알려져 있다.

필립보: 갈릴래아의 어부로 초기에 그리스도의 제자가 되어 나타나엘에게 예수에 관해 이야기했다(「요한 복음서」 1:45). 「요한 복음서」에서 예수의

가 요세푸스의 글에 베드로에 대한 이야기는 한 줄도 나오지 않기 때문이다. 요세푸스는 방대한 분량의 역사서를 썼는데, 1세기 유대에서 발생했던 시시콜콜한 이야기를 다양하게 전하고 있다. 만약 베드로가 예루살렘에서 활동하고 수많은 기적을 행했다면, 당연히 요세푸스의 이목을 끌어 그의 글에 기록되어야 할 것이다.

13 James D. G. Dunn, *Beginning from Jerusalem*, Grand Rapids: William B. Eerdmans, 2009, p. 255.

주요 제자로 여러 대목에서 대화를 이끈다.

마태오: 레위라고도 불리며, 카파르나움의 세리였다고 알려져 있다.

토마스: 갈릴래아 출신으로 알려져 있으나 그에 대해 확실한 것은 거의 없다. '토마스'는 헬라어로 쌍둥이를 의미한다. 초대교회의 신자들 가운데 일부는 그가 예수의 쌍둥이였다고 믿었다.

타대오: 알패오의 아들 가운데 형이며, 유다라고도 불린다. 사도로서의 행적은 없다.

소(小)야고보: 알패오의 아들 가운데 동생이다. 예수의 동생으로 '주의 형제 야고보'라고 불리는 야고보와 혼동되는 일이 많다.

유다 이스카리옷: 예수를 판 제자이다. 어떤 학자들은 이스카리옷(Iscariot)이 헤브론에서 하루거리에 있는 유대 지방의 남쪽 도시인 크리옷을 의미한다고 주장한다. 그렇지만 '이스카리옷'이 '스카리오테스'(Skariotes) 혹은 '스카리오트'(Skarioth)의 오기일 수도 있다. 이 단어들은 '시카리파'(sicarii)라는 단어와 유사하다.[14] 이는 유다가 열심당에 속했을 가능성을 암시한다.[15]

바르톨로메오: 나타나엘과 동일인으로 추측되고 있으나(「요한 복음서」 1:45) 확실하지 않다. 나타나엘과 동일인이 아닐 경우에 사도로서의 행적은 없다.

시몬: '젤롯'이라고 불리는데, '젤롯'은 무력으로 로마제국에 맞서야 한다는 열심분자를 의미한다. 사도로서의 행적에 관한 기록은 없다.[16]

---

14 최순봉, 「유다스 호 이스카리오테스」, 『광신논단』 17, 2008, 123~25쪽; Robert Eisenman, *James: The Brother of Jesus*, Penguin, 1997, p. 179.
15 이스카리옷에 대해서는 본문에서 소개한 것 이외에 추가로 두 가지 설명이 있다. 하나는 사기꾼을 의미하는 아람어 '시카르야'(sheqarya)에서 유래했다는 것이며, 다른 하나는 12부족의 하나인 '잇사갈인'(Issacharite)에서 유래했다는 것이다. 이에 대해서는 피터 스탠퍼드, 차백만 옮김, 『예정된 악인 유다』, 미래의창, 2016, 42쪽 참조.
16 이 시몬은 '가나안 사람'이라고 불린다(「마태오 복음서」 10:4). 그러나 그는 가나안

명단을 살펴보면 쉽게 알겠지만 주요 제자들은 대부분 갈릴래아 출신이다. 유다 이스카리옷만이 유대 본토 출신일 가능성이 있다. '유대 본토'는 옛 남왕국 유대의 영토로 예루살렘을 중심으로 현대 이스라엘의 남부 지방을 말한다. 갈릴래아 지방과 유대 본토 사이에 사마리아 지역이 있었는데, 사마리아인들은 모세의 오경만을 믿는 '사마리아 유대교'를 믿고 있었다. 예수와 그의 제자들이 갈릴래아 출신이라는 것은 중요한 의미를 갖고 있다. 갈릴래아 지방은 기원전 100년경에 유대 영토에 편입되었기에 유대교의 전통이 약한 곳이었다. 따라서 예수와 그의 제자들은 변방 지방 출신으로 유대교의 주류 세계에 도전했다.

그리고 행적이 알려진 주요 제자들은 세리(稅吏)였던 마태오를 제외하면 대부분 어부였다. 마태오가 지방의 평범한 세리였다면 예수의 제자들은 결국 모두 잘해야 중산층에 속하는 평범한 사람들이었던 셈이다. 전근대의 거의 모든 민중이 그랬듯이 그들은 교육받지 못했고 고작해야 자기 이름을 쓸 수 있었다.[17] 교육을 받아야 현명하고 지혜롭게 살 수 있는 것은 아니지만, 그들이 교육받지 못했다면 초기 기독교의 지도자로서 직책을 수행하는 데 많은 어려움이 있었을 것이며, 교리를 체계적으로 정비하는 작업에도 참여하지 못했을 것이다. 사실 이 때문에 기독교는 12제자의 종교가 아니라 바울의 종교가 되었다. 사도 바울은 예수에게 가르침을 받기는커녕 예수를 만난 적도 없지만 고등 교육을 받은 사람이었다. 그는 개종 이후에 많은 집필 활동을 통해 초기 기독교의 신앙을 지도했으며, 그의 서간들은 신약성경의 1/3을 차지하게 되었다. 그리하여 초기 기독교

사람이 아니다. 헬라어 성경은 그를 열심당(ζηλωτήν)이라고 적었다. 그런데 열심당은 히브리어로는 '카나이'인데, 이것을 라틴어로 적으면서 'Kananaion'이라고 잘못 적었다. 헬라어로 가나안은 'Kanaan'이 아니라 'Xanaan'이다. 이에 대해서는 김인철, 『유대 문화로 읽는 복음서의 난제들 (상)』, 그리심, 2007, 144~45쪽 참조.

17 Bart Ehrman, *Peter, Paul & Mary Magdalene: The Followers of Jesus in History and Legend*, Oxford University Press, 2006, p. 25.

인물 가운데 최후의 승자는 바울이 되었다. "말은 사라지고 글은 남는 법이다."

주요 제자

12제자 가운데 4복음서와 「사도행전」을 통해 행적 확인이 가능한 자들이 있으니 먼저 그것을 살펴보자. 12제자 가운데 예수의 핵심 제자는 베드로와 요한, 그리고 요한의 형제 야고보였다. 이들은 오랫동안 예수와 친밀한 관계를 맺었으며, 누구보다도 예수의 사랑을 많이 받았다. 특히 베드로와 요한이 두드러졌다.

베드로는 수제자로서 늘 예수를 동행했고 그로부터 천국의 열쇠를 받았다. 예수는 "너는 베드로이다. 내가 이 반석(베드로의 뜻) 위에 내 교회를 세울 터인즉 지옥의 문이 그것을 누르지 못할 것이다. 또 나는 너에게 하늘나라의 열쇠들을 주겠다. 네가 무엇이든지 땅에서 매면 하늘에서도 매일 것이며 땅에서 풀면 하늘에서도 풀릴 것이다"라고 말하면서 그가 제자들 가운데 으뜸임을 천명했다. 또한 베드로는 최초의 교회인 예루살렘 교회의 설립 및 운영을 주도했고 아시아 일대에 폭넓게 선교 활동을 펼쳤다. 초기 기독교의 전승에 따르면, 그는 아시아 선교를 마치고 로마로 가서 복음을 전파하다가 네로(Nero)의 박해 때 십자가에 거꾸로 매달려 죽었다.

제베대오의 아들들인 야고보와 요한은 예수로부터 큰 사랑을 받았다. 그들은 예수에게 자신들에게 예수의 오른쪽 자리와 왼쪽 자리를 달라고 요구했는데,[18] 이는 그들이 예수의 제자단에서 우월적인 지위를 차지하고 있었음을 의미한다. 특히 요한은 '예수가 사랑하는 제자'라고 불렸고 최후

---

18 「마르코 복음서」 10:35-37.

의 만찬 때 예수에게 기대어 누워 있었다. 또한 예수는 십자가에서 죽기 직전에 어머니 마리아를 요한에게 부탁했다.[19] 요한 형제는 예수의 생전에는 물론이거니와 예수가 승천한 이후에도 중요한 역할을 수행했다. 그들은 예루살렘 교회의 수립에 참여했고 그 교회의 최고 지도자로 활동했다. 요한은 예루살렘 교회의 '세 기둥' 가운데 한 명이었으며, 그의 형제 야고보는 유대인이 기독교도들을 박해할 때 기독교 신자 가운데서 두 번째로 순교했다.

이들 세 명은 예수의 제자들 가운데 삼총사를 구성했다. 그들은 공생애 기간 늘 예수를 동행했으며, 예수 인생의 중요 장면들에서 중요한 역할을 수행했다. 가령 그들은 예수가 변화산에서 하얀 옷을 입은 천사로 변했을 때, 그리고 예수가 겟세마니 동산에서 기도할 때 예수와 함께했다.

시몬 베드로의 동생인 안드레아는 예수의 제자 가운데 네 명을 꼽으라면 들어갈 수 있는 인물이다. 복음서들의 제자 명단에서 그는 늘 베드로 다음에 소개되고 있다. 「요한 복음서」에 따르면, 원래 세례 요한의 제자였다가 예수의 제자가 되어 베드로에게 예수를 소개했다. 이후 「요한 복음서」에서 두 차례 등장하기는 하지만 자세한 행적은 거의 전하지 않는다.

나머지 제자들 가운데 눈에 띄는 사람은 필립보와 의심 많은 토마스, 그리고 예수를 판 유다 이스카리옷이다. 필립보는 갈릴래아의 베사이다 (Bethsaida) 출신으로 일찍 예수의 제자가 되어 그리스도에 관해 나타나엘에게 이야기했다.[20] 그는 「요한 복음서」에서 예수의 주요 제자로 여러 대목에서 대화를 이끈다. 가령 예수께서 오병이어(五餠二魚)의 기적을 일으킬 때, "이 사람들에게 빵을 조금씩이라도 먹이자면 2백 데나리우스 어치를 사온다 해도 모자라겠습니다"라고 말했다. 또한 예수에게 "주님, 저희에게 (하느님) 아버지를 뵙게 해주시면 더 바랄 것이 없겠습니다"라고 요청

---

19 이 주장이 「요한 복음서」에만 나오기 때문에 완전히 믿을 수 있는 것은 아니다.
20 「요한 복음서」 1:45.

했다. 예수는 이에 대해 "필립보야, 들어라. 내가 이토록 오랫동안 너희와 같이 지냈는데도 너는 나를 모른다는 말이냐? 나를 보았으면 곧 아버지를 본 것이다. 그런데도 아버지를 뵙게 해달라니 무슨 말이냐?"[21]라고 답했다. 예루살렘 교회 수립 이후의 필립보 행적은 알려져 있지 않다. 초대 교회의 전승에 의하면, 필립보는 아시아의 프뤼기아 지방에서 선교하다가 히에라폴리스라는 도시에 정착해 그곳에서 순교했다.[22]

토마스는 예수의 제자들이 부활한 예수를 보았다고 말했을 때, "나는 내 눈으로 그분의 손에 있는 못 자국을 보고 내 손가락을 그 못 자국에 넣어보고 또 내 손을 그분의 옆구리에 넣어보지 않고는 결코 믿지 못하겠소"[23]라고 말한 것으로 유명하다. 이 말 때문에 토마스는 '의심 많은 제자'라고 알려져 있다. 르네상스 시대의 화가 카라바조(Caravaggio)가 그린 「의심하는 토마스」에서 토마스는 예수의 못 자국에 손을 직접 넣어보고 있다. 그러나 일반적으로 생각하는 것과 달리 이때 토마스가 예수의 상처에 정말 손을 넣었던 것은 아니다. 오히려 토마스는 예수가 말을 끝내자마자 의심을 버리고 "나의 주님, 나의 하느님"이라고 말하면서 예수를 믿었다.[24]

「요한 복음서」에 토마스에 대한 흥미로운 기사가 나온다. 예루살렘 동쪽 외곽에 있는 베타니라는 마을에 살았던 마리아와 마르타의 오빠 나자로가 죽었을 때의 일이다. 예수는 얼마 전에 예루살렘에서 유대인과 논

---

21 「요한 복음서」 6:7, 14:8-9.
22 Jay Still, *The New Testament Historical Enrichment Book*, WestBow, 2014, p. 95.
23 이 설화는 4복음서 가운데 「요한 복음서」에만 나온다. 「요한 복음서」는 다른 복음서에 비하면 토마스의 일생을 극적으로 강조하는 경향을 보인다. 「요한 복음서」가 '의심하는 토마스' 설화를 기록한 것은 아마도 당시 성행했던 그노시스파를 공격하기 위해서였던 것 같다. 이 파는 '토마스 복음'을 신봉했는데, 「토마스 복음서」는 예수가 영적인 존재이기에 살을 가진 인간으로 부활하지 않았다고 주장했다. 이에 대해서는 Alan F. Segal, *Life after Death: A History of the Afterlife in Western Religion*, Doubleday, 1989, pp. 468~69 참조.
24 「요한 복음서」 20:28.

쟁을 벌였는데, 유대인들이 그를 돌로 쳐 죽이려고 했기에 잠시 다른 곳에 가 있었다. 그때 나자로가 큰 병에 걸려 죽게 되었다는 소식이 들려왔다. 예수는 속히 가서 나자로를 고쳐주려 했다. 그때 제자들은 "선생님, 얼마 전만 해도 유대인들이 선생님을 돌로 치려고 했는데 그곳으로 다시 가시겠습니까?"라고 말했다. 그러나 토마스는 용감하게도 "우리도 주와 함께 죽으러 가자"라고 말했다.[25]

이렇게 충성심이 강한 제자인 토마스를 예수가 사랑하지 않았을 리 없다. 사실 현재 성경의 범주에서는, 다시 말해 정통 기독교의 범주에서는 토마스는 매우 미미한 존재이다. 그러나 이를 벗어나 외경을 살펴보면 토마스는 놀라울 정도로 높은 위상을 갖고 있었다. 토마스가 쓴 것으로 이야기되는 「토마스 복음서」는 현재 정경으로 인정받지는 못했지만, 1~2세기에는 많은 기독교 신자가 권위 있는 문서라고 인정했다. 그런데 「토마스 복음서」에 따르면, 토마스는 예수의 쌍둥이 형제였으며, 예수가 제자들에게 자기가 누구냐고 물었을 때 올바른 대답을 한 자는 베드로가 아니라 토마스였다. 따라서 토마스는 베드로보다 제자들 가운데 뛰어났다. 예수는 그를 특별히 사랑해 다른 누구에게도 알려주지 않은 비밀 계시를 주었다.[26]

복음서에서 활동 내용이 비교적 자세하게 전하는 또 다른 제자는 유다 이스카리옷이다. 그가 예수를 판 배반자라는 것은 너무나 잘 알려진 일이다. 그런데 유다 이스카리옷이 예수를 판 이유는 명확하지 않다. 성경은 그가 돈에 눈이 멀어 예수를 팔았다고 전하지만,[27] 그가 받은 돈이 고작 은화 30냥이라니 이해할 수 없다. 은화 30냥은 일반 노동자의 4개월

---

25 「요한 복음서」 10~11장.
26 Jeffrey J. Bütz, *The Brother of Jesus and the Lost Teachings of Christianity*, Inner Traditions, 2005, pp. 124~25.
27 「마태오 복음서」 26:14.

치 봉급에 지나지 않는 금액이다. 그리고 돈에 눈이 멀었던 자가 막상 돈을 얻고 나서는 그 돈을 써보지도 않고 자살했다니 더욱 이상하다. 더욱이 그는 예수를 추종하는 무리의 돈주머니를 관리하고 있었으므로 정말 돈이 목적이었다면 돈주머니에서 슬쩍하는 것이 더 빨랐을 것이다. 아마 그는 예수와 노선 대립을 겪었고 예수가 그의 의견을 받아들여주지 않자, 어떤 갈등을 느껴 대제사장들에게 예수를 넘겼던 것 같다. 다시 말해 그는 예수가 정치적 메시아로 민중을 선동해 로마에 대항하는 반란을 일으킬 줄 알았는데, 그의 기대와는 달리 예수가 적극적으로 로마에 맞서지 않았던 것 같다.

이때 유다는 예수가 제사장들 앞에 끌려가 죽게 된다면 살기 위해 반란을 선동할 가능성이 있고, 그렇지 않다고 해도 예수가 로마인의 손에 죽으면 민중이 그를 애도하면서 반란을 일으킬지도 모른다고 생각했던 것 같다. 그러나 모든 것이 유다 이스카리옷의 생각대로 진행되지 않았다. 예수는 별다른 저항을 하지 않고 십자가에서 죽었고 민중도 예수를 애도해 반란을 일으키지 않았다. 결국 스승을 헛되이 판 셈이 되었기에 유다 이스카리옷은 양심의 가책을 느끼고 자살했다.

많은 학자가 유다 이스카리옷에 대해 이렇게 추론하고 있는데, '괴이한' 추측을 더 진행해 볼 수도 있다. 만약 유다 이스카리옷이 예수를 팔지 않았다면, 예수는 십자가에 못 박혀 죽지 않았을 것이다. 그랬다면 십자가의 죽음이라는 역사적인 사건이 발생하지도 않았을 것이며, 예수의 보혈로 모든 사람이 죄를 사면받는 일도 일어나지 않았을 것이다. 그렇다면 기독교 신자들은 유다 이스카리옷을 미워하고 저주할 것이 아니라 그의 공로를 인정해주어야 할 것이다.

결국 그는 악역을 담당할 운명을 타고 태어났다. 그렇다면 누가 그에게 돌을 던질 수 있을까? 더욱이 예수는 유다가 자신을 팔 마음을 먹고 있다는 것을 알고는 그 행위가 사악한 것임을 깨우쳐준 것이 아니라 "네가 할 일을 어서 하라"라고 말했다. 그리고 유다 이스카리옷을 "태어나지 않았으면 좋았을 사람이다"라고 저주했다. 이는 참으로 이상한 일이다. 예수는 유다가 잘못된 행동을 하고 있다고 한 번도 제지하지 않았다. 제자가 사악한 길을 가는데 막지 않은 것은 스승의 도리라고 할 수 없다. "꺼져가는 불도 살리시고 상한 갈대도 꺾지 않으시는 이(하느님)"가 유다 이스카리옷을 왜 불쌍히 여기지 않으셨을까? 하긴 예수를 모든 것을 용서하고 품어주는 분으로만 생각해서는 안 된다. 그는 위선적인 바리사이파에게, 그리고 자신을 믿어주지 않는 코라진과 베사이다 사람들에게 저주를 퍼붓지 않았던가.

그런데 최근 이 유다에 대해 매우 흥미로운 기록이 발견되었다 1978년 이집트 중부에서 차코스 코덱스(Codex Tchacos)가 발견되었는데, 거기에 이른바 「유다 복음서」가 포함되어 있었다. 리옹의 이레나이우스라는 교부가 180년경에 이 복음서의 존재를 언급했기 때문에 이 문서는 후대에 조작된 것이 아니며 늦어도 2세기 중엽 이집트의 기독교 신자들이 작성한 것 같다. 그런데 이 문서에 따르면, 예수의 수제자는 베드로가 아니라 유다였다. 다른 제자들은 아둔해 예수의 진면모를 알아보지 못했고 오직 유다만이 예수가 신의 세계에서 오신 신의 아들이라는 것을 고백했다. 이에 예수는 다른 제자들은 이해하지 못하는 '왕국의 비밀'을 유다에게 가르쳐주었다.

그리고 예수는 유다가 자기를 배신하는 행위에 대해 매우 놀라운 해석을 제시했다. 예수는 자신의 육신이 자신을 감싸고 있는 옷과 같은 것이고 그것을 희생함으로써만 진정한 영적 자아에 도달할 수 있다고 생각했는데, 유다가 자신을 도와 자신의 육신을 희생해 진정한 자아를 찾는 일을 도와줄 것이라고 주장했다. 따라서 「유다 복음서」에 따르면, 유다의 행위는 예수를 돕기 위한 것이었고 궁극적으로는 하느님의 뜻을 실행하기 위한 것이었다.[28] 물론 「유다 복음서」의 이런 주장은 정통 기독교가 아니라 후대에 이단으로 판정받은 영지주의자들이 유다의 사역을 설명하기 위해 제시한 것이다. 따라서 유다가 정말 예수의 영을 해방하기 위해 그를 죽였다고 단정할 수는 없다.

지금까지 복음서와 「사도행전」에 행적이 전하는 사도들의 면모를 살펴보았다. 이들을 제외하면 다른 제자들은 오직 이름만 전해질 뿐이다. 다시 말해 알패오의 아들 야고보, 타대오, 바르톨로메오, 열심당원 시몬, 마태오는 오직 이름만 전할 뿐, 어떤 행동을 했다는 기록이 없다. 예수가 3년이나 그들을 대동하고 다녔고 예수 사후에도 상당 기간 12제자가 활동했을 터인데, 그들의 행적은 왜 하나도 전해지지 않은 것일까? 더욱이 '뛰어난 업적'을 남겼다고 이야기되는 제자들의 행동에도 이해할 수 없는 측면이 많다. 과연 제자들이 얼마나 예수에 대해 알고 있었는지 계속 살펴보자.

제자들은 예수가 누구인지 몰랐다

예수는 살아 있는 하느님이지만 인간을 구원하기 위해 잠시 인간이 되어 지상에 왔다. 다시 말해 기독교의 교리에 의하면, 예수는 곧 하느님이고 완전한 신이자 완전한 인간이다. 그 신이 선택한 제자들 또한 '사도'라고 불리면서 당시는 물론 지금까지도 수많은 사람의 존경과 기념의 대상이 되고 있다. 세계 여러 곳의 나라와 도시들 혹은 여러 단체가 그들을 수호성인으로 기념하고 있으며, 수많은 서구인이 그들의 이름을 자신의 이름으로 삼고 있다. 제자들의 이런 찬란한 면모를 생각하노라면 '청출어람'(青出於藍)이라는 격언이 생각날 지경이다.

그런데 예수 제자들이 과연 이런 찬양과 존경을 받을 만한 가치가 있는 사람들일까? 그들의 행적을 보면 전혀 그렇지 않다. 앞에서 설명했듯이 그들은 대부분 갈릴래아 출신의 어부나 보잘것없는 시골뜨기였다. 예

---

28 로돌프 카세르 외, 김환영 외 옮김, 『예수와 유다의 밀약: 유다복음서』, YBM SISA, 2006.

수의 수제자라고 추앙받는 베드로와 예수의 애제자였던 요한조차도 "본래 배운 것이 없는 천한 사람이었다."[29] 물론 "본래 배운 것이 없는 천한 사람"도 세상에서 가장 훌륭한 스승인 예수에게 직접 배웠다면 뛰어난 사람이 될 수 있으니, 그들의 출신이나 빈부를 따지는 것은 어리석은 일이다.

그렇지만 출신이나 빈부를 따지지 않고 그들의 행적만 살펴보아도 기이한 측면이 많다. 성경에 따르면, 12제자의 선발은 제자들의 능력이나 덕성에 대한 평가가 아니라 순전히 예수의 판단에 의해 이루어졌다. 예수는 갈릴래아에서 고기를 잡고 있던 베드로, 그의 형제 안드레아, 야고보, 그의 동생 요한, 그리고 세관에서 일하고 있던 마태오(혹은 레위)에게 먼저 말을 걸어 하던 일을 그만두고 자신을 따르라고 말했다. 그들은 모두 즉각 하던 일을 멈추고 예수를 따랐다. 예수는 12명의 제자를 모은 후에 그들을 특별한 제자로 임명하면서 자기의 말을 세상에 전하게 했고 마귀를 쫓을 권한도 주었다.[30] 따라서 12제자는 살아 계신 하느님에 의해 직접 뽑혔고 그의 말씀을 배울 기회를 받았다. 아울러 기적을 행할 권능까지 받은 특출한 사람들이다. 그리하여 제자들은 예수의 말씀을 전하고 많은 기적도 행했다.[31] 사람이 하느님의 능력을 받아 기적을 행하는 체험을 한다는 것은 정말 드물고 귀한 일이다.

그런데 이후에 예수의 제자들은 정말 이해할 수 없는 이상한 방식으로 행동하기 시작한다. 먼저 그들은 예수의 가르침을 직접 배웠고 예수가 기적을 행하는 것을 수없이 보았음에도 불구하고 예수가 누구인지 몰랐다. 어느 날 저녁, 제자들은 예수와 함께 호수를 건너게 되었는데 마침 거센 바람이 일어 배가 전복될 위기에 처했다. 그런데도 예수가 깊은 잠에 들

---

29 「사도행전」 4:13.
30 「마르코 복음서」 3:13-19.
31 「루카 복음서」 9:1-6.

어 있자 제자들은 황급히 그를 깨웠고 잠에서 깨어난 예수는 "고요하고 잠잠해져라!"라고 명령해 파도를 잠재웠다. 그러고 나서 예수는 "왜 그렇게들 겁이 많으냐? 아직도 믿음이 없느냐?"라고 제자들을 책망했다. 그런데 예수의 행동을 보고 제자들은 두려움에 사로잡혀 "도대체 이분이 누구인데 바람과 바다까지 복종할까?"라고 말하면서 서로 수군거렸다.[32] 이 문장은 글자 그대로 예수의 제자들이 그를 열심히 쫓아다녔지만 그 정체에 대해서는 전혀 몰랐음을 의미한다.

예수의 제자들이 예수의 참모습을 몰랐다는 것을 다른 이야기에서도 확인된다. 예수는 그의 공적 생활을 시작한 지 한참 후에 카이사리아 지방에서 제자들에게 사람들이 자신을 누구라고 하는지 물었다. 제자들은 "어떤 사람은 세례 요한, 어떤 사람은 엘리야 또는 예레미야나 예언자 가운데 한 명"이라고 한다고 대답했다. 그러자 예수는 다시 그러면 너희는 나를 누구라고 생각하느냐고 물었다. 이때 베드로가 "선생님은 살아 계신 하느님의 아들 그리스도이십니다"라고 대답했다. 예수는 이 말을 듣고 베드로를 크게 칭찬하고 그를 교회의 반석으로 삼았다. 이 때문에 베드로는 예수의 수제자라는 칭호를 얻었으며, 이후에도 사도 가운데 으뜸권을 주장했다. 그런데 이 기사에는 심각한 문제가 담겨 있다. 이 기사를 사실 그대로 믿으면 베드로를 제외한 다른 제자들은 예수의 정체를 몰랐다는 의미가 된다.[33] 그들은 그렇게 눈뜬봉사로 3년이나 예수를 따라다녔다.[34]

---

32 「마르코 복음서」 4:40-41.
33 그러나 사실은 좀더 복잡한데, 현재 정경에 포함되지 못해 일반적으로 외경으로 분류되는 책들에서 이 대답을 한 사람은 토마스와 막달라 마리아 등 여러 명이기 때문이다.
34 이렇게 예수를 제대로 아는 제자가 없었다는 사실은 실제로 선택된 소수의 핵심 제자 집단이 없었을 가능성을 암시한다. 예수가 직접 선택했고 3년이나 가르친 핵심 제자들이 그의 가르침을 모른다는 것은 어불성설이기 때문이다. 핵심 제자단이 있었다는 생각은 후대의 기독교 신자들이 벌였던 정통성 투쟁의 결과일 수 있다. 즉 후대의 기독교 신자들 가운데 자신들이 예수의 핵심 제자의 후계자라고 주

제자들의 배반

예수의 제자들은 3년이라는 꽤 긴 세월을 예수와 함께 보냈으면서도 예수를 '참스승'으로 모시지 않았던 것 같다. 특히 예수의 사랑을 많이 받았던 제자 가운데 한 명이었던 유다 이스카리옷은 기어코 그를 배반하기까지 했다. 유다가 예수를 배반했다는 이야기는 너무나 잘 알려져 있기에 더 이야기하지 않겠지만, 과연 배반자가 유다 한 명이었을까? 일반적으로 이렇게 이야기되지만, 엄밀히 말하자면 예수의 모든 제자가 배반자이다.

예수가 생애 말기에 유대 지도자들에 의해 공격을 받아 죽음에 이르게 되는데, 그때의 상황을 자세히 살펴보자. 예수는 자신이 유대인의 보수적인 신앙을 정면으로 공격했기에 죽음을 피할 수 없다는 것을 실감하고는 자신이 머지않아 죽을 것이라고 수차례에 걸쳐 제자들에게 이야기했다. 예수가 잡혀가기 전날 "오늘 밤 너희는 다 나를 버릴 것이다"라고 말했는데, 과연 그의 말대로 대제사장의 수하들이 와서 그를 잡아가자 제자들은 예수를 버리고 모두 도망갔다.[35]

그래도 예수의 수제자였던 베드로는 용기를 냈다. 베드로는 "비록 모든 사람이 주님을 버릴지라도 저는 결코 주님을 버리지 않겠습니다"라고 말했으며, 멀리서 잡혀가는 예수의 뒤를 밟았다. 그러나 그의 용기는 오래가지 못했다. 대제사장의 수하들이 베드로를 보고 너도 예수와 한패냐고 물었을 때, 베드로는 세 번이나[36] 그것도 저주하고 맹세하면서 "자신은 예

장하는 사람들이 생겨났고 그들이 핵심 제자단, 즉 12제자를 만들어냈을 가능성도 있다. 이에 대해서는 Burton Mack, *The Christian Myth: Origins, Logic, and Legacy*, Continuum, 2001, p. 102 참조.

35 「마태오 복음서」 26:56.
36 베드로가 예수를 세 번 부인했다는 이야기는 역사적 사실을 그대로 전하는 것이 아닐 것이다. 실제로 베드로가 예수를 한 번 부인했는지, 아니면 그냥 예수가 잡힌 직후에 도망가버렸는지는 알 수 없다. 그럼에도 불구하고 복음서의 저자들이 '세 번'이라고 말했던 것은 그들이 '3'이라는 숫자가 특별한 의미를 갖고 있다고 생각

수와 아무런 상관도 없으며 예수를 알지도 못한다"라고 말했다. 이렇게 예수의 수제자 베드로는 자신의 스승이 위기에 처했을 때, 자신의 목숨을 연명하기 위해 스승을 저주하며 배반했다.[37]

스승이 잡혀갈 때 모두 도망가 버리고 사람들 앞에서 그를 모른다고 맹세한 것이 '배반'이 아니라면 무엇인가? 제자들이 예수를 정말 '배반'했다는 사실은 예수가 세상을 떠나고 난 후에 명확해진다. 그들은 3년이나 예수를 따라다니면서 그로부터 가르침을 받았지만, 그가 십자가에 매달려 죽자 자신들이 배운 것을 완전히 잊어버린다. 아무도 죽은 스승의 유지를 받들어 무엇을 해야 할지 고민하지 않았다. 심지어 예수의 시신을 수습한 제자도 하나 없었다.

그들이 한 일은 고향 갈릴래아로 돌아가 한동안 숨어 지내다가 로마군이 그들을 체포하러 오지 않은 것을 확인하고는 다시 물고기를 낚는 것이 전부였다. 어떻게 이런 일이 일어날 수 있단 말인가? 신의 아들, 아니 살아 있는 하느님이었던 예수가 선택한 제자들이었는데, 그들 가운데 누구도 예수의 죽음을 애도하지도 않고, 그의 가르침을 계승하지도 않고, 다시 물고기 잡는 생업에 매달리다니. 결국 예수의 모든 제자는 예수를 파는 일에 동참하지는 않았지만 예수를 철저히 '배반'했다.[38] 다른 제자들은

했기 때문이다. 이에 대해서는 유태엽, 『마태오의 신학』, 감리교신학대학교출판부, 2008, 126쪽 참조.

37 베드로와 예수의 제자들이 예수를 배반했다는 것은 역사적 사실일 것이다. 초대교회의 신자들은 베드로와 제자들을 '사도'라고 부르면서 그들의 권위를 높이려 했다. 이런 의도를 갖고 있던 자들이 베드로와 제자들의 권위를 깎아내릴 수 있는 '배반' 행위를 의도적으로 창작하지는 않았을 것이다. 이에 대해서는 예수 그리스도, 김윤희 옮김, 『예수 가스펠』, 프레시안북, 2009, 25쪽 참조.

38 John P. Meier, "The Circle of the Twelve: Did It Exist during Jesus' Public Ministry?", *Journal of Biblical Literature* 116-4, 1997, pp. 657~58은 흥미로운 가설을 제시하고 있다. 이 논문에 따르면, 12제자는 예수의 공생애 기간에 활동하고 있었는데, 예수가 죽은 후에 급격하게 그들의 위상을 상실했다. 이 논문의 저자는 그 이유를 설명하고 있지는 않다. 그의 주장대로 12제자가 실재했다면, 제자들

몰라도 베드로는 자기 입으로 예수가 살아 계신 하느님의 아들이라고 했는데, 베드로가 진심으로 그 말을 했다면 이렇게 행동하지는 않았을 것이다.[39]

제자들의 배반에 대해 다소 기이한 해명이 있다. 예수를 절대적으로 숭고한 인물로 숭앙하는 사람들은 예수가 너무나 뛰어난 주장과 평범한 인간으로서는 받아들일 수 없는 가르침을 펼쳤기 때문에 제자들이 제대로 이해하지 못했다고 주장한다. 이 주장은 제자들을 한없이 형편없는 인물로 낮춤으로써 예수를 보호하고 있다. 그러나 바로 그렇게 형편없는 사람들을 제자로 삼고 3년이나 가르친 사람이 예수이다. 예수와 제자들이 3년이나 동고동락했기에 제자들의 생각이나 잘못은 예수에게서 유래했다고 보는 것이 옳다. 만약 정말로 제자들과 예수가 서로 지향이 달랐다면, 예수가 최후를 맞기 이전에 제자들 가운데 많은 사람이 예수를 떠났어야 했다.

예수 부활 이후 12제자

죽을 위기에 처했을 때 모든 제자가 자신을 버렸지만 예수는 그 무한한 사랑으로 제자들을 모두 용서했다. 심지어 자기를 모른다고 저주했던 베드로까지 용서했다. 부활 후에 제자들에게 나타나 다시 가르침을 준 것이다. 부활한 예수를 만난 제자들의 삶은 극적으로 바뀌었다. 예전의 우유부단함과 인간적인 약점은 완전히 사라지고 신앙 속에서 담대한 사람들이 되었다. 따라서 복음서에 묘사된 제자들의 모습과 「사도행전」에 묘사

은 대부분 예수가 죽은 후에 그를 배반했거나 그의 대의에 동의하지 않았기 때문이라고 추론해볼 수 있다.
39 베드로는 자신의 고백이 무슨 의미인지 제대로 몰랐다. 이에 대해서는 레이먼드 브라운, 김광식 옮김, 『신약성서 그리스도론 입문』, 분도출판사, 1999, 26쪽 참조.

된 모습은 너무나 다르다.⁴⁰

예수는 승천하면서 두 가지를 약속했다. 하나는 구름을 타고 올라가는 대로 곧 다시 구름을 타고 내려온다는 것이었고, 다른 하나는 자기 대신에 신자들을 이끌어줄 성령을 내려준다는 것이었다. 예수의 제자들은 이 성령을 기다리기 위해 예루살렘에 있는 마르코의 다락방에 모였다. 그런데 예수의 제자들은 왜 군이 예루살렘으로 갔을까? 얼른 생각해보면 초대교회를 수립하는 장소로는 예루살렘보다 갈릴래아가 훨씬 더 적절해 보인다. 예루살렘은 귀족들과 대사제들이 장악하고 있었고 그들은 예수를 못 박아 죽였다. 스승 예수가 죽은 지 얼마 되지 않았기에 그들이 예수의 잔당을 찾아 박해할 수도 있는 일이었다. 반면에 갈릴래아는 그들의 고향이자 무엇보다도 예수가 직접 기적을 행한 것을 본 수많은 사람이 살고 있었다. 따라서 새로운 종교를 만들고 키우고자 한다면 당연히 갈릴래아를 선택하는 것이 좋았다.

그러나 제자들은 예루살렘을 택했다. 이것은 그들이 모두 종말론을 믿고 있었으며, 종말이 너무나 임박했다고, 다시 말해 예수가 승리 가운데서 재림해 세상의 모든 불의를 없애줄 날이 너무나 가깝다고 믿었기 때문이다. 그들은 예수가 재림해 새로운 세상을 연다면 그 출발점은 당연히 예루살렘이 될 것이라고 생각했다.⁴¹ 예루살렘 제자들의 종말에 대한 열망은 너무나 강렬했다. 그들은 모두 현대적 표현을 빌리자면 시한부 종말론자였다. 그들은 재산을 모두 팔아치우고 날마다 기도하면서 예수의 재림을 기다렸다. 몇몇 신자는 자신들이 죽기 전에 종말이 올 것이라는 막연한 기대에 만족하지 못하고 좀더 구체적이고 확실한 날짜를 알기를 원

---

40 Jack J. Gibson, *Peter Between Jerusalem and Antioch: Peter, James, and the Gentiles*, Mohr Siebeck, 2013, p. 140.

41 J. Dominic Crossan·Jonathan L. Reed, *In Serach of Paul: How Jesus's Apostle opposed Rome's Empire with God's Kingdom*, Harper San Francisco, 2004, p. 218.

했다. 따라서 여러 사람이 그날을 제시했는데, 그런 날짜를 제시했던 대부분의 사람은 묵시 문학의 영향을 받았다.

이런 믿음 속에서 예루살렘에 모인 제자들은 성령을 받았고 이후에 예루살렘 교회를 만들었다. 그런데 사도 바울에 따르면, 이 예루살렘 교회에는 세 기둥이 있었다. 주의 형제 야고보와 베드로와 요한이 그들이다. 사도 바울은 세 기둥을 거론하면서 야고보, 베드로, 요한의 순서로 말했다.[42] 세 사람의 이름을 권위의 순서대로 제시했다고 하면, 야고보는 베드로보다 권위가 높다. 그런데 이 야고보는 12제자 가운데 한 명이 아니라 예수의 형제 야고보이다. 결국 예수의 12제자 가운데 오직 베드로와 요한만이 예루살렘 교회에서 핵심적인 역할을 하고 있었다.[43]

특히 베드로가 초기 예루살렘 교회에서 중요한 역할을 했다. 그는 유대인들을 상대로 예수의 복음을 전했으며, 교회 내에서 기강이 해이해진 사람을 징벌하기도 했다. 베드로가 유대인들을 상대로 설교한 주요 내용은 예수가 메시아이고 죽었다가 부활했으며 다시 심판하러 온다는 것이었다. 베드로가 이런 설교를 하고 다니자 대제사장을 비롯한 유대인들은 베드로와 요한을 잡아 심문했으나 그냥 풀어주었다. 베드로와 요한에게서 특별히 잘못된 것을 찾을 수 없었기 때문이었다. 베드로와 요한은 신실한 유대인으로서 율법을 지켰고 성전 예배에도 참가했다. 그들이 여느 유대인과 달랐던 유일한 점은 예수가 메시아라고 주장하는 것이었다. 그런데 당시 스스로 메시아를 칭하는 자들과 그들을 따르는 무리가 여럿 있었다. 유대 지도자들은 이들이 특별히 문제를 일으키지 않는다면 관용으로 대했다. 따라서 유대 지도자들은 베드로와 요한을 비롯한 예수의 제자들이 정치적으로 위험한 행동을 하지 않는 한 묵인했다.

---

42 「갈라티아 신자들에게 보낸 서간」 2:9.
43 레이문트 콧체·베른트 묄러 편, 이신건 옮김, 『고대교회와 동방교회』, 한국신학연구소, 1995, 59쪽.

그러나 베드로와 요한을 비롯한 12제자가 유대인 지도자들과 좋은 관계를 계속 유지할 수는 없었다. 예루살렘 교회의 규모가 점점 더 커졌기 때문이다. 예루살렘 교회는 설립 초기에 신자가 100여 명밖에 되지 않았지만 많은 유대인이 예루살렘 교회에 합류하면서 신자 수가 수백 명 이상으로 늘어났다. 예루살렘 교회의 신자 수가 늘어나는 현상을 학자들은 '예루살렘의 봄'이라고 부른다. 유대 지도자들은 예루살렘 교회의 규모가 점점 커갈 뿐만 아니라 예수가 메시아라고 계속 주장하자 예루살렘 교회에 대해 점점 의구심을 갖게 되었다. 메시아를 자처하는 자들이 여럿 있었고 테우다스나 유다처럼 몇몇 사람은 많은 추종자를 얻기도 했다. 그러나 이런 메시아 운동은 모두 단명했다. 메시아를 따르던 무리는 그들이 메시아라고 믿는 인물이 죽고 나면 이내 흩어져버렸다.[44] 그런데 예수의 무리는 예수가 죽은 후 10년이 넘도록 소멸하지 않고 갈수록 규모가 커졌다. 로마제국이 지배하고 있는 상황에서 누군가 메시아라고 주장하면서 단체를 결성하는 일은 정치적으로 위험한 일이었다.

유대 지도자들은 예루살렘 교회가 소요를 일으키지 않을까 혹은 로마가 예루살렘 교회를 해체하려고 시도하면서 다른 유대인들도 반란자로 처벌하지 않을까 걱정했다. 유대 지도자들이 이렇게 걱정하자, 42년경에 헤로데 아그리파 1세가 유대인 지도자들을 기쁘게 해주기 위해 요한의 형제인 야고보를 죽였다. 그리고 베드로를 다시 잡아들였다. 베드로는 우여곡절 끝에 감옥에서 풀려났지만 그 순간 12제자가 기독교를 주도하던 시대는 끝났다. 베드로가 주의 형제 야고보에게 자신이 풀려났다는 소식을 전한 후에 예루살렘을 떠났으며, 요한 역시 형의 주검을 뒤로하고는 아시아로 떠났기 때문이다.

이후 예수의 수제자 베드로와 그를 추종하던 무리는 예루살렘에서 별

---

44 「사도행전」 5:33-38.

다른 영향력을 행사하지 못했다. 베드로가 약 5년 뒤에 열린 예루살렘 사도회의에 참가해 비중 있는 역할을 하기는 했지만 그래도 예루살렘 교회의 수장은 주의 형제 야고보였다. 베드로는 그의 권위 앞에 무릎을 꿇었다. 안티오키아 교회에서 발생했던 '안티오키아 사건'은 이 사실을 잘 보여준다. 안티오키아 교회는 최초의 이방인 교회였고 예루살렘 교회 다음으로 초대교회의 중심지였다. 50년경 베드로는 이 교회에 들러 바르나바와 바울을 비롯한 안티오키아 교회의 신자들과 식사를 하고 있었다. 그들이 한참 식사를 하고 있을 때, '주의 형제 야고보가 보낸 사람들'이 온다는 소식이 들려왔다. 그러자 베드로는 서둘러 식사를 중단하면서 흩어지자고 말했는데, 바르나바를 비롯한 다른 유대인 출신 신자들이 베드로의 말에 동의했다.

이 모습을 보고 바울이 베드로에게 "당신은 위선자입니다"라고 큰 소리로 고함을 치며 비판했다.[45] 이를 '안티오키아 사건'이라고 부른다. 이때 베드로가 황급히 식사 자리를 떠났던 것은 그가 안티오키아 교회의 신자들과 식사하면서 유대교의 율법을 지키지 않았기 때문이다. 이때 베드로가 율법을 지키지 않았다는 것은 "당신은 유대이면서 유대인처럼 살지 않았습니다"라는 바울의 항의에서 명확히 드러난다. 베드로는 자신이 율법을 어겼다는 사실이 주의 형제 야고보에게 보고된다면 심한 문책을 당할 것이 두려웠다. 이 이야기에서 명확한 것은 주의 형제 야고보가 가장 권위가 높은 사람이고 베드로도 그의 지도를 받았다는 것이다.

---

45 바울이 베드로에 대해 일종의 경쟁심을 가지고 있었기에 이때 공격의 강도가 거셌을 수도 있다. 바울이 베드로에 대해 경쟁 의식을 가지고 있었다는 것은 그가 베드로를 케파라고 부르면서 은근히 낮추어 본 데서도 알 수 있다. 이에 대해서는 김철해, 「사도 바울과 사도 베드로가 서로에게 미친 영향」, 『신약연구』 6-1, 2007, 160쪽 참조.

2~3세기에 작성된 4개의 행전

2~3세기 기독교 신자들은 신약성경이 12제자에 대해 전하는 내용이 너무나 빈약하다는 사실에 매우 당혹했다. 성스러운 사도라고 이야기되는 12제자의 행적이 너무나 빈약하다는 것은 그들의 신앙에 커다란 빈 틈이 있음을 의미할 수 있기 때문이다. 이렇게 생각한 2~3세기 신자들은 사도들의 행적을 '창조'해 내기로 결정했다. 이런 창조 행위에 의해 네 편의 외경이 쓰였는데, 그 제목은 각각 「베드로 행전」, 「요한 행전」, 「안드레아 행전」, 「토마스 행전」이다. 이 행전들이 전하는 사도들의 모습을 살펴보자.

「베드로 행전」에 따르면, 시몬 마구스라는 마술사가 있었다. 그는 마술로 병자를 고치고, 죽은 자를 살리고, 많은 사람이 보는 앞에서 하늘을 날아다니면서 자신이 섬기는 신이 진정한 하느님이지 베드로가 섬기는 신은 최고의 신이 아니라고 주장했다. 베드로는 시몬 마구스의 마술을 격퇴하고 많은 사람이 보는 앞에서 그를 공중에서 떨어뜨림으로써 하느님이 진정한 신이고, 자신이 하느님의 대리자임을 입증했다. 베드로가 시몬 마구스와 마술 대결에서 승리하자, 많은 로마인이 그를 따르기 시작했다.

그 가운데는 지체 높은 사람들의 부인들도 많았다. 이들은 베드로의 가르침에 따라 남편과의 성행위를 거부했다. 로마의 고위 인사들은 아내들이 갑자기 성행위를 거부하면서 이상한 행동을 하자 원인을 찾다가 베드로라는 자의 가르침 때문임을 알게 되었다. 이에 로마 시장이 베드로를 체포해 십자가에 거꾸로 매달아 죽였다. 「베드로 행전」은 두 가지 점에서 이후 사도들의 행전의 기본 모형을 제시했다. 이후 사도들의 행전은 사도들이 베드로처럼 기적을 행하면서 많은 사람을 기독교로 인도했으며, 세상 통치자들의 손에 순교한다는 기본적인 구도를 갖게 되었다.

「요한 행전」은 150~60년경에 쓰였다. 원래는 2,500여 행에 이르는 긴 문서였는데, 현재는 1,700여 행만 남아 있다. 「요한 행전」은 사도 요한의 이름으로 쓰였지만 2세기의 이단이었던 영지주의의 세계관을 뚜렷하게 갖고 있다. 영지주의는 2세기에 큰 세력을 갖고 있던 이단이다. 이들의 주장에 따르면, 최고의 신인 하느님이 물질세계를 창조하지 않으셨기에 지상의 모든 것, 특히 육체는 부정하다. 인간의 영혼은 자신 안에 들어 있는 신적인 본성을 깨달으면 육체를 벗어나 하늘로 올라가 구원받을 수 있다. 물질세계의 창조주인 하급의 신 데미우르고스가 인간이 구원받는 것을 막고 있는 것을 안타깝게 생각한 최고의 신이 그가 거느리고 있던 하급의 신인 그리스도를 지상에 보냈다. 그리스도는 인간이 모르고 있던 비밀스러운 지식(영지)을 계시해주어 인간이 스스로 자신의 원래 정체를 깨달아 구원받을 수 있게 해주었다. 그런데 그리스도가 세상에 올 때, 인간에게 보이기 위해 인간의 육체를 입었다. 그리스도가 인간의 육체를 입은 방법에 대해 영지주의자들의 의견은 다양했다. 그리스도가 인간으로 보이기는 했지만 도깨비처럼 그렇게 보였을 뿐 실제 육체를 가진 것은 아니라고 생각한 사람도 있었고, 그리스도가 예수라는 인간 속으로 들어갔다가 예수가 십자가에 죽을 때 밖으로 나왔다고 생각한 사람도 있었다. 이런 주장을 가현설(假現說)이라고 하는데, 이는 '~처럼 보였을 뿐이다'라는 뜻이다.

「요한 행전」에 가현설이 뚜렷하게 관찰된다. 「요한 행전」에서 예수는 평범한 인간의 육체를 갖고 있지 않았고 십자가에서 죽지도 않았다. 예수는 수시로 여러 모습으로 바뀌었고 심지어 보는 사람마다 모습이 달랐다. 어떤 사람에게는 아이로, 어떤 사람에게는 잘생긴 남자로 보였다. 요한이 보기에 예수는 한 번도 눈을 감지 않았으며, 한 번도 발자국을 남기지 않았다. 요한이 그를 잡으려고 했는데, 그의 몸이 육체를 가지고 있지 않았기 때문에 잡을 수도 없었다. 또한 예수가 십자가에 매달릴 때, 그 안에 계셨던 그리스도는 예수를 떠나 높은 산에서 예수가 십자가에서 죽는 장면을 바라보았다. 이렇게 「요한 행전」은 영지주의의 가현설에 따라 예수를 제시하고 있다.

「요한 행전」은 영지주의 세계관을 띠고 있지만 초대교회 때 매우 인기가 많았다. 라틴어와 시리아어, 아랍어로 번역되었으며, 매우 많이 필사되어 지금도 여러 개의 필사본이 남아 있다.[46] 8세기 말까지 유통되었기 때문에 787년 니케아 공의회가 이 책에 이단적인 성향이 있다며 불태우라고 명령했다. 「요한 행전」이 인기가 높았던 것은 기독교 신자들이 사도들에 대한 이야기를 매우 좋아했기 때문이다. 2세기 이후 기독교 신자들은 비록 후대에 만들어진 것이거나 심지어 이단의 색채가 있는 것이라고 해도 사도들의 행적을 이야기하기를 좋아했다. 사도들이 예수의 권능과 가르침을 이 땅에 계속 전하고 있다고 믿었기 때문이다.

「요한 행전」이 전하는 사도 요한의 행적을 살펴보자. 「요한 행전」에 따르면, 사도 요한은 예수가 살아 있었을 때 단연 최고의 제자였다. 요한은 젊었을 때 결혼하고자 했으나 예수가 세 번이나 말리자, 여자를 쳐다보는 것조차 잘못으로 여겼다. 그는 오로지 예수만을 사랑했고 예수의 품에 안겨 사랑을 받았다. 그는 다른 제자들을 제치고 홀로 가르침을 받곤 했다. 베드로는 물론 그의 형이었던 야고보조차도 요한이 예수의 사랑을 독차지하는 것을 못마땅하게 여겼다. 예수가 세상을 떠난 뒤에 요한은 아시아 일대, 특히 에페소를 중심으로 선교 활동을 펼쳤다. 매우 늙을 때까지 살았는데 너무 늙어 죽을 때가 되었다는 것을 알고서는 제자들에게 구덩이를 파라고 명령했다. 그리고 제자들에게 자기 몸을 단단히 봉하게 한 뒤에 스스로 구덩이에 들어가 죽었다. 이렇게 사도 요한은 다른 사도들과 달리 순교하지 않고 자연사했다. 초대교회의 신자들은 요한이 예수의 제자 가운데 가장 오래 살았다는 전승을 믿었기 때문에 순교했다는 전승을 만들어내지 못했던 것 같다.

「안드레아 행전」은 180~90년경에 작성되었다. 이 행전은 2세기에 작성된 사도들의 행전 가운데 가장 긴데, 안드레아가 소아시아와 그리스 일대

---

46 Pieter J. Lalleman, *The Acts of John: A Two-stage Initiation Into Johannine Gnosticism*, Peeters, 1998, pp. 6~9.

에서 선교 활동을 펼치면서 벌인 행적을 자세하게 전하고 있다. 병 고침과 귀신 쫓아냄을 비롯해 안드레아가 행한 기적을 많이 제시하고 있는데, 특히 신자들이 위기에 처했을 때 그들의 모습이 다른 사람의 눈에 보이지 않게 했다는 기적 이야기가 재미있다. 다른 행전에 비해 안드레아가 행한 연설을 많이 담고 있다. 행전에 따르면, 안드레아는 X형의 십자가에 못 박혀 죽었다.

「안드레아 행전」에도 「요한 행전」처럼 금욕주의 색채가 강하게 관찰된다. 행전에서 안드레아는 부부 사이의 성관계도 철저하게 부정했다. 정통 교회의 지도자들은 이 책이 너무나 강력하게 금욕주의를 추구하고 마니교를 비롯한 이단들이 애호한다는 이유를 들어 이단 문서로 규정했다. 교황 인노켄티우스 1세(Innocentius I, 재위 410~17)를 비롯한 여러 지도자가 이 책을 읽지 말라고 명령했다. 그러나 기독교 신자들은 이 책을 너무나 좋아했다. 이 책은 9세기까지 아프리카, 이집트, 아시아, 그리스, 이탈리아, 갈리아 등에서 폭넓게 읽혔으며, 현재 많은 사본이 남아 있다. 「요한 행전」에서 그랬던 것처럼 기독교 신자들이 비록 이단적인 요소가 있다고 해도 사도들의 이야기를 듣고 이야기하는 것을 너무나 좋아했기 때문이다.

「토마스 행전」은 2세기 말이나 3세기 초에 작성되었다. 이 문서는 여러 언어로 번역될 정도로 인기가 매우 높았으며, 아우구스티누스를 비롯한 여러 교부가 인용했다. 여러 종류의 필사본이 남아 있어 고대의 외경 행전 가운데 유일하게 온전한 형태로 전해지고 있다.[47] 「토마스 행전」에 따르면, 예수 사후에 제자들은 제비를 뽑아 선교 지역을 할당했다. 이때 토마스는 인도를 할당받아 선교에 전념했다. 그는 병자를 치료하고 마귀를 쫓아내는 등 기적을 행하면서 많은 사람들을 감동시켰다. 토마스는 다른 사도들처럼 금욕을 극단적으로 강조했다. 그의 가르침을 받은 여성 신자들

---

47 송혜경 역주, 『신약 외경 하권: 행전, 서간, 계시록』, 한님성서연구소, 2011, 176~77쪽.

이 성관계를 거부해 사회 문제가 되었는데, 결국 토마스는 이 때문에 순교했다.

과연 2~3세기에 작성된 네 사도의 행전을 믿을 수 있을 것인가? 이 행전들이 작성된 시기는 빨라야 2세기 중반이다. 예수의 제자들이 대부분 60년대에 죽었기에 이 행전들은 적어도 100년 전에 발생한 일들을 기록하고 있다. 네 사도가 실재했다고 해도 100년의 세월이 흐르면서 그들의 행적은 왜곡되고 과장되게 부풀려졌다. 더욱이 네 사도의 행전에는 공상소설에서나 나올 수 있는 이야기들로 가득 차 있다. 사도들은 병자를 고치고, 죽은 자를 살려내고, 동물과 대화를 하고, 맹수를 감동시키고, 심지어 이미 구어진 물고기를 다시 살려내기도 했다. 기독교 문헌에 죽은 자를 살리는 이야기가 워낙 많기 때문에 '부활' 이야기들은 별로 신기하게 느껴지지도 않는다.[48] 또한 이 행전들에는 소설적인 요소가 뚜렷하게 담겨 있다. 난파, 강도, 배를 타고 가다가 노예로 팔려감, 무자비한 군중, 여행, 자살 시도, 종의 매수, 재판, 여인들의 사랑 이야기 등 고대 그리스 소설에 나오는 모티프들이 자주 나타난다. 따라서 이 행전들은 고대 그리스의 소설을 모방한 흔적이 뚜렷하다.[49]

3세기 이후 네 사도에 대한 이야기는 계속 확대 재생산되었다. 가령 베드로의 순교에 대해서는 5세기까지 여러 이야기가 만들어졌는데, 무려 15개의 다른 버전이 존재한다. 다시 말해 베드로의 죽음에 대해 15개의 다른 설명이 존재한다.[50] 베드로의 형제였던 안드레아에 대해서도 많은 전승이 만들어졌다. 고대에 그는 스키타이와 에피루스(Epirus), 파트라스(Patras) 등에 묻힌 것으로 이야기되었는데, 중세 초에는 콘스탄티노폴리스 사람들이 안드레아를 콘스탄티노폴리스 교회의 수호자라고 주장했다.

---

48 2세기에 작성된 사도들의 행전에 대해서는 같은 책 참조.
49 같은 책 14, 16쪽.
50 Candida R. Moss, *The Myth of Persecution*, Harper One, 2013, p. 136.

그들은 파트라스에서 어떤 유골을 가져와서는 안드레아 유골이라고 주장하면서 콘스탄티노폴리스의 성사도 교회에 안장했다. 콘스탄티노폴리스 교회가 로마 교회 못지않게 높은 권위를 가지고 있음을 과시하려는 속셈이었다.[51]

이렇게 모순적인 설명들을 어떻게 믿을 수 있을 것인가? 2~3세기는 기독교 문헌들이 폭발적으로 증가하는 시대였으며, 사도들과 신앙의 지도자들에 대한 수많은 이야기가 창작되었다. 그럼에도 불구하고 12제자 이야기가 모두 창작된 것이 아니라 불과 네 명의 사도에 대한 이야기만 전해진다. 이런 상황은 4세기까지 계속되었다. 4세기의 기독교 사가인 에우세비우스는 예수 사후 사도들의 행적을 전하면서 오직 토마스, 안드레아, 요한, 베드로의 행적만을 전한다.[52]

5세기 이후에 창작된 행전들

2~3세기에 쓰인 행전들은 예수의 주요 제자들의 예수 사후 행적을 자세하게 알게 해준다. 이들을 제외한 다른 사도들에 대해서는 4세기까지도 공상적이고 모순적인 행전조차 쓰이지 않았다. 물론, 여러 사도에 대한 단편적인 전승은 계속 추가되었다. 가령, 바르톨로메오는 2세기부터 인도에서 선교하다가 순교했다고 전해진다.

그런데 매우 기이하게도 오랫동안 전혀 행적이 전해지지 않던 다른 제자들의 행적을 소개하는 문서들이 5세기 이후에 작성되었다. 5세기 이후 창작된 기독교 문서들에서 추가로 확인되는 예수의 제자들의 행적을 살펴보자. 첫 번째 복음서인 「마태오 복음서」의 작가로 이야기되는 마태오

---

51 David Farmer, *Oxford Dictionary of Saints*, Oxford University Press, 1978, p. 21.
52 Eusebius, Ἐκκλησιαστικης Ιστορια, 3.1.1-2.

는 여러 지역에서 선교 활동을 벌였다. 그런데 많은 전승이 만들어지면서 마태오는 한 번이 아니라 여러 번 순교했다. 로마 교회가 만든 순교록에 그는 에티오피아에서 순교한 것으로 되어 있지만 히에로니무스가 만든 순교록에는 페르시아의 타리움(Tarrium)에서 순교했다고 적혀 있다. 또한 어떤 기록에서는 페르시아만 동쪽의 타르수아나(Tarsuana)에서 순교했다고 한다.[53] 현재 나폴리 남쪽 도시 살레르노(Salerno)의 살레르노 성당에 마태오의 유골이 안치되어 있는데, 이 유골은 10세기에 에티오피아에서 가져온 것이라고 한다.

열심당원 시몬은 동방교회의 전승에 의하면 에데사에서 순교했다. 반면에 서방교회의 전승에 의하면 처음에 이집트에서 선교하다가 야고보의 아들 유다와 함께 페르시아로 이동해 그곳에서 선교하다 순교했다고 한다. 야고보의 아들 유다는 후대 전승에 타대오와 동일 인물로 여겨졌으며, 열심당원 시몬과 함께 페르시아에서 선교하다가 순교했다. 현대에는 승소할 가망이 없는 재판의 보호자로 알려져 있다. 그의 이름이 예수를 판 유다와 비슷하기 때문에 아무도 그에게 호소하지 않았기에 누구든 그에게 호소하면 그가 소원을 들어준다는 전승이 생겨났기 때문이다. 이렇게 5세기 이후 창작된 전승들은 온갖 공상과 모순으로 가득 차 있는데, 이런 전승들을 모아 「필립보 행전」,[54] 「베드로 행전」과 「안드레아 행전」, 마태오의 순교, 안드레아와 바르톨로메오의 행전 등이 만들어졌다.[55]

5세기 이후 만들어진 문서들에 신빙성이 거의 없음은 논의할 필요도 없다. 그런데 이렇게 후대에 만들어진 이야기들을 모두 모은다고 해도 12제자의 행적을 복원하는 것은 불가능하다. 실제로 12제자가 존재했고

---

53 David Farmer, 앞의 책, 1978, p. 340.
54 필립보가 작성한 것으로 전하는 「필립보 복음서」가 있는데, 이 문서는 2~3세기에 작성되었을 것이다. 이 문서에 대해서는 김형진, 「나그함마디 문서의 예수 이해: 영지주의적 이해」, 감리교신학대학교 석사학위논문, 2006, 44~45쪽 참조.
55 Paul Tobin, *The Rejection of Pascal's Wager*, Author on Line, 2009, p. 375.

그들이 각각 어떤 활동을 했다면 어떻게 이런 일이 가능했을까?

이야기를 정리해보자. 먼저 4복음서가 제시하는 12제자의 명단이 일치하지 않으며, 그들이 어떻게 제자가 되었는가도 복음서에 따라 다르다. 12제자 가운데 5명은 이름만 제시되었을 뿐 어떤 활동도 하지 않았다. 또한 대부분의 제자는 예수가 진정으로 어떤 분인지 몰랐으며, 예수가 세상을 떠났을 때 모든 제자가 그를 '배반'했다. 그리고 예수가 세상을 떠난 후에는 예수의 가르침을 계승할 생각을 전혀 하지 않았다. 부활한 예수가 그들에게 다시 소명을 일깨워준 후에야 12제자는 예루살렘 교회를 구성했다. 그런데 그 교회에서 구체적인 활동이 제시된 제자는 고작 3명에 지나지 않는다. 그나마 3명도 예루살렘 교회가 구성되고 상당한 시간이 흐른 뒤에는 더 이상 등장하지 않고 영원히 사라져 버렸다.

이러한 모든 사실은 예수의 12제자가 초기 기독교의 발전에 중요한 역할과 공헌을 하지 못했다는 것을 의미한다.[56] 따라서 예수가 12제자를 거느렸다는 것은 어느 정도 신화와 전설이 가미된 이야기이다.[57] 유대인들은 고대 이스라엘이 12지파로 구성되어 있었다는 사실 때문에 '12'라는 숫자에 깊은 애정을 가지고 있었다. 그 때문에 예수의 제자를 굳이 12명으

---

56 외경 속에 강조되는 또 다른 인물은 막달라 마리아이다. 성경에도 예수의 가장 충실한 추종자로 묘사되어 있는 그녀는, 「막달라 마리아 복음서」에서 예수로부터 다른 제자들이 받지 못한 특별한 계시를 받은 것으로 묘사되었다. 예수 부활 이후, 그녀는 예수로부터 복음을 전하라는 예수의 명령을 유대인들에게 박해받을까 봐 수행하지 못하는 제자들을 질책하기도 했다. 이에 대해서는 Pheme Perkins, *Gnosticism and the New Testament*, Fortress Press, 1993, pp. 182~83 참조.
57 예수가 생전에 12명의 제자를 임명했는가는 논란이 많은 문제이다. 이에 대해서는 최갑종 편역, 『최근의 예수 연구』, 기독교문서선교회, 1994, 178~79쪽 참조. 여기서 제임스 찰스워스(James Charlesworth)라는 학자는 오랫동안 그렇지 않았다고 확신하다가 1988년에 자신의 태도를 바꾸게 되었다고 고백하고 있다. 그의 이런 태도 변화는 중요한 의미를 갖는데, 예수가 12제자를 임명했다고 생각하는 것은 예수가 메시아 의식을 가지고 있었음을 인정하는 것이기 때문이다. 나는 이에 대해 아직 확신하지 못하고 있는데, 아마 임명하지 않았을 것이라고 추측하고 있다.

로 설정했을 가능성이 높다.

12제자의 존재가 가상이라면 우리는 한 가지 수수께끼를 풀 수 있다. 사도 바울은 원래 예수의 제자가 아니었고 극적인 개종을 통해 기독교 신자가 되었다. 앞에서 이야기했듯이 그가 기독교 신자가 되었을 때에 베드로와 주의 형제 야고보가 예루살렘 교회를 이끌고 있었고 예수가 사랑한 제자 요한도 거기에 있었다. 사도 바울은 이후에도 예루살렘 교회를 두 번 방문했고 자신의 경험에 근거해 많은 편지를 썼다. 그런데 바울은 한 번도 베드로와 요한을 제외한 다른 제자들의 행적을 언급하지 않았다. 바울이 12제자를 언급하지 않았던 것은 그들이 가상 인물이었기 때문일 수 있다.[58]

2세기 초까지 12제자의 명단은 4복음서에만 등장한다

학자들의 일반적인 의견에 따르면, 현재 성경에 포함된 4복음서는 모두 70년 이후에 집필되었다. 그런데 이 4복음서보다 먼저 작성되어 4복음서의 기본 자료로 이용되었던 문서가 있다. 그것은 이른바 Q복음서인데, 'Q'는 독일어 '원천'(Quelle)의 약자이다. 이 문서의 존재는 19세기 초 4복음서의 관계를 연구하면서 드러났다. 1838년 크리스티안 바이스(Christian Weisse)는 「마태오 복음서」와 「루카 복음서」를 분석적으로 연구한 결과, 두 복음서가 '두 개의 자료'를 이용했다는 것을 발견했다. 그에 따르면, 두 자료 가운데 하나는 「마르코 복음서」이며 다른 하나는 예수의 말씀으로만 구성된 별도의 자료라고 주장했다.[59]

---

58 Alvar Ellegard, *Jesus: One Hundred Years Before Christ*, The Overlook Press, 2002, p. 15.
59 버튼 맥, 김덕순 옮김, 『잃어버린 복음서: Q복음과 기독교의 기원』, 한국기독교연구소, 1999, 44쪽.

이후 학자들은 「마태오 복음서」와 「루카 복음서」에 공통으로 들어 있는 예수의 말씀들을 분류해내는 작업을 수행했는데, 그것을 묶어 'Q복음서'라고 불렀다. 그렇지만 상당수의 학자는 Q복음서의 존재를 인정하지 않았는데, 이유는 그 복음서가 순전히 예수의 말씀 모음으로만 구성되어 있고 예수의 출생이나 수난 이야기를 전혀 담고 있지 않았기 때문이다. 그런데 20세기 중반에 Q복음서의 존재를 부정할 수 없게 만드는 사건이 발생했다. 1945년 이집트의 나그함마디라는 곳에서 초기 기독교의 여러 자료가 발견되었는데, 그 가운데 하나가 「토마스 복음서」였다. 예수의 제자였던 토마스의 이름으로 쓰인 이 복음서는 Q복음서와 같이 순전히 말씀으로만 구성되어 있었다. 이를 어록 복음서라고 하는데, 여기에는 예수의 출생이나 수난 이야기가 없다.[60]

이렇게 어록 복음서의 실재가 밝혀지면서 「마태오 복음서」와 「루카 복음서」의 원자료였고, 아마 「마르코 복음서」보다 더 이른 시기에 작성되었을 것으로 생각되는 Q복음서가 실재했다는 가설이 힘을 얻게 되었다. 따라서 현재 대다수의 학자는 이 복음서의 존재를 인정하고 있다. 그런데 Q복음서에서 12제자라는 용어는 등장하지도 않는다. 예수가 12명은 아니라고 하더라도 소수의 제자들을 특별히 선택해 수제자단으로 만들었다는 기록도 없다.[61]

그렇다면 4복음서의 저자들이 12제자단을 만들어낸 것은 아닐까? 1세기 후반에서 2세기 초까지의 기독교인들이 쓴 자료들을 좀더 살펴보면

---

60 최근 미국에서 예수 연구를 주도하고 있는 학자들은 「토마스 복음서」의 가치를 높이 평가하고 있다. 특히 크로산은 토마스 복음이 50년대에 기록되었기에 예수에 대한 정보를 훨씬 더 정확하게 전달하고 있다고 주장하고 있다. 다수의 연구자가 크로산의 주장에 동의하고 있지만 그의 주장이 완전히 입증된 것은 아니다. 특히 보수적인 학자들은 토마스 복음이 2세기 말에 작성되었으며, 기존의 여러 복음서를 베낀 것에 지나지 않다고 보고 있다. 이에 대해서는 크레이그 에반스, 성기문 옮김, 『만들어진 예수』, 새물결플러스, 2011, 86~105쪽 참조.
61 김재현, 『Q복음서와 원시 기독교』, 한국학술정보, 2009, 28쪽.

의심은 더욱 커진다. 4복음서를 제외한다면 2세기 전반까지 12제자의 존재를 명확히 보여주는 자료는 전혀 없다. 성경에 포함된 문서들을 제외하면 초기 기독교 기록 가운데 가장 먼저 쓰인 것으로 평가되는 「디다케(Didache)-12사도의 가르침」이라는 문서가 있다. 이 문서는 90년경에 쓰인 것으로 생각되며, 기독교 교리와 의례를 자세하게 소개하고 있다. 그런데 이 문서는 12제자를 어떤 권위 있는 집단으로 묘사하지 않았다. 그리고 베드로의 제자이자 로마 교회의 3대 주교(로마 교회의 주교는 후에 교황으로 불린다)로 유명한 로마의 클레멘스는 코린토 교회에 보내는 긴 편지를 썼는데, 거기서 12제자라는 말을 한 번도 쓰지 않았다. 또한 안티오키아의 주교로 트라야누스(Trajanus) 황제 시절에 순교한 안티오키아의 이그나티우스는 안티오키아에서 로마로 끌려가는 중에 여러 교회에 편지를 썼는데, 그 서간집에서도 12제자라는 말은 한 번도 나오지 않는다. 정말로 예수가 12제자를 임명했고 그들이 특별한 권능을 가지고 있었다면, 2세기 전반기까지 초기 기독교의 주요 지도자들은 왜 그들을 언급하지 않았을까?[62] 이는 70년 이후에도 상당 기간 동안 기독교 신자들이 12제자라는 특별한 집단이 있었다고 생각하지 않았다고 가정할 때에만 해명 가능하다.

결국 12제자라는 집단은 「마르코 복음서」의 저자가 최초로 만들어냈고 다른 복음서의 저자들이 확대 재생산했을 가능성이 높다.[63] 그렇다면 「마르코 복음서」의 저자는 왜 12제자 집단을 만들어냈을까? 예수 시절 많은 유대인이 세상의 종말이 멀지 않았다고 생각했으며, 그 종말의 날에 이스라엘의 12지파가 다시 영광 중에 복원될 것이라고 생각했다. 「이사야」

---

62 마커스 보그 엮음, 남정우 옮김, 『예수 2000년』, 대한기독교서회, 2003, 79~80쪽.
63 Robert Funk·Roy Hoover, *The Five Gospel: What Did Jesus Really Say?*, Harper One, 1993, p. 41. 4복음서 가운데 '12'라는 단어를 특별히 강조한 것은 「루카 복음서」였다. 이에 대해서는 Jacob Jervell, *Luke and the People of God*, Minneapolis: Augsburg Publishing House, 1972, pp. 88~89 참조.

11:11-12, 51:11; 「예레미야」 30:10-11; 「에제키엘」 36:23-28 등이 이런 생각을 전하고 있다. 예수도 이들과 생각을 같이하면서 그날에 이스라엘의 12지파가 복원될 것이라고 주장했다.

> 내가 진실로 말한다. 너희가 나를 따랐으니 새 세상이 와서 사람의 아들이 영광스러운 옥좌에 앉을 때 너희도 열두 의자에 앉아 이스라엘 열두 지파를 심판할 것이다.[64]

이 구절에서 '사람의 아들'은 물론 예수를 상징한다. 여기서 12지파라는 말이 눈에 띈다. 기원전 722년에 아시리아가 북왕국 이스라엘을 멸망시켰을 때, 그곳에 살고 있던 10지파는 영원히 사라져 버렸다. 예수는 이 사실을 잘 알고 있었을 것이지만, 종말의 '그날'은 이스라엘에 영광의 날이고 영광의 날은 다윗제국의 번영을 회복하는 날이라는 생각을 가지고 있었기에 12지파라는 단어를 사용했다.[65] 이렇게 12지파가 복원되면 그 12지파를 대표하고 통치할 12제자가 필요했다. 「마르코 복음서」의 저자는 바로 이런 꿈을 꾸었고 거기에 합당하게 12제자단을 만들어냈다.[66]

기독교 교리와 성경을 맹목적으로 따르는 사람들은 12제자단의 존재에 대한 지금까지의 논의를 과도한 회의자의 망상이라고 말할 것이다. 그러나 이 견해는 20세기 신학계의 많은 거장, 즉 율리우스 벨하우젠(Julius Wellhausen), 루돌프 불트만(Rudolf Bultmann), 필리프 필하우어(Philipp Vielhauer), 발터 슈미탈스(Walter Schmithals) 등이 주장한 것이며, 구미에서 현대 신학 연구를 주도하고 있는 '예수 세미나단'의 다수가 지지하는

---

64 「마태오 복음서」 19:28.
65 Paul Fredriksen, *Jesus of Nazareth: King of the Jews*, Vintage, 1999, pp. 97~98.
66 Bart Ehrman, *Jesus: Apocalyptic Prophet of the New Millennium*, Oxford University Press, 1999, pp. 186~87.

것이다.[67] 평생 성경을 읽고 연구하는 대가들의 주장을 단칼에 헛된 것이라고 규정하지 말고 깊게 숙고해보아야 할 것이다.

---

67 John P. Meier, "The Circle of the Twelve: Did It Exist during Jesus' Public Ministry?", *Journal of Biblical Literature* 116-4, 1997, pp. 635~36.

제6장

바리사이파는 위선자인가

위선자의 대명사, 바리사이파

유럽 어떤 나라의 사전이든 간에, 바리사이파라는 단어를 찾아보면 '(종교상의) 형식주의자, 위선자, 독선가'라고 나온다. 이는 바리사이파에 대한 편견이 특정한 나라의 몇몇 사전 편집자들에 한정된 것이 아니라 서구 문화에 보편적으로 존재함을 보여준다. 지금도 서양인들은 지독한 위선자를 '바리사이파'라고 부른다. 도대체 그들은 얼마나 나쁜 짓을 많이 했길래 지금까지도 이런 오명을 뒤집어쓰고 있는 것일까?

불행하게도 바리사이파의 정체에 대해 우리는 잘 알지 못한다. 바리사이파에 대해 전하는 사료로는 크게 세 가지가 있다. 첫째, 유대 역사가 요세푸스의 역사서들이 있다. 요세푸스는 1세기 유대의 지식인으로 66년에 일어난 유대 제1차 반란 때 반란군의 지도자였다가 로마군에 투항했다. 그 후 그는 로마 황제 베스파시아누스의 보호를 받으면서 유대에 대해 자문을 해주었고 유대 역사서를 집필했다. 그러나 그 자신이 한때 바리사이파였다고 기록했음에도 불구하고 그의 기록은 소략한데, 특히 정치적인 면에 집중되어 있다. 따라서 그의 기록만으로는 바리사이파의 실체를 제대로 파악할 수 없다.

둘째, 랍비 문헌이 있다. 현대 유대교가 바리사이파의 전통을 이어받았기 때문에 유대교의 랍비들이 작성한 문헌에 바리사이파에 대한 언급이 풍부하다. 이 기록들에 의하면, 바리사이파는 신실한 믿음의 조상들이었으며, 유대교의 교리와 성경에 밝은 지도자들이었다. 그들은 경건한 삶을 통해 유대인의 모범이 되었으며, 70년 이후 랍비 유대교를 세워 유대교의 전통을 현대까지 이어지게 했다.

셋째, 신약성경이 있다. 신약성경에 따르면, 바리사이파는 예수 시대에 활동했던 유대인들의 지도자였으며, 예수와 종교적인 논쟁을 펼쳤다. 그들은 완고한 형식주의자들이었고 예수를 십자가에 못 박는데 앞장선 죄인이었다. 예수는 그들의 형식주의를 비판하면서 그들을 '독사의 자식들'이라고 비난하곤 했다.

이렇게 바리사이파는 유대교와 기독교 양자에 모두 중요한 역할을 했지만 그들에 대한 평가는 판이하게 다르다. 과연 어느 쪽의 이야기가 좀 더 진실에 가까울까? 양편의 이야기를 비교 검토하면서 바리사이파의 참모습을 확인해보자.

바리사이파의 출현

기원전 2세기 셀레우코스 왕조의 안티오코스 4세가 유대교를 박해했다. 그는 율법과 안식일의 준수를 금하고 할례도 금지했다. 마따디아라는 유대인이 그에게 항의하면서 반란을 일으켰다. 마따디아의 반란은 유대 독립 전쟁 혹은 마따디아의 아들이자 제2대 지도자인 마카베오의 이름을 따서 마카베오 전쟁이라고도 불린다.

그런데 마따디아가 반란을 일으켰을 때, 그의 대의에 적극적으로 동참한 무리가 있었다. 그들은 하시딤파였는데, 하시딤파의 기원은 명확하지 않다. 하시딤(Hasidim)이란 히브리어로 '경건한 자들' 혹은 '헌신하는 자들'이라는 뜻이다. 그들은 기원전 200년경 유대인들이 율법을 철저하게 지켜야 하는데 그렇지 못했다고 주장하면서 회개운동을 일으켰던 무리로 보인다. 그들은 율법을 철저하게 지키기 위해서는 율법에 '울타리'를 쳐야 한다고 주장했다. 가령 안식일을 지키기 위해 원래의 규정에 따라 금요일 날 일몰부터 안식일을 지키는 것이 아니라 그보다 좀더 일찍 안식일을 지켜야 한다는 것이었다.

마따디아가 반란을 일으킨 후 일찍 세상을 떠나자, 그의 후손들이 지휘권을 계승해 안티오코스의 왕조와 계속 싸웠다. 전쟁은 25년 동안이나 계속되었지만 마따디아의 후손들은 유대 독립의 꿈을 접지 않았다. 결국 안티오코스의 왕조는 굴복할 수밖에 없었고 기원전 143년 마따디아의 아들이었던 시몬과 평화협정을 맺었다. 이렇게 해서 전쟁은 끝났고 유대 왕국이 재건되었다.[1] 그런데 전쟁 기간부터 이미 반란의 지도자들은 문제를 일으키기 시작했다. 마따디아의 아들인 요나단은 기원전 152년에 대제사장직을 차지함으로써 정치 권력과 종교 권력을 모두 차지했다. 이는 정치와 종교를 분리하고 대제사장으로 하여금 왕을 견제할 수 있게 했던 유대교 전통을 부정하는 행위였다. 더욱이 마따디아의 손자인 히르카누스는 대제사장직을 유지하기 위해 안티오코스의 왕조에 비굴하게 협조했다. 이렇게 마따디아의 후손들이 권력을 차지하고 처음에 표명했던 개혁성을 상실하자, 하시딤파는 그들과 갈라섰다.[2]

이때 하시딤파 내부에서 논쟁이 일어나 하시딤파는 바리사이파와 에세네파로 갈렸다.[3] 바리사이파는 예루살렘에 머물면서 하스몬 왕조를 견

---

[1] 맥스 디몬트지, 김재신 옮김, 『이스라엘 역사 사천년』, 크리스천다이제스트, 1995, 79~80쪽.
[2] 김판임, 『쿰란 공동체와 초기 그리스도교』, 비블리카아카데미아, 2008, 262~64쪽.
[3] 바리사이파와 에세네파는 하시딤파에서 갈라져 나왔기 때문에 여러 면에서 비슷한 측면이 있었다. 그러나 에세네파는 철저한 종말론과 극단적 금욕주의에 경도되어 있었다. 그로 인해 대중으로부터 분리되어 별도의 공동체를 만들었다는 점에서

제하고 백성을 율법의 길로 이끌어야 한다고 주장한 데 반해, 에세네파는 예루살렘을 떠나 시리아와 쿰란 등에 새로운 공동체를 만들었다. 요세푸스에 따르면, 히르카누스 시대(기원전 135년~기원전 104년)에 바리사이파(Pharisees)와 에세네파(Essenes)는 확고하게 별도의 당파로서 활동하고 있었다. 에세네파의 신앙에 대해서는 앞에서 설명했다. 요세푸스에 따르면, 바리사이파는 의로운 사람들이었고 하느님이 기뻐하시는 것을 무엇이든지 하려고 했다. 그들은 모세가 시나이산에서 율법을 받을 때 하느님께서 문자를 통해 주신 것 이외에도 말씀으로만 전해준 구전 토라가 있다고 주장했다. 그들은 이 구전 토라를 '조상들의 유전' 혹은 '조상들의 전통'이라고 부르며 지켰으며, 그 규칙들을 백성에게도 권장했다. 백성은 바리사이파를 율법에 밝은 지도자들이라고 여겨 존경하면서 따랐다. 이런 상황에서 예수가 태어났다.

신약성경에 묘사된 바리사이파 1

먼저 신약성경에 전하는 바리사이파에 대한 부정적인 이미지를 살펴보자. 신약성경에 따르면, 예수가 대중 앞에 등장해 "회개하라, 하느님 나라가 가까이 왔다"라고 외치면서 복음을 전파하기 시작하자 바리사이파는 예수를 의심의 눈초리로 쳐다보았다. 그들은 예수와 예수 제자들의 일거수일투족을 감시하면서 '수상한' 행동을 할 때마다 이의를 제기했다.

예수가 마태오를 제자로 삼고 그의 집에서 음식을 먹을 때, 세리와 죄인들도 함께 음식을 먹었다. 이때 바리사이파는 "어찌하여 너희 선생은 세리

바리사이파와 다르다. 에세네파의 초기 지도자인 '정의의 교사'는 자신이 살아 있을 때 종말이 올 것이라고 믿었다. 그러나 그는 종말을 맞지 못하고 기원전 110년경에 세상을 떠났다. 그가 세상을 떠난 후에 에세네파는 종말이 지연되고 있다고 생각했다. 이에 대해서는 김창선, 『유대교와 헬레니즘』, 한국성서학연구소, 2011, 59쪽 참조.

와 죄인들과 함께 잡수시느냐"라고 이의를 제기했다.[4] 또한 예수의 제자들이 안식일에 밀밭을 지나다가 시장해 이삭을 잘라먹었더니, 바리사이파가 예수에게 가서 "당신의 제자들이 안식일에 해서는 안 될 일을 하고 있습니다"[5]라고 말했다.

예수의 무리를 계속 감시하던 바리사이파는 예수가 유대교의 근본을 무너뜨릴 뿐만 아니라 하느님의 신성을 모독하고 있다고 판단했다. 예수가 안식일에 병자를 고치는 것을 보고 그들이 율법을 어겼다고 항의하자, 예수는 "사람의 아들이 안식일에 주인이다", "안식일에 선을 행하는 것이 옳다"라고 하면서 오히려 그들을 면박했다. 그리고 예수가 한 중풍 병자를 고친 후에 "너는 죄를 용서받았다"라고 말하자, 바리사이파는 사람의 죄를 용서할 수 있는 분은 하느님뿐이니 예수의 말은 신성모독이라고 주장했다. 이에 예수는 "이 땅에서 죄를 용서할 권한이 사람의 아들(예수 자신)에게 있다"[6]라고 선언했다.

바리사이파가 예수에게 항의했던 것은 그들로서는 당연한 것이었다. 그들은 율법을 철저하게 지키는 것이 유대교의 생명이라고 생각했다. 그들은 율법의 핵심 가운데 하나인 안식일을 거룩하게 지키기 위해 여러 가지 보조 규정을 만들었다. 그런데 예수는 이런 보조 규정을 완전히 무시해버렸고 율법을 지키는 것에 대해 전혀 새로운 방식을 제기했다. 예수에 따르면, 율법을 문자 그대로 지키는 것은 옳지 않으며 율법의 정신에 따라 사람을 이롭게 하는 것이 중요하다는 것이다.

바리사이파와 예수의 논쟁은 점점 거세어지고 서로 한치의 양보도 허용하지 않았다. 따라서 양측의 적대감이 점점 커져만 갔다. 예수는 빈번히 바리사이파를 공격했다. 예수는 바리사이파가 자질구레한 율법을 잘

---

4 「마르코 복음서」 2:16.
5 「마태오 복음서」 12:1-2.
6 「루카 복음서」 23장.

지키면서 "정의와 자비와 신의 같은 아주 중요한 율법은 대수롭지 않게 여기는 자들", "겉모양은 깨끗하게 하면서도 안에는 탐욕과 방탕이 가득한 자들"이라고 지적했다. 아울러 "율법학자들과 바리사이파 사람들아, 너희 같은 위선자들은 화를 입을 것이다. 너희는 하늘나라의 문을 닫아놓고는 사람들을 가로막아 서서 자기도 들어가지 않으면서 들어가려는 사람마저 못 들어가게 한다"라고 바리사이파를 비난했다.[7]

이런 비난을 받은 바리사이파는 예수를 눈엣가시처럼 여기고 그를 제거하기로 결정했다. 그들은 예수를 함정에 빠뜨리기 위해 계속 시험했다.[8] 그런 함정 가운데 가장 유명한 것은 아마도 "로마의 황제인 카이사르에게 세금을 내는 것이 옳은가, 내지 않는 것이 옳은가"라는 질문일 것이다. 이에 대해 예수는 "이 위선자들아, 어찌하여 나의 속을 떠보느냐? …… 카이사르의 것은 카이사르에게 돌리고 하느님의 것은 하느님께 돌려라"라고 말하면서 보기 좋게 바리사이파의 시험을 물리쳤다.

아무리 함정을 파도 예수를 옭아매기가 쉽지 않자, 바리사이파는 사람들을 동원해 예수를 붙잡아 죽이기로 결정했다.[9] 그들은 제사장들과 손잡고 예수의 제자 유다를 매수한 후에 예수를 붙잡았다. 그러고는 예수를 로마 총독 빌라도에게 넘겨 사형에 처하게 했다.

이렇게 신약성경을 보면 바리사이파는 예수를 적대시했던 위선자, 형식주의자들이었다. 그들은 율법을 어떻게 지켜야 하는가라는 문제를 두고 예수와 논쟁을 벌였는데, 예수가 그들을 비판하자 그를 죽였다. 따라서 기독교 신자들에게 그들은 살인자였고 도저히 용서할 수 없는 죄인이었다. 지금까지 살펴본 바리사이파에 대한 이야기는 전혀 새로울 것이 없는 전형적인 이야기인데, 기독교에 대해 조금이라도 관심이 있는 사람이라면

---

7 「마태오 복음서」 23:13.
8 「마태오 복음서」 16:1, 19:3.
9 「요한 복음서」 7:32, 11:53.

누구나 알고 있을 것이다.

신약성경에 묘사된 바리사이파 2

그런데 예수와 바리사이파가 극심하게 대립했고 바리사이파가 예수를 죽인 진범이라는 통상적인 견해를 그대로 받아들이면 설명하기 곤란한 사실들이 성경에 등장한다.

먼저 예수 자신이 바리사이파와 자주 어울렸다. 예수는 바리사이인들이 식사를 같이 하자고 했을 때 아무런 거리낌 없이 응했다. 「루카 복음서」에 예수가 바리사이인의 집에서 식사했다는 기사가 세 번 나온다.[10] 물론 예수는 바리사이파의 집에 가서 단순히 음식을 먹은 것이 아니라 그들에게 복음을 전하고 설교했으며, 바리사이파는 열심히 경청했다. 지금도 그렇지만 고대 세계에서 식사를 같이한다는 것은 중요한 의미를 갖고 있다. 식사를 같이 한다는 것은 서로 간의 친밀감을 조성하고 나아가 한 무리에 속한다는 것을 확인하는 절차였다. 그렇기에 앞에서 지적했듯이 바리사이파는 예수가 세리와 죄인들과 식사를 같이 하는 것에 대해 이의를 제기했던 것이다. 따라서 예수가 바리사이파의 집에 가서 자연스럽게 식사를 같이 했다는 것은 그들과 동질감을 갖고 있었음을 의미한다.

또한 바리사이인들 가운데에는 예수를 참된 선생으로 모시던 자들도 있었다. 그들은 예수에게 기적을 보여달라고 요청했고[11] 하느님 나라가 언제 올 것인지를 물었다.[12] 물론 이렇게 예수를 참된 선생으로 여긴 사람들이 바리사이파 가운데 극소수라고 생각할 수도 있다. 그러나 바리사이파의 극소수, 특히 특정인이 예수에게 호의를 보인 경우는 대개 그 이름

---

10 「루카 복음서」 7:36, 11:37, 14:1.
11 「마태오 복음서」 12:38.
12 「루카 복음서」 17:20.

이 나오게 마련이다. 가령, 유대의 관원으로 바리사이파였던 니고데모는 "선생님, 우리는 선생님을 하느님께서 보내신 분으로 알고 있습니다. 하느님께서 함께 계시지 않고서야 누가 선생님처럼 그런 기적들을 행할 수 있겠습니까?"[13]라고 말하면서 예수를 참된 선생으로 대접했다. 따라서 특정인을 지정하지 않고 바리사이인이 예수에게 물었다는 표현은 바리사이인 대부분이 예수를 존중했음을 암시한다.

또한 일부 바리사이인은 예수를 깊이 배려했다. 그들은 헤로데가 예수를 죽이려고 한다는 정보를 얻고는 예수에게 가서 "어서 이곳을 떠나십시오. 헤로데가 당신을 죽이려고 합니다"라고 일러주었다.[14] 이렇듯이 어떤 바리사이인들은 예수와 식사를 같이 하고 가르침을 받기를 원하며, 그의 생명을 구해주고자 했다.

결국 신약성경을 그대로 받아들인다면 어떤 바리사이인들은 예수를 적대시하고 죽이고자 했고, 어떤 바리사이인들은 예수에게서 배움은 물론 그를 살리려고까지 했다. 그렇다면 왜 바리사이파가 두 파로 나누어져 예수에 대해 다른 태도를 취했던 것일까, 아니면 성경이 어떤 이유에서든 바리사이인들에 대해 이중적인 혹은 왜곡된 묘사를 하고 있는 것일까?

신약성경에 묘사된 바리사이파 3

예수는 죽었다가 사흘 만에 부활하고 승천했다. 그를 따랐던 제자들은 그가 진정한 메시아였으며, 하늘로 올라간 모습 그대로 다시 땅으로 내려올 것이라고 믿어 예루살렘에 기독교 공동체를 만들었다. 그리고 그 사실을 믿지 않은 대부분의 유대인에게 예수가 메시아임을 하루빨리 받아들이라고 설교했다. 베드로를 비롯한 사도들의 선교 활동이 본격화되자, 유

---

13 「요한 복음서」 3:2.
14 「루카 복음서」 13:31.

대 지도자들은 당황했다. 그들은 베드로와 요한을 불러 다시는 예수 이름으로 설교하지 말라고 당부한 후에 풀어주었다.

그럼에도 불구하고 베드로를 비롯한 사도들은 선교 활동을 멈추지 않았다. 많은 사람이 그들을 따르자, 대제사장을 비롯한 유대 지도자들이 그들을 예루살렘 의회(산헤드린)에 잡아와 신문(訊問)했다. 신문에도 불구하고 태도를 굽히지 않자 예루살렘의 유대교 사제들이 사도들을 죽이려고 했다. 그런데 이때 매우 기이한 일이 일어났다. 명망 높은 바리사이파의 지도자인 가말리엘(Gamaliel)이 사도들을 옹호하고 나선 것이다. 그는 의회 의원들 앞에 서서 당당하게 "지금 내가 여러분에게 말씀드리는 것은 이 사람들에게서 손을 떼고 그대로 내버려두자는 것입니다. 만일 이 사람들의 계획이나 행동이 사람의 생각에서 나온 것이라면 망할 것입니다. 그러나 하느님께로부터 온 것이라면 여러분은 그들을 없앨 수 없을 것입니다. 자칫하면 여러분이 하느님을 대적하는 자가 될지도 모릅니다"[15]라고 말했다. 가말리엘의 변호 덕분에 사도들은 풀려날 수 있었다.

이후 기독교는 점차 세력을 팽창해갔는데, 초기 기독교를 이끈 중요한 인물 가운데는 바울이 있었다. 그는 원래 기독교를 박해했던 사람인데, 하느님의 계시를 받고 기독교 신자가 되었다. 특히 그는 이방인을 상대로 선교 활동을 펼쳐 많은 성과를 거두었다. 그가 지중해 곳곳을 돌아다니면서 기독교 세력을 팽창시키자 유대인들이 시기했다. 배신감에 사로잡힌 그들은 바울을 죽이려 했다. 바울은 수차례 위험을 모면했지만 결국 예루살렘에서 유대 지도자들에게 붙잡혀 죽기 직전의 상황에 몰렸다. 그런데 바울은 유대 지도자들 가운데 바리사이파가 있다는 것을 알고는 그들에게 다음과 같이 도움을 청했다.

형제 여러분, 저는 바리사이파 사람이며, 제 부모도 바리사이파 사람입

---

15 「사도행전」 5:38-39.

니다. 제가 이렇게 재판을 받는 것은 바리사이인이 믿듯이 저도 죽은 자들이 부활할 것이라고 소망하기 때문입니다.[16]

이 구절은 초기 기독교의 발전에 대한 상식을 통째로 무너뜨린다. 일반적으로 초기 기독교는 유대교, 특히 바리사이파 유대교의 형식주의를 비판하고 보편적 사랑에 입각한 새로운 종교를 만들었다고 이야기되고 있다. 그런데 이 구절에서 유대교를 버리고 기독교로 개종해 기독교의 주요 지도자가 된 지 오래된 바울이 바리사이파에 도움을 청하고 있다. 또한 그는 자신이 재판받게 된 이유가 바리사이파의 가르침을 전파했기 때문이라고 말하고 있다. 기독교의 가르침과 바리사이파의 가르침 사이에 큰 공통점이 없었다면 바울의 이런 태도는 절대 나올 수 없었을 것이다.

더욱 놀라운 것은 그 자리에 참석했던 바리사이파가 바울의 도움 요청을 받아들여 "우리는 이 사람에게서 조금도 잘못을 찾을 수 없습니다. 만일 영적 존재나 천사가 그에게 말해주었다면 어떻게 할 셈입니까?"라고 말하면서 바울을 풀어주자고 주장했다는 것이다.[17] 바리사이파의 이런 행동은 그들이 이전에 바울에 대해 심한 적대감을 가지고 있지 않았을 때, 그리고 바울의 주장에 충분히 동의했을 때만 가능하다. 이렇게 초기 기독교의 성립 시기에 바리사이파는 기독교와 대립하기보다는 오히려 우호적인 태도를 취했다. 그리고 바리사이파의 일부는 기독교로 개종했다.[18]

초기 기독교 신자들 가운데서 바리사이파가 중요한 집단을 구성하고 있었다는 것을 우리는 이른바 '예루살렘 사도회의'를 통해서도 알 수 있다. 49년경에 있었던 예루살렘 사도회의는 초기 기독교의 발전 과정에서 그야말로 획을 긋는 중요한 사건이었다. 이 회의에서 이방인으로서 기독

---

16 「사도행전」 23:6.
17 「사도행전」 23:9.
18 「사도행전」 15:5.

교로 개종하는 사람이 할례를 받지 않아도 되고 율법을 지키지 않아도 된다는 것이 결정되었기 때문이다. 이 회의에 대해 자세히 이야기하는 것은 다음 기회로 넘기기로 하고 여기서는 이 회의에서 바리사이파가 한 역할에 대해서만 살펴보자.

원래 이 회의를 촉발한 것은 바리사이파 신자들이었다. 안티오키아 교회는 기독교 신자들이 유대 지역 밖에 세운 최초의 교회였다. 이 교회는 설립 초기부터 개종한 이방인들에게 율법과 할례를 강제하지 않았는데, 이 소식을 듣고 바리사이파에 속했다가 개종한 기독교 신자들이 안티오키아에 가서 율법을 지키지 않고 할례를 받지 않는다면 구원을 받을 수 없다고 주장했다. 이 때문에 안티오키아 교회에서는 분란이 발생했다. 이에 안티오키아 교회는 바울과 바르나바를 예루살렘 교회에 보내 이 문제에 대한 답을 얻어오라고 요청했다. 그들이 예루살렘 교회에 도착했을 때, 바리사이파 신자들이 가장 먼저 발언했음을 「사도행전」은 이렇게 전한다.

> 그런데 바리사이파에 소속되어 있다가 (기독교) 신자가 된 사람 몇 사람이 일어나서 "이방인도 할례를 받고 모세의 율법을 지키도록 지도해야 합니다"라고 말했다.[19]

이 구절은 바리사이파 가운데 일부가 기독교 신자가 되었다는 것, 그리고 그들이 기독교 신자가 된 후에도 바리사이파의 기본적인 주장을 그대로 신봉하고 있었다는 것을 명확히 보여준다.

초기 기독교 신자들 가운데 바리사이파가 많이 있었으며, 바리사이파가 초기 기독교도들과 우호적인 관계를 맺고 있었다는 것을 명확히 보여주는 또 다른 이야기가 있다. 예루살렘 교회의 수장으로 초기 기독교에

---

19 「사도행전」 15:5.

서 가장 중요한 인물인 예수의 형제 야고보는 62년 유대 제사장 아나누스(Ananus)의 손에 의해 순교했다. 사두가이파였던 아나누스는 불법적으로 세력을 규합해 야고보를 돌로 때려죽였다. 그런데 요세푸스에 따르면, 그때 '가장 공정하고 율법 준수에 열심인 자들', 즉 바리사이파가 아나누스의 불법 행위에 격분해 여러모로 힘을 써서 그를 대제사장 자리에서 몰아냈다.[20] 바리사이파가 야보고의 죽음을 슬퍼했던 것은 그와 바리사이파 사이에, 그리고 초기 기독교도들과 바리사이파 사이에 친밀한 우호 관계가 있었음을 암시한다.[21]

지금까지의 논의를 통해 우리는 사두가이파와 야합해 예수를 죽였다고 이야기되는 바리사이파가 실제로는 초기 기독교도들과 친분을 유지했고 일부는 개종해 기독교도가 되었음을 알 수 있었다. 그렇다면 예수와 바리사이파가 대립했고 바리사이파가 예수를 죽였다는 이야기는 허구일까? 「마태오 복음서」와 「마르코 복음서」가 전하는 바리사이파의 인상에 대한 고찰은 이 문제를 해결하는 데 큰 도움이 된다.

「마르코 복음서」의 바리사이파와 「마태오 복음서」의 바리사이파

예수의 일생을 전하는 4복음서 가운데 가장 먼저 쓰인 것은 「마르코 복음서」이다. 「마르코 복음서」의 저자인 마르코가 누구인지는 확실하지 않지만 집필 시기는 대략 약 70년경으로 추정된다.[22] 현재 학자들은 일반적으로 「마태오 복음서」는 80년경에, 「루카 복음서」는 80~90년 사이에,

---

20　Josephus, *Jewish Antiquities*, 20, pp. 197~203.
21　Martin Hengel, *Between Jesus and Paul: Studies in the Earliest History of Christianity*, Wipf and Stock Publishers, 1983, pp. 20~21.
22　W. G. 큄멜, 박익수 옮김, 『신약정경개론』, 대한기독교서회, 2004, 100~01쪽.

그리고 「요한 복음서」는 95~120년 사이에 집필된 것으로 판단하고 있다.[23] 반드시 먼저 집필되었다고 해서 신빙성이 월등히 높은 것은 아니지만 「마르코 복음서」가 예수 당시의 상황을 가장 충실하게 전하고 있다고 판단된다. 70년경에는 예수를 직접 본 사람들 혹은 최소한 직접 이야기를 들은 사람이 많이 살고 있었다. 그리고 70년대에는 유대교가 바리사이파를 중심으로 재편되는 상황이 완결되지 않았으며, 유대교와 기독교의 대립도 그렇게 심각하지 않았다.

바리사이파를 중심으로 한 유대교의 재편은 4복음서의 견해 차이를 이해하는 데 중요한 사건이기 때문에 간략하게 살펴보고 넘어가야 한다. 유대 제1차 반란을 진압하던 로마군은 68년에 예루살렘을 포위했다. 이때 바리사이파의 지도자로 평화주의자였던 랍비 요하난 벤 자카이(Johanan ben Zakkai)가 예루살렘을 빠져나와 로마군 사령관이었던 베스파시아누스를 찾아갔다. 그는 지중해 연안에 위치한 야브네에 유대인 학교를 세우는 것을 허락해달라고 요청했는데, 베스파시아누스는 그가 평화주의자라는 것을 알고는 허락해주었다. 자카이는 야브네에 유대인 학교와 법정을 세웠다. 73년에 유대 제1차 반란이 완전히 진압되었을 때, 유대교 내에 존재하던 여러 분파는 거의 소멸되었다. 로마군이 예루살렘과 주변 지역에 대한 대대적인 인종 청소를 감행하면서 100만 명 이상의 유대인을 죽이거나 노예로 끌고 갔기 때문이다. 남아 있던 바리사이파 신자들은 자카이 주변으로 모여 유대교의 복원을 시도했다. 그리고 80년대에 가말리엘 2세가 자카이를 계승해 유대교 복원운동을 지속했다. 이렇게 해서 유대 제1차 반란 이후에 유대교의 중심지는 야브네가 되었고 바리사이파가 유대교를 주도하게 되었다. 바리사이파가 주도하면서 복원한 유대교를 랍비 유대교라고 한다.[24]

---

23 Michael White, *From Jesus to Christianity*, Harper San Francisco, 2004.
24 오순제, 『초대교회 형성기 유대 그리스도교의 발생과 변천에 대한 연구』, 서울기독

랍비 유대교는 70년대 이후 유대교의 정체성을 강화하고 바리사이파 신앙을 중심으로 유대교를 재편하고자 했다. 이 과정에서 기독교 신자들과 갈등이 생겨났다. 랍비 유대교는 80년경부터 예수를 메시아, 나아가 하느님이라고 주장하면서 유대교의 전통 율법을 지키지 않으려고 했던 기독교 신자들을 공식적으로 파문하고 회당에서 추방했다.

그런데 4복음서 가운데 「마태오 복음서」, 「루카 복음서」, 「요한 복음서」는 랍비 유대교가 성립된 이후의 작품이다. 이 복음서들을 쓴 사람들은 랍비 유대교를 수립했던 바리사이파와 심각한 갈등을 겪었다. 반면에 「마르코 복음서」는 이렇게 거대한 사건을 경험하기 이전에 기록되었기 때문에 사실을 왜곡했을 가능성이 그만큼 적다. 「마르코 복음서」와 「마태오 복음서」가 묘사하고 있는 바리사이파에 대한 묘사를 구체적으로 검토하면서 이 가정이 맞는지 알아보자.

「마르코 복음서」를 찬찬히 읽어보면 정말로 바리사이파가 예수를 극단적으로 적대시했으며, 그와 맞서다가 결국 그를 죽인 집단이라는 명제에 심각한 의문을 갖게 한다. 먼저 「마태오 복음서」에서 바리사이파는 29번 등장하는 데 반해, 「마르코 복음서」에서는 11번밖에 등장하지 않는다. 이는 「마태오 복음서」가 「마르코 복음서」보다 바리사이파를 중요하게 생각했다는 것을 의미한다. 「마태오 복음서」는 그것이 집필된 시기에 바리사이파가 차지하고 있던 비중을 시간을 거슬러 올라가 예수 시절에 투영했을 가능성이 높다.

「마르코 복음서」에서 바리사이파는 주로 예수에게 물어보는 집단이다. 바리사이파가 예수에게 던진 질문 가운데 심각한 신학적인 문제는 거의 없다.[25] 대부분 일상생활, 특히 식사와 관련된 것이다. 그들은 왜 예수

대학교, 2018, 83쪽.
25 Anthony J. Saldarini, *Pharisees, Scribes and Sadducees in Palestinian Society: A Sociological Approach*, Dove Booksellers, 2001, pp. 150~51.

의 제자들은 금식하지 않는지, 세리와 죄인들과 같이 식사하는 것이 타당한지, 식사하기 전에 손을 씻지 않아도 되는지 등을 물어보았다. 유일하게 신학적인 문제라고 볼 수 있는 것은 안식일에 밀을 추수해 먹어도 되는지였는데, 이것도 사실 식사와 관련된 것이었다.

보통 사람들은 바리사이파가 얼마나 형식에 얽매였으면 식사하기 전에 손을 씻어야 하는지에 대해 문제를 제기했을까라고 생각하기 쉽다. 그러나 이는 매우 중요한 의미가 담긴 심각한 문제이다. 앞서 지적했듯이 예수는 바리사이파와 여러 번 식사를 같이 했다. 이 때문에 식사할 때의 예절이라는 구체적인 문제가 제기된 것이다. 예수가 바리사이파와 같이 식사하지 않았다면 바리사이파는 그렇게 사소한 문제를 물어볼 필요가 없었다. 결국 예수는 처음에는 바리사이파의 일원이었을 가능성이 있다. 아마도 바리사이파의 일원이었던 예수가 공동체의 범위를 확대하는 것과 정결례에 대해 문제를 제기하자, 그로부터 바리사이파와 갈등이 발생했을 것이다.

물론 「마르코 복음서」에도 바리사이파는 부정적인 모습으로 등장하고 예수를 죽이려 했던 집단으로 나온다. 「마르코 복음서」 3:5에 따르면, 바리사이파는 예수가 안식일에 손 마른 자를 고쳐주자 헤로데 당원들과 예수를 어떻게 죽일 수 있는지 의논했다. 그러나 정말 이때 바리사이파가 예수를 죽이기로 했는지는 의심스럽다. 만약 유대교 지도자들인 바리사이파가 예수의 활동 초기에 예수를 죽이기로 결심했다면, 예수의 공생애가 3년이나 유지될 수 없었을 것이기 때문이다. 물론 「마르코 복음서」에 따르면 예수의 공생애가 짧아질 가능성이 크지만,[26] 그렇다고 하더라도 예

---

[26] W. G. 큄멜, 박익수 옮김, 『신약정경개론』, 대한기독교서회, 1988, 203~05쪽. 공관복음서는 예수가 공생애를 시작한 이후, 즉 세례 요한에게 세례를 받은 후에 계속 갈릴래아에서 활동하다가 최후에 예루살렘으로 갔고 그곳에서 유대인들의 핍박을 받아 십자가에 못 박힌 것으로 기록하고 있다. 반면에 「요한 복음서」는 예수가 갈릴래아에서 예루살렘으로 세 차례 여행했다고 전하고 있다. 즉 「요한 복음서」에 따

수의 중후반의 삶을 설명하기는 곤란하다. 만약 바리사이파가 예수의 활동 초기에 예수를 죽이기로 결정했다면, 그것은 전체 바리사이파의 의견이 아니라 바리사이파 가운데 소수의 의견이었을 것이다.

우리는 이러한 사실을 예수가 예루살렘에 간 이후의 행적에서 확인해 볼 수 있다. 「마르코 복음서」는 예수가 예루살렘에 입성한 이후의 행적을 기록하면서 바리사이파를 단 한 번 언급했다. 「마르코 복음서」 12:13에 따르면, 바리사이파 몇 사람이 대제사장과 원로들, 율법학자들의 사주를 받아 예수에게 로마 황제에게 세금을 바치는 것이 정당한지를 물었을 뿐이다. 더욱이 예루살렘에서 예수에 맞설 뿐만 아니라 결국 예수를 죽이는 데 앞장선 자들의 명단에 바리사이파는 언급되지 않았다. 따라서 「마르코 복음서」에서 바리사이파는 예수를 권위 있는 선생님의 한 분으로 인정하고 그에게 여러 가지 질문을 던지는 존재였으며, 바리사이파의 일부는 예수와 식탁-동료였다. 앞서 언급했듯이 예수는 바리사이파의 일원이었을 가능성이 있으며, 바리사이파 주류의 정결례와 구성원의 범위에 대해 새로운 생각을 제시했기 때문에 바리사이파와 대립했지만 그 대립은 그렇게 극심한 것이 아니었다. 아울러 바리사이파는 예수를 죽이는 데 적극 가담하지도 않았다.

「마태오 복음서」는 「마르코 복음서」의 바리사이파에 대한 이런 온건한 상을 완전히 바꾸어버렸다. 먼저 「마태오 복음서」에 따르면, 바리사이파는 유대교의 공식적인 대변인으로서 역할을 하고 있다. 「마태오 복음서」는 유대인들의 모든 지도자가 예수와 맞섰던 것으로 묘사하고 있는데, 그 중에서 바리사이파가 가장 극렬했다. 가령 「마태오 복음서」 22장에 따르면 사두가이인이 몰려와 예수에게 과연 부활이 있는지에 대해 물었다. 예

르면, 예수는 갈릴래아와 예루살렘을 계속 오가면서 활동했다. 일반적으로 예수가 3년의 공생애를 살았다는 이야기는 「요한 복음서」에 따라 재구성된 것이다. 공관복음서에 따라 재구성할 경우에 훨씬 짧은 생애를 살았을 수도 있다.

수가 현명하게 대답해 사두가이인의 말문이 막혔다는 소문을 듣고는 바리사이파 사람들이 몰려와 "율법 중에 큰 계명이 무엇인지를 묻는다".[27] 이 대목에서 분명 바리사이파는 유대인들 가운데 가장 똑똑한 자들로 예수와 신학적인 논쟁을 벌이는 존재이다. 이렇게 유대인들을 대변하는 바리사이파는 예수에게 단순히 물어보는 것이 아니라 적극적으로 도전하고 대립했다.

다음 이야기 역시 이 사실을 명확히 보여준다. 예수가 활동을 시작한 후에 많은 기적을 행하고[28] 군중이 그를 따른다는 소문이 사방에 퍼졌다. 「마르코 복음서」는 그 소식이 예루살렘에까지 퍼졌고 "예루살렘에서 내려온 율법학자들"(3:22)이 예수가 마귀의 힘을 빌려 기적을 행한다고 비판했다고 전한다. 그런데 「마태오 복음서」는 "예루살렘에서 내려온 율법학자들"을 '바리사이파'로 고쳤다(9:34, 12:24). 또한 「마태오 복음서」에 따르면, 바리사이파는 예수를 죽이는 데도 관여했다. 바리사이파는 대제사장들과 공모해 예수를 체포했으며, 예수가 사형당한 후에도 예수의 시신을 단속하려 했다. 결국 「마태오 복음서」에 따르면, 바리사이파는 유대 지도자들을 대변해 예수에게 맞섰으며, 그를 죽이는 데에도 적극적으로 관여했다.

「마태오 복음서」가 바리사이파에 대해 「마르코 복음서」와 다르게 서술한 것을 도표로 살펴보면 다음과 같다.

---

27 일반적으로 예수가 이 말씀을 통해 새로운 계명을 주었다고 이야기된다. 하느님과 이웃을 사랑하라는 말씀은 기독교의 모토로 이용되고 있다. 그러나 「루카 복음서」 10장에 따르면, 이는 예수가 한 말이 아니라 한 율법학자가 한 말이다. 어느 것이 진실인지는 알 수 없지만 예수의 말씀이 유대교의 전통에서 전혀 새로운 것은 아니었을 것으로 생각된다.
28 레자 아슬란, 민경식 옮김, 『젤롯』, 와이즈베리, 2014, 172~74쪽.

주제	마르코 복음서	마태오 복음서
예수의 권위를 인정하지 않고 예수를 마귀의 우두머리라 부른 자	예루살렘에서 내려온 율법학자들(3:22)	바리사이파 사람들(9:34, 12:24)
성전에서 예수에게 맞서고 예수를 체포하려 했던 자	대제사장들과 원로들, 율법학자들(11:27) (단 이들이 바리사이파와 헤로데 당원을 보내 예수를 시험케 함)	대제사장들과 바리사이파 사람들(21:45)
예수를 체포한 자들	대제사장들과 원로들, 율법학자들이 보낸 무리(14:43)	대제사장들과 원로들이 보낸 무리(26:47)
예수가 세리와 식사하는 것을 문제 삼은 자들	바리사이파 가운데 율법학자들(2:16)	바리사이파 사람들(9:11)
예수에게 큰 계명에 대해 물어본 사람	율법학자(우호적임)(12:28)	바리사이파 가운데 율법에 밝은 자(도전적임)(22:35)
예수의 재판에서의 역할	진술 없음	대제사장과 바리사이파가 빌라도에게 몰려가 시신을 잘 감시하도록 요구

「마태오 복음서」와 「마르코 복음서」를 비교해 읽으면 우리는 또 하나의 특이점을 발견할 수 있다. 「마르코 복음서」에서는 예수가 바리사이파를 저주하는 대목이 한 번도 안 나온다. 예수께서 "제자들에게 바리사이파 사람들의 누룩과 헤로데의 누룩을 조심하여라"라고 경고했다는 말이 한 번 나올 뿐이다.[29] 반면에 「마태오 복음서」의 저자는 수차례에 걸쳐 바리사이파에 험담과 저주를 퍼붓는다. 바리사이파는 "독사의 자식", "위선

---

29 「마르코 복음서」 8:15.

자", "소경", "겉은 그럴싸해 보이지만 그 속에는 죽은 사람의 뼈와 썩은 것이 가득 차 있는 회칠한 무덤 같은" 자들이다. 이렇듯 「마태오 복음서」의 저자는 바리사이파에 대한 극단적인 혐오를 숨기지 않았다.

이렇게 「마르코 복음서」와 「마태오 복음서」의 진술이 다르기에 우리는 「마태오 복음서」가 전하는 바리사이파에 대한 여러 가지 상, 즉 바리사이파가 유대인들을 대표하는 자였다는 진술, 바리사이파가 적극적으로 예수에게 맞섰다는 진술, 바리사이파는 극단적인 위선자이자 형식주의자라는 진술의 신빙성을 의심해보지 않을 수 없다. 그럼에도 불구하고 많은 사람이 바리사이파에 대해 부정적인 인식을 갖고 있는데, 이는 「마태오 복음서」가 전하는 잘못된 상에 사로잡혔기 때문이다.[30] 따라서 예수와 바리사이파가 목숨을 건 논쟁을 펼쳤으며, 예수가 바리사이파의 교리를 무너뜨리고 새로운 종교를 만들었다는 통념은 잘못된 것이다.

---

30 바리사이파에 대한 서술은 정기문, 「신약성경에 묘사된 바리사이파 상에 대한 검토」, 『전북사학』 33, 2008을 수정한 것이다.

제7장

예수의 아버지는 유일신이었는가

엘 신의 아들 야훼

유대인들이 세계사에 기여한 가장 큰 공헌은 유일신교를 창시해 샤머니즘이나 애니미즘 같은 원시 종교로부터 인류가 벗어날 수 있도록 한 것으로 이야기된다. 기독교의 가르침에 따르면, 유대인들의 신 야훼는 우주를 창조하고 모든 세계의 역사를 주관하며, 모든 사람의 현세와 내세를 주관하는 절대자이다. 그는 절대 선이고 사랑의 화신으로 인류 전체를 구원하고자 그의 아들을 세상에 보냈다. 흔히 기독교 신자들은 이런 '신앙'을 입증하기 위해 성경을 근거로 제시한다.

그런데 이런 생각을 가지고 성경을 펼치면 우리는 처음부터 매우 당혹스러운 구절에 직면한다. 성경의 첫 권인 「창세기」 1장은 유대교의 유일신 야훼 하느님이 천지와 인간을 창조하는 것에 대해 다음과 같이 묘사하고 있다. "우리 모습을 닮은 사람을 만들자! 그래서 바다의 고기와 공중의 새, 또 집짐승과 모든 들짐승과 땅 위를 기어 다니는 모든 길짐승을 다스리게 하자!" 이 구절에서 하느님은 '우리'라고 명기되어 있다. 하느님이 오직 한 분이고 유일신이라면, 왜 그를 가리키는데 '우리'라는 복수가 사용되었는가?

기독교 신자들은 여러 가지 논리를 펴면서 이 구절의 '우리'를 문법적으로 복수이지만 의미상 사실은 단수라고 주장한다. 오랫동안 그들의 설명을 듣고 있으면 너무나 복잡하고 어려워 내가 지력이 부족해 그들의 설명을 제대로 이해할 수 없는가라는 생각이 들기도 한다. 그러나 성경을 조금 더 읽다 보면 기독교 신자들의 설명은 앞뒤가 맞지 않은 모순이며, 야훼는 유일신도 우주를 주관하는 최고신도 아님을 보여주는 여러 구절을 만나게 된다.

이스라엘의 영웅 모세는 이집트를 탈출해 가나안으로 향하던 광야에서 이렇게 이야기했다.

> 먼 옛날들을 회상해 보십시오. 오래전의 선조들을 더듬어 보십시오. 당신들의 아버지에게 물어보십시오. 그가 대답해줄 것입니다. 연장자들에게 물어보십시오. 그가 설명해줄 것입니다. 지극히 높으신 하느님께서 민족들에게 땅을 나누어주시고 인류를 갈라 흩으실 때, 신들의 수효만큼 경계를 나누셨습니다. 그때 야훼는 야곱의 족속들을 차지하셨고 이스라엘을 그의 유업으로 받았습니다.[2]

이 구절을 건전한 이성을 가지고 아무런 가감 없이 읽으면 매우 당혹스럽다. 기독교 신앙에 따르면, 야훼가 천지를 만들고 인류의 역사를 주관하는 유일한 하느님이다. 그런데 이 구절에는 야훼가 아니라 '지극히 높으신 하느님'이 우주 최고의 신이고 그가 야훼에게 이스라엘 백성과 그 땅을 할당해 주었다. 이 구절에서 '지극히 높으신 하느님'과 야훼는 다른 존재임이 분명하다. '지극히 높으신 하느님'은 최고의 신이고 야훼는 그에게

---

1 「창세기」 1:26.
2 「신명기」 32:7-9.

서 이스라엘 부족을 할당받은 하위의 신, 즉 부족의 신이다.

도대체 이 '지극히 높으신 하느님'은 누구인가? 구약성경을 히브리어 원문으로 읽어야 이 수수께끼를 풀 수 있다. 히브리어 성경에서 이 구절의 '지극히 높으신 하느님'은 '엘 엘욘'(El Elyon)이다. 엘은 최고 신의 이름이고 엘욘은 '지극히 높으신'을 의미하는 형용사이다. 따라서 우주에 계시는 최고의 신은 야훼가 아니라 '지극히 높으신 하느님', 즉 '엘 엘욘'(El Elyon)이다. 이 '지극히 높으신 하느님'이 천지를 창조했다.[3] 다음 구절은 이 사실을 명확히 보여준다.

> 그때에 살렘의 왕 멜키체덱이 떡과 포도주를 가지고 나왔다. 그는 지극히 높으신 하느님을 섬기는 사제였다. 그는 아브람에게 복을 빌어주면서 이렇게 말했다. "하늘과 땅을 만드신 지극히 높으신 하느님이여 아브람에게 복을 내려주십시오. 그리고 아브람의 원수를 아브람의 손에 넘겨주시는 지극히 높으신 하느님이여 찬양 받으십시오"(「창세기」 14:18-20).

이 구절에서 '지극히 높으신 하느님'은 원어로는 앞에서 언급했던 '엘 엘욘'이다.[4] 따라서 천지 우주를 창조하신 분은 야훼가 아니라 엘 엘욘이다.[5]

---

3 구약성경을 연구하는 학자들은 구약성경에 엘로힘을 최고 신으로 묘사하는 구절들과 야훼를 최고 신으로 묘사하는 구절들이 있음을 인정하고 있다. 앞의 자료를 'E 자료', 뒤의 자료를 'J 자료'라고 한다. 다수의 연구자는 E 자료가 J 자료보다 훨씬 앞서고 또한 역사성이 높은 것으로 판단하고 있다.

4 유대인들이 유일신을 숭배하지 않았던 것은 신약성경에서도 확인된다. 「골로새서」 2:18의 본문은 "여러분은 겸손한 체하거나 천사를 숭배하는 자들에게 속아서 여러분이 받을 상을 빼앗기지 마십시오"라고 되어 있다. 여기서 천사를 숭배하는 자들이 누구일까? 아마도 유대인들 가운데 그런 자들이 있었을 것이다. 1~2세기 유대인 회당들 가운데서는 '지극히 높으신 신들'(Theos Hypsistos)을 숭배한 자들이 있었다는 것이 이를 뒷받침한다. 이에 대해서는 James Dunn, *Beginning From Jerusalem*, William Eerdmans 2009, p. 619 참조.

5 구약성경에는 엘로힘이라는 단어가 나온다. 「창세기」 1:1은 "한 처음에 하느님께서

야훼는 바로 이 '지극히 높으신 하느님'의 아들이다. 앞에서 인용했던 「신명기」에서 "신들의 수효만큼"이라는 구절이 있다. 이 구절에서 '신들'의 원어는 무엇일까? 쿰란에서 발견된 히브리어 구약성경에 따르면, 이 구절의 원어는 '엘의 아들들'[6]이다. 그렇다면 '지극히 높으신 엘'이 '엘의 자식들'의 수에 따라 세상 백성을 나누고 각각의 자식에게 세계의 백성을 할당했으며, 그때 야훼가 야곱의 족속(야곱은 유대인들의 조상이니, 야곱의 족속은 유대인들을 말한다)을 받았다.[7] 따라서 이 문장은 야훼가 '지극히 높으신 엘'로부터 야곱 부족을 할당받았다고 해석해야 합당하다. 그렇다면 야훼는 우주를 창조한 최고의 신이 아니라 그 신의 아들 가운데 한 명일 뿐이다. 이 사실이 다른 문서가 아니라 성경에 명확히 서술되어 있다.

물론 기독교 신자들은 이런 해석을 받아들이지 않는다. 이런 설명을 하면 기독교 신자들은 '엘 엘욘'이 바로 야훼라고 주장한다. 사실 구약성경에는 기독교 신자들의 이 주장을 뒷받침하는 성경 구절들도 있다. 가령 앞에서 인용한 「창세기」 14장에서 아브라함은 이렇게 말했다.

내가 하늘과 땅을 만드셨고 지극히 높으신 하느님, 야훼께 손을 들어 맹세합니다.[8]

하늘과 땅을 지어내셨다"인데, 이 구절의 하느님은 원어로 보면 야훼가 아니라 '엘로힘'으로 되어 있다. 엘로힘은 구약에 2,500여 회가 등장하는데, 아마도 엘 신의 신성을 의미하는 것 같다. 최동훈, 『구약의 하나님은 신약의 하나님이 아니다』, 삼인, 2011, 71~91쪽은 이 문제를 잘 설명하고 있다. 최동훈은 엘로힘이 남성 신 엘과 여성 신 엘로의 합성어일 가능성도 제기하고 있다. 한편, 엘로힘이 단수인가 복수인가에 대해서도 논쟁이 심하다. 히브리어에서 어미 'im'은 복수형 접미사라는 주장에 대해서는 민희식, 『성서의 뿌리: 오리엔트 문명과 구약성서』, 블루리본, 2013, 62쪽 참조.

6 Margaret Barker, *The Great Angel*, John Knox Press, 1992, p. 5.
7 박영희, 「호칭을 통한 우가릿의 엘과 바알, 고대 이스라엘의 야훼 비교」, 『서양고대사연구』 32, 2012, 22쪽.
8 「창세기」 14:22.

이 구절에서 아브라함은 하늘과 땅을 만드신 지극히 높으신 하느님(원어로는 엘), 곧 야훼에게 맹세했다. 따라서 엘 신과 야훼는 하나라고 추론할 수 있다. 그런데 아브라함이 정말 이런 말을 했을까? 성경에 쓰여 있으니 당연히 그렇다고 말할 수도 있겠지만 전혀 그렇지 않다. 성경은 아브라함이 야훼를 몰랐다는 사실을 명확히 하고 있기 때문이다. 다음 구절은 이 사실을 잘 보여준다.

> 하느님께서 모세에게 말씀하셨다. "나는 야훼다. 나는 아브라함과 이사악과 야곱에게 전능한 하느님으로 모습을 드러냈다. 그렇지만 야훼라는 나의 이름을 그들에게 알리지 않았다.[9]

이 구절에서 '전능한 하느님'의 원어는 '엘 샤다이'(El Shaddai)이다. '엘 샤다이'는 '엘 엘욘'과 같은 신이다. 엘이라는 신의 이름은 같고, 그 뒤에 붙은 형용사에 따라 '지극히 높으신(엘욘)' 엘, '전능한(샤다이)' 엘로 불리는 것이다. 그런데 여기서 야훼라는 신은 자신이 아브라함, 이사악, 야곱과 같은 이스라엘의 조상들에게 자신의 이름을 '엘 샤다이'로 가르쳐 주었지 야훼로 가르쳐 주지 않았다고 명확히 말하고 있다. 그렇다면 앞에서 아브라함이 "손을 들어 야훼께 맹세합니다"라고 말한 것은 시대착오적인 일이다.

아직 야훼의 이름이 알려져 있지 않았기 때문에 아브라함이 신의 이름을 걸고 맹세하려면 "엘 샤다이께 손을 들어 맹세합니다"라고 말했어야 했다. 따라서 아브라함이 지극히 높으신 신을 야훼라고 말했다고 해서 그 말을 그대로 받아들일 수는 없다. 아브라함의 말은 엘과 야훼가 하나로 통합된 후대의 관념을 앞 시대에 투영한 것이다.[10] 다시 말해 엘과 야훼가

---

9 「출애굽기」 6:2-3.
10 엘 신과 야훼가 원래는 별개의 신이었지만 하나로 통합되었다는 것에 대해서는

통합된 이후에 살았던 누군가가 아브라함이 그렇게 말했다고 꾸며낸 것이다. 이렇듯 성경을 보아도 엘과 야훼는 다른 신인데, 엘이 우주를 창조한 최고의 신으로서 야훼에게 이스라엘 백성을 할당해 주었다.

엘 신은 누구인가

그렇다면 엘 신은 누구이며, 왜 후대에 야훼 신과 하나로 통합되었을까? 먼저 엘 신이 누구인지에 대해 살펴보자. 시리아의 고대 도시인 우가리트에서 발견된 한 문헌은 엘 신을 이렇게 소개하고 있다.

> 엘은 자비로우며,
> 엘은 확고하며,
> 엘은 평화입니다.[11]

이렇게 엘 신을 거론하는 고대 문헌들은 가나안 일대에서 풍부하게 발견된다. 그가 원래 가나안인들의 토착 신이었기 때문이다. 문헌들에 따르면, 엘은 지고의 신으로 늙고 백발의 수염을 가진 노인의 모습으로 제시되곤 했다. 이 엘 신은 자비롭고 그 백성들을 긍휼히 여기는 평화의 신이다. 아브라함의 일족이 가나안 지역으로 들어왔을 때, 가나안 사람들 가운데 일부가 엘 신을 믿고 있었고 아브라함 부족은 '엘' 신과 좋은 관계를 맺었다.[12] 앞에서 인용했던 「창세기」 18장의 구절을 다시 읽어보자.

Daniel Boyarin, *The Jewish Gospels: The Story of the Jewish Christ*, The New Press, 2012, pp. 51~53 참조.
11 조철수, 『메소포타미아와 히브리 신화』, 도서출판 길, 2000, 231쪽.
12 같은 책, 230쪽.

그때에 살렘의 왕 멜키체덱이 떡과 포도주를 가지고 나왔다. 그는 지극히 높으신 하느님을 섬기는 사제였다. 그는 아브람에게 복을 빌어주면서 이렇게 말했다. "하늘과 땅을 만드신 지극히 높으신 하느님(엘 엘욘)이여 아브람에게 복을 내려주십시오. 그리고 아브람의 원수를 아브람의 손에 넘겨주시는 지극히 높으신 하느님이여 찬양 받으십시오.[13]

이 구절에 등장하는 멜키체덱은 「창세기」에 단 한 번밖에 나오지 않는다. 살렘(예루살렘의 고대 명칭)의 왕이자 '지극히 높으신 하느님'을 섬기는 사제로 소개되고 있다. 다시 말해 그는 가나안 지역의 왕이며, 가나안 지역에서 엘 신을 숭배하는 사제였다. 이렇듯 아브라함이 가나안 지역에 들어가기 이전에 이미 엘 신이 있었고 가나안 사람들이 그 신을 숭배하고 있었다.

미디안족의 신 야훼

지금까지 엘이 가나안의 토착 신이라는 것을 살펴보았다. 그렇다면 야훼는 누구인가? 그의 기원은 정확히 알 수 없다. 명확한 것은 모세가 이집트에서 살인을 하고 광야로 가서 미디안족의 여인 십보라와 결혼했으며, 그의 장인에게서 야훼라는 신을 소개받았다는 것이다.[14] 미디안족은 아라비아 반도에 살던 유목 민족이었다. 미디안족만이 야훼를 숭배했는지, 다른 여러 부족이 야훼를 숭배했는지 확실하지 않다. 일단 성경 안에서만 본다면 후자일 가능성이 높은데, 구약에 나오는 켄족 또한 야훼를 숭배한 것으로 알려져 있기 때문이다. 미디안족과 켄족이 동일 부족이라는 주장도 있다.

---

13 「창세기」 14:18-19.
14 Karen Armstrong, *A History of God*, Ballantine Books, 1993, p. 21.

하여튼 모세는 미디안 지역의 호렙산[15]에서 처음으로 야훼라는 신을 만났다. 그때 모세와 야훼는 이런 대화를 나누었다.

> 야훼께서 말씀하셨다. "나는 네 조상들의 하느님, 즉 아브라함의 하느님, 이사악의 하느님, 야곱의 하느님이다." …… 너는 이스라엘 백성에게 이렇게 일러라. "나를 너희에게 보내신 이는 너희 조상들의 하느님 야훼이시다. 그는 아브라함의 하느님, 이사악의 하느님, 야곱의 하느님이시다. 이것이 영원히 나의 이름이 되리라. 대대로 이 이름으로 나를 기리게 되리라."[16]

이 구절에서 모세가 만난 신은 자신의 이름은 야훼이고 이스라엘 조상들이 섬기던 신과 동일한 존재라고 스스로를 소개한다. 바로 이 시점에서 아브라함이 섬겼던 엘 신이 야훼라는 신과 동일한 존재로 부각되었다. 다시 말해 이전에 이스라엘 사람들이 어떤 신을 섬겼는데, 그들은 그 신의 이름이 야훼인 것을 몰랐다. 그런데 모세가 미디안 지역에 피난 갔을 때 어떤 신이 나타나 자신의 이름이 야훼이며, 이스라엘 백성이 예전부터 섬기던 신과 같은 존재라고 주장하면서 앞으로 이스라엘 백성은 자신을 섬겨야 한다고 주장했다.

모세에게 나타난 이 신의 주장은 사실일까? 전혀 그렇지 않다. 모세에게 나타난 신은 원래 이스라엘 백성이 섬겼던 신이 아니라 미디안족이 섬기던 신이었다. 모세가 출애굽해 광야에 있을 때, 그의 장인이 찾아왔던 일을 살펴보자.

---

15 시나이산의 다른 이름이다. 원래 시나이산이 달의 신 숭배와 관련이 있었기 때문에 그 연상을 없애기 위해 호렙산으로 바꾸었다는 설이 있다. 이에 대해서는 주원준, 『구약성경과 신들』, 한님성서연구소, 2012, 83쪽 참조.
16 「출애굽기」 3:6-15.

모세의 장인 이트로가 모세의 두 아들과 아내를 데리고 모세에게 왔다. 그때 모세는 하느님의 산 근처의 광야에 진을 치고 있었다. 이트로가 모세에게 사람을 보내 말했다. "자네의 장인인 나 이트로가 자네의 처와 두 아들을 데리고 왔다." 모세는 장인을 맞기 위해 나가 엎드려 절을 올리고 입을 맞추었다. 그들은 서로 인사를 나누며 천막으로 들어갔다. 모세는 장인에게 야훼께서 그동안 이스라엘을 위해 파라오와 이집트인들에게 어떤 일을 하셨는지, 저희가 오는 중에 얼마나 고난을 겪었으며, 그때마다 야훼께서 어떻게 극복할 수 있게 해주었는지를 모두 이야기해 주었다. 이트로는 야훼께서 이스라엘 백성을 이집트인들의 손에서 건지시기 위해 베푸신 온갖 고마운 일을 듣고 기뻐하며 말했다. "이집트인들과 파라오의 손에서 너희를 건져내시고, 이집트인들의 손에서 이스라엘 백성을 건져내신 야훼께 찬양드려야 한다. 이제 나는 야훼께서 어떤 신보다도 강하시다는 것을 알았다. 그는 이스라엘 백성을 오만하게 다룬 이집트인들로부터 구해내셨다." 모세의 장인 이트로가 번제물과 여러 제물을 하느님께 바쳤다. 아론과 이스라엘의 장로들이 모두 와서 모세의 장인과 함께 하느님 앞에서 제사 음식을 먹었다.[17]

이 구절에 따르면, 모세는 이트로에게 자신이 야훼를 섬기면서 겪었던 일을 보고했고, 모세나 이스라엘 백성 가운데 모세나 그의 형 아론이 아니라 이트로가 야훼에게 제사를 지냈다. 이스라엘의 지도자들은 그가 제사를 지낸 이후에 제사 음식을 나누어 먹었다. 이는 이트로가 원래 야훼라는 신을 섬기고 있었으며, 이스라엘 지도자들은 그가 시키는 대로 야훼를 섬기는 일에 참가했음을 의미한다.

따라서 이트로는 모세보다 먼저 야훼를 섬기고 있었고 그 때문에 야훼

---

17 「출애굽기」 18:5-12.

를 숭배하는 일에 훨씬 밝았다. 그는 모세가 그의 동네로 피난 왔을 때, 모세에게 야훼를 소개하고 그를 숭배하는 법을 가르쳐 주었다. 장인 이트로에게서 야훼라는 신을 숭배하는 법을 배운 모세는 이집트로 돌아가 이스라엘 백성에게 야훼를 숭배하면 그가 이스라엘 백성을 이집트의 지배에서 벗어나게 해줄 것이라고 선전했다. 모세가 야훼라는 신이 원래부터 이스라엘 백성이 섬기던 신이고 그가 이스라엘 백성을 보호해줄 것이라고 주장하자, 이스라엘 백성은 그의 말을 믿고 야훼를 섬기기로 결정했다.

유목족의 신 야훼

앞에서 살펴보았듯이 야훼는 원래 미디안족이 숭배하던 신이었는데 모세가 그 신을 배워 유대인들에게 전파했으며, 그때 모세는 그 신이 예전 조상들이 숭배하는 신과 동일한 신이라고 주장했다.[18] 그렇다면 모세가 미디안족의 신을 이스라엘 조상의 신이라고 말할 수 있었던 이유는 무엇일까? 그것은 아마도 미디안족처럼 이스라엘 조상들도 원래 유목민이었기 때문일 것이다. 아브라함과 이사악, 야곱은 양을 치던 유목민이었고 그 이후에도 이스라엘 사람들은 상당 기간 유목 생활을 했다. 후에 이스라엘 사람들이 정착해 농경 민족이 된 이후에도 야훼는 유목민의 신의 성격을 계속 지니고 있었다.

---

18 야훼가 원래 이스라엘의 신이 아니었던 것은 다른 자료에서도 확인된다. 야훼라는 명칭이 가장 먼저 등장한 곳은 청동기 시대 시리아의 도시인 에블라(Ebla) 혹은 시리아 해안 도시인 우가리트였다. 또한 이와 비슷한 시기라고 볼 수 있는 이집트 신왕국기에 에돔이라는 도시 근처 사막에 거주하는 족속들이 있었는데, 그들은 '야훼의 사수'(Shasu of Yahweh)라고 불렸다. 구약성경에도 야훼를 에돔이나 아라비아 남부 사막 지역과 연계시키는 이야기들이 나오고 있다. 야훼는 이렇게 넓은 지역에서 주로 유목족의 신으로 숭배되고 있었다. 이에 대해서는 Thomas L. Thompson, *The Mythic Past: Biblical Archaeology and the Myth of Israel*, Basic Books, 1999, pp. 175~76 참조.

물론 이스라엘 족속의 기원을 단선적으로 이야기할 수는 없다. 이스라엘이 하나의 종족으로 형성된 것은 기원전 13세기~기원전 12세기 전후의 일이다. 이 시기에 이집트에서 노예살이를 하다가 이른바 출애굽을 한 사람들, 가나안 산지에 살던 반유목민들, 가나안 지역에서 지배층의 압제에 시달리던 사람들 등이 합쳐져 이스라엘의 12부족을 형성했다.[19] 이들의 출신이 다양했기에 섬기던 신들도 다양했다. 그 가운데서 출애굽을 주도했던 사람들은 야훼 신앙을 추구했는데, 이들이 향후 주도권을 잡아가면서 이스라엘 모든 부족에게 점진적으로 야훼 신앙을 이식했다. 이스라엘 민족의 기원이 이렇게 다양하기 때문에 그들 모두가 유목민이라고 말하기는 힘들다. 그러나 기원전 1000년경 다윗 왕국이 수립되기 전에 대다수의 이스라엘 족속은 산에 살았던 유목민이 많았으며, 그 이후에 평지를 정복해 점차 농경민으로 바뀌어 갔던 것 같다.

여기서 이스라엘 족속의 기원에 대해 자세히 살펴보지는 않겠다. 다만 주변 종족들이 이스라엘 사람들을 유목민으로 보았고 그들의 신 야훼를 유목민의 신으로 보았다는 것은 확실하다. 기원전 860년경 이스라엘의 왕 아합이 아람의 왕 벤하닷과 싸울 때의 일을 보면 이 사실을 잘 알 수 있다. 벤하닷의 부하들은 왕에게 이렇게 말했다.

> 아람 왕의 신하들이 그들의 왕에게 말했다. "이스라엘의 신은 산의 신입니다. 지난번 우리가 진 것은 산에서 싸웠기 때문입니다. 그러나 평지에서 싸운다면 우리가 그들을 반드시 이길 것입니다."[20]

이 인용구에서 평지는 농민을 상징하고 산은 목동(牧童)을 상징한다. 평

---

19 이스라엘 종족의 다양성과 그 형성 과정에 대해서는 황성규, 「고대 이스라엘의 야훼신앙과 이방인의 갈릴래아」, 『신학연구』 3, 1991, 106~15쪽 참조.
20 「열왕기 상」 20:23.

지는 농민이 농사를 짓는 곳이며, 산은 유목민이 양을 치는 곳이기 때문이다. 따라서 이스라엘의 신이 산의 신이라는 말은 그가 유목민의 신임을 의미한다.

이런 유목민의 신인 야훼는 또한 폭풍우를 일으키며, 전쟁터에서 돌진하는 전사의 신이었다.[21] 이 사실은 다음 구절에서 확인된다.

> 야훼여, 당신께서 세이르(Seir)에서 나오실 때, 당신께서 에돔 벌판에서 행진해 오실 때, 땅은 뒤흔들리고, 하늘은 진동하고, 구름은 비를 쏟았습니다. 산들이 야훼 앞에서 녹아내렸습니다.[22]

이렇게 이스라엘 족속이 모세에게서 소개받은 신 야훼는 유목민의 신이었고, 또한 그 유목민을 보호해주는 전쟁의 신이었다.[23] 고대 유대인들이 야훼를 숭배했던 주요 이유 가운데 하나가 바로 이것, 즉 야훼가 전쟁에 능한 신이라는 것이었다.[24]

남성 신 야훼

야훼가 전쟁의 신, 유목민의 신이었다면 그의 성별(性別)은 어떻게 될까? 상당수의 현대인은 신의 성을 따지는 것을 이상하게 생각할 수도 있다. 그들은 신이 초월적이고 영적인 존재이기에 성이 없을 것이라고 생각

---

21 Karen Armstrong, 앞의 책, 1993, p. 23. 구약성경에 보면 모세가 이스라엘 족속에게 야훼를 소개한 후에도 이스라엘 족속이 계속 바알 신을 비롯한 여타의 신을 숭배하는 모습이 자주 등장한다. 이는 자연스러운 일인데, 야훼가 전쟁의 신이기에 농경 행사에는 적합하지 않았기 때문이다. 야훼가 해줄 수 없는 이 결핍을 채우기 위해 이스라엘 족속은 풍요의 신인 바알을 계속 숭배했다.
22 「판관기」 5:4-5.
23 「출애굽기」 15:3은 이 사실을 단적으로 표현했다.
24 Alan Segal, *Two Powers in Heaven*, Brill, 2002, p. 33 참조.

한다. 그러나 고대인들은 그렇게 생각하지 않았다. 그들은 신도 인간처럼 물리적인 속성을 갖고 있으며, 그 때문에 각각 성이 있다고 생각했다. 고대 이스라엘 사람들도 그렇게 생각해 야훼를 남성 신이라고 규정했으며,[25] 때때로 '아세라'(Asherah)라는 여성 신을 그의 배우자로 여기며 숭배했다.[26]

유대인이 유일신을 숭배했다는 생각이 너무나 강하기 때문에 그들이 아세라라는 여신을 숭배했다는 사실을 잘 이해하지 못할 수도 있다. 그러나 앞에서 설명했듯이 이스라엘 백성은 원래 출신이 다양한 사람들의 혼성 집단이었고 야훼를 숭배하는 사람은 초기에는 소수였다. 따라서 이스라엘 백성은 기원전 6세기 유일신 신앙이 확고해질 때까지 대부분 여러 신을 숭배했다. 고고학이 발전하면서 이스라엘 지역에 대한 많은 발굴이 이루어졌는데, 그 결과 여러 신의 조각상과 그들을 숭배하기 위한 시설이 많이 발견되었다. 또한 이스라엘 백성이 여러 신을 숭배했음을 입증해주는 비문 자료들도 다수 발굴되었다.[27] 따라서 고대 이스라엘 종족은 다른 종족과 다름없이 여러 신을 숭배했으며,[28] 다신교의 관념에 따라 야훼도

25　그레고리 라일리, 박원일 옮김, 『하느님의 강』, 한국기독교연구소, 2005, 92쪽.
26　롤프 크라우스, 김영 옮김, 『모세는 파라오였다』, 이룸, 2003, 388쪽.
27　이경숙, 「여신 숭배론을 통해 본 이스라엘 왕국 시대의 종교적 갈등」, 『기독교사상』 444, 1995, 98쪽.
28　'이스라엘'은 매우 복잡하고 다변적이며 또한 다의적인 말이다. 성경과 이스라엘의 역사를 이야기할 때, '이스라엘'이라는 말은 다음 10가지나 되는 의미를 갖고 있다. 1. 이사악의 아들 야곱의 이름, 2. 부족들의 신성 동맹체의 이름, 3. 예루살렘을 수도로 하는 통일 왕국의 이름, 4. 솔로몬 이후 북왕조의 이름, 5. 기원전 722년 이후 유대 왕국의 다른 이름, 6. 바빌론 유수 이후 예후드(Yehus) 속주 지역에 살던 공동체의 이름, 7. 예후드 공동체 내 평민 집단의 이름(아론 공동체와 대조해서), 8. 야곱 후손의 이름, 9. 에프라임 지역 군주제 이전의 부족 집단들, 10. 히브리와 구약을 믿는 여러 형태의 추종자들이 그것이다. 이스라엘의 역사를 읽을 때, 우리는 '이스라엘'이라는 단어가 여러 뜻을 갖고 있다는 것을 알고 문맥에 따라 해석해야 한다. 이에 대해서는 Philip R. Davies, *In Search of "Ancient Israel": A Study in Biblical Origins*, Continuum, 1995, p. 48 참조.

다른 신들처럼 배우자가 있어야 한다고 생각했다.²⁹ 이때 그들은 야훼가 남성 신이라고 생각했으며, 아세라 여성 신을 그의 부인이라고 숭배했다.

야훼가 이렇게 남성 신이었기 때문에 구약에는 남성을 귀하게 여기는 반면, 여성을 천한 존재로 여기는 규정들이 수없이 많다. 구약의 여러 규정에 의하면, 여성은 열등하고, 부정하고, 남자의 소유물이다. 이런 규정들 가운데서 특히 눈에 띄는 것은 남자가 여러 여자를 아내로 거느렸으며, 마음대로 여자를 버리곤 했다는 것이다. 물론 이는 유대인 남성들이 생명처럼 소중히 여긴 다음 성경 구절에 근거가 있었기 때문이다.

> 어떤 남자가 여자와 결혼해 데려온 후, 그녀에게서 추한 것이 발견되어 그녀가 마음에 들지 않는다면 이혼 증서를 써서 그녀의 손에 주고 그녀를 자기 집에서 내보낼 수 있다.³⁰

이 구절에서 '추한 것'은 무엇일까? 예수 시절에 활동했던 율법의 대가들인 힐렐 학파의 해석이 아주 흥미롭다. 그들은 이 구절을 "아내가 음식을 태우는 것과 같이" 무언가 마음에 들지 않는 행동을 의미하고, 또한 "아내보다 더 아름다운 여인을 알게 되어 아내가 싫증 났을 때"라고 해석했다.³¹ 남성의 이런 변덕에 의해 이혼당한 여성은 당시 사회에서 살길이 막막했기 때문에 다른 남자의 첩이 되거나 창녀가 되어 몸을 팔아야 했다. 이렇게 하느님의 율법에 의해 작동되는 유대 사회에서 여성의 지위가 형편없었기 때문에 유대 남성들은 매일 아침 "야훼 하느님 여자로 태어나지 않게 해주셔서 감사합니다"라고 기도했다.

---

29 윤영준, 「고대 이스라엘의 비관용적인 단일숭배의 기원에 관한 연구: 에살핫돈의 왕위계승조약과의 관계를 중심으로」, 한세대학교 박사학위논문, 2008, 2쪽.
30 「신명기」 24:1.
31 정현경, 「요한 복음서의 여성제자들」, 서강대학교 석사학위논문, 2013, 38쪽; 존 드레인, 서희연 옮김, 『성경의 탄생』, 옥당, 2011, 281쪽.

이런 전쟁의 신, 유목민의 신, 남성의 신인 야훼가 시나이산에서 모세와 맹약을 맺은 뒤에 오직 이스라엘 부족만을 지켜줄 것을 약속한다. 이는 야훼가 이스라엘의 부족신이 되었다는 것을 의미한다. 부족신으로서 야훼의 면모를 좀더 자세히 살펴보자.[32]

부족신 야훼

모세의 소개를 통해 이스라엘 족속이 야훼를 신으로 받아들이기로 했을 때, 야훼는 그들에게 계약을 요구했다. 야훼는 이스라엘 족속이 자신을 잘 섬기면 이스라엘 족속을 거룩한 백성으로 삼아 보호해주고 가나안 땅을 주며, 후손을 하늘의 별처럼 많게 해주겠다고 약속했다. 그런데 야훼는 스스로 "나의 이름은 질투하는 야훼, 곧 질투하는 신이다"[33]라고 말했다. 따라서 야훼는 무엇보다도 자기 이외에 다른 신을 섬기지 말라고 요구했다. 야훼의 성격을 이해하려면 이 말을 찬찬히 곱씹어볼 필요가 있다. 질투를 하려면 누군가 대상이 있어야 하는데, 다른 신들이 존재하지 않는다면 그것은 불가능하다. 따라서 이는 야훼가 다른 여러 신의 존재를 인정하고 하는 말이다. 그렇다면 이 말 자체는 야훼가 유일신이 아니라는 증거이다.[34]

이렇게 질투하는 신인 야훼는 때때로 이스라엘 백성에게 극도의 배타적이고 폭력적인 행동을 하도록 명령했다. 만약 이스라엘 백성이 우상을 숭배한다든가 심지어 우상을 숭배하는 다른 종족의 사람과 성관계를 맺는

---

32 민희식, 앞의 책, 2013, 66~67쪽은 부족신으로서의 야훼의 면모를 자세히 소개하고 있다.
33 「출애굽기」 34:14.
34 2세기 기독교 최대의 이단이었던 영지주의자들은 바로 이 말을 근거로 야훼가 유일신이 아니었다고 주장할 것이다. 이에 대해서는 김형진, 「나그함마디 문서의 예수 이해: 영지주의적 이해」, 감리교신학대학교 석사학위논문, 2006, 83쪽 참조.

다면, 그것을 죽음으로 처벌했다. 그래서 야훼는 이스라엘 백성이 모압의 여자들과 성관계를 맺자 화가 나서 이스라엘 백성에게 큰 재난을 내렸다. 야훼가 화가 나서 재앙을 내렸다는 것을 깨달은 피느하스(Phinehas)라는 이스라엘 사람은 모압 여인과 성관계를 맺은 자와 여인을 창으로 찔러 죽였다. 그러자 비로소 재앙이 멈추었다.[35]

또한 이스라엘의 부족신이 된 야훼는 오로지 이스라엘 사람의 안녕을 위해 일했고 나머지 종족은 사람 취급하지 않았다. 이는 이스라엘 백성이 이집트에서 탈출한 이후에 가나안에 정착하기까지의 과정에서 여실히 드러난다. 그들은 가나안 땅을 차지하기 위해 온갖 잔인한 약탈과 살육을 수없이 저질렀는데, 그런 잔혹 행위를 명령하고 후원한 것이 바로 야훼였다.

그런데 매우 기이하게도 야훼가 살육을 명령한 첫 번째 대상은 미디안족이었다. 앞에서 살펴보았듯이 모세는 원래 미디안족에게 야훼 숭배 신앙을 배웠다. 그렇다면 야훼는 원래 미디안족이 숭배하던 신이었는데 이제 왜 그들을 죽이라고 명령했을까? 그것은 출애굽한 이후에 이스라엘 족속이 미디안족과 경쟁 관계에 들어갔기 때문이었다. 이후 이스라엘 족속과 미디안족은 몇 번에 걸쳐 전쟁을 치르게 된다.

첫 번째 전쟁은 모세가 직접 지휘했다. 야훼는 모세에게 "미디안에 쳐들어가 그들을 죽여라"라고 명령했다.[36] 이에 모세는 1만 2천 명의 군대로 미디안족을 공격했다. 이스라엘 군대는 야훼의 명령대로 모든 남자를 죽였지만 여자와 아이들은 죽이지 않고 살려서 데려왔다. 그때 모세가 한 말이 아주 재미있다.

---

35 「민수기」 25:1-9. 이외에도 이스라엘의 지도자들이 야훼에 대한 열심을 잃어버린 자들을 어떻게 처단했는가에 대해서는 데이빗 로드스, 「젤롯운동의 기원과 역사」, 『신학사상』 81, 1993, 170~73쪽이 잘 설명하고 있다.
36 「민수기」 25:17.

어찌하여 여자들을 모두 살려주었느냐? …… 아이들 가운데서도 사내는 당장 모두 죽여라. 남자와 동침한 적이 있는 여자도 다 죽여라. 다만 남자와 동침한 적이 없는 처녀들은 너희를 위해 살려두어라.[37]

이 문장에서 모세는 "어찌하여 여자들을 모두 살려주었느냐?"라고 고함쳤다. 이는 그가 출병하는 병사들에게 모든 사람을, 즉 남녀 구분하지 말고 죽이라고 명령했다는 것을 의미한다. 그가 그런 명령을 내렸던 것은 물론 야훼의 지시를 받았기 때문이다. 그런데 병사들은 모세의 명령을 듣지 않고 여자와 어린아이들을 살려서 잡아왔다. 병사들이 인정이 많아 여자와 아이들을 살려준 것은 아니었을 테지만, 그래도 목숨을 살려주었으니 자비심을 베풀었다고 생각해보자. 모세는 그런 '자비심'을 깨끗이 무시하고 모든 아이와 유부녀를 죽이라고 명령한다. 그리고 유독 처녀들만은 '너희들을 위해' 살려두라고 명령한다. 왜 하필 처녀만 살려두라고 명령했을까? 그 이유는 너무나 뻔해 설명할 필요가 없을 것이다. 남자들의 사악함은 끝이 없는 법이다.[38]

물론, 기독교 신자들은 워낙 선한 사람들이라 나처럼 해석하지 않았다. 토머스 페인(Thomas Paine)이라는 인물이 있다. 그는 미국 혁명 때 『상식』(Common Sense)이라는 책을 쓴 것으로 유명하다. 말년에는 『이성의 시대』(The Age of Reason)라는 책도 썼는데, 그 주요 내용이 구약성경을 비판하는 것이다. 이 책에서 그는, 이때 모세가 처녀들을 남겨놓으라고 한 것은 사악한 목적이 있었다고 지적했다. 기독교 신자들은 그의 책에 분노해 반박하는 글을 썼는데, 그 가운데 한 주교는 "처녀들을 살려두라고 한 것은 페

---

37 「민수기」 31:15-18.
38 이와 관련해 민희식, 앞의 책, 2013, 268쪽은 흥미로운 이야기를 전한다. 이에 따르면, 이스라엘 백성들은 미디안족을 정복한 후에 32명의 처녀를 야훼에게 바쳤다. 처녀를 바쳤다는 것은 아마 처녀를 인신공양으로 바쳤다는 것을 의미하는 것 같다.

인이 사악한 의도로 암시하는 바와 같은 비도덕적 목적이 있어서가 아니라 노예로 삼기 위해 그렇게 한 것이니 윤리적으로 아무런 흠을 잡을 게 없다"[39]라고 응수했다.

하여튼 이후 이스라엘 족속의 살인과 약탈의 질주는 더욱 거세게 이루어진다. 드디어 그들은 40년 동안의 광야 생활을 정리하고 가나안 정복 활동에 착수했다. 그 지도자는 눈의 아들 여호수아였고 첫 번째 정복 대상은 여리고였다. 야훼의 명령을 받고 이스라엘 군대가 여리고의 성을 공격했다. 이때 이스라엘군은 여리고 성의 남녀노소를 가리지 않고 모든 사람과 심지어 소와 양 같은 가축조차 모조리 칼로 쳐 살육했다.[40] 여리고를 점령한 다음에는 아이(Ai) 지역을 정복했다. 이스라엘군은 이곳에서도 남녀노소를 막론하고 아이의 모든 주민을 죽였다. 아이를 정복한 지 하루에만 2만 2,000명을 죽였다. 그리고 아이 지역을 불질러 영원한 폐허로 만들어버렸다. 그다음에는 리브나와 라키스, 에글론, 헤브론, 드비르를 정복했다. 이 지역에서도 이스라엘 사람들은 "숨 쉬는 것이면 모조리 칼로 쳐서" 죽였다. 여호수아의 가나안 정복을 정리하면서 성경은 이렇게 말하고 있다.

> 이렇게 여호수아는 산악 지대와 네겝 지방, 서쪽의 구릉 지대와 산의 경사진 지역, 그리고 그곳에 사는 모든 왕을 포함해 지역 전체를 정복했다. 그는 정복 과정에서 한 사람도 살려두지 않고 모두 죽였다. 이렇게 이스라엘의 하느님 야훼가 명령한 대로 숨 쉬는 것이면 무엇이든지 모두 죽여버렸다.[41]

---

39 버트란드 러셀, 송은경 옮김, 『나는 왜 기독교인이 아닌가』, 사회평론, 1999, 154~55쪽.
40 「여호수아」 6:21.
41 「여호수아」 10:40.

이 구절에서 분명 이스라엘 백성이 가나안 지역을 끔찍할 정도로 잔인하게 정복했으며, 그것이 야훼의 명령이었다는 것을 알 수 있다. 그는 숨 쉬는 것은 모조리 죽이라고 명령한 잔인한 신이었다. 그가 이스라엘의 부족신이 아니라면 어떻게 그렇게 잔인하게 인종 청소를 하라고 명령을 내릴 수 있었겠는가?[42] 그는 고대의 부족신, 즉 오직 이스라엘 사람들의 안녕만을 지켜주고 다른 모든 부족은 인간으로 여기지도 않았던 신이었다. 이런 신을 섬기는 자들은 예나 지금이나 학살과 약탈을 서슴지 않게 저지르고는 하느님이 명령한 정의를 실천했다고 외치곤 한다.[43]

야훼는 현세의 신이었다

기독교 신자들의 꿈은 천국에 가는 것이다. 모든 사람이 30세의 건강한 모습으로 부활해 사시사철 꽃이 피고 먹을 것이 풍부한 낙원에서 영원한 복락을 누린다면 그처럼 좋은 것이 어디 있겠는가? 그러나 아브라함과 모세 같은 기독교 신자들의 조상들도 이런 꿈을 꾸었던 것은 아니다. 유대교에서 부활 신앙은 기원전 6세기경에야 본격화된다. 그 이전에 야훼는 오직 현세만을 주관하는 신이었다. 그리스-로마 신화를 읽어본 사람이라면 현세만을 주관하는 신의 개념을 쉽게 이해할 수 있다.

---

42 2세기 로마에서 활동하고 정통 교회보다 더 많은 신자를 모았던 마르키온(Marcion)은 바로 이 문제를 고민했다. 그는 구약성경의 야훼는 심판하고 재판하는 하느님이기에 유대인들의 부족신임이 틀림없으며, 그런 야훼가 사랑을 설파하는 예수의 신일 수는 없다고 주장했다.

43 구약성경을 읽은 기독교 신자들 가운데 상당수가 하느님의 이러한 지상명령, 즉 그를 믿지 않은 모든 사람을 죽이라는 잔인한 명령을 정당하다고 생각했다. 기독교 신자들이 이런 편협한 인식에 사로잡혀 학살과 약탈을 일삼았다는 것에 대해서는 최동훈, 『구약의 하나님은 신약의 하나님이 아니다』, 삼인, 2011, 33~45쪽 참조. 이 책의 저자는 성경이 '인류 학살과 폭력의 지침'으로 작용했다는 사실을 잘 보여주었다.

그리스 신화에서 저승을 다스리는 신은 하데스(Hades)인데, 그는 제우스, 포세이돈과 함께 세상을 나누어 가졌다. 제우스는 천공(天空)을, 포세이돈은 바다를, 그리고 하데스는 지하세계를 차지했다. 이렇게 영역이 정해져 있었기 때문에 제우스와 제우스의 휘하에 있는 신들은 올림포스라는 높은 산에서 살았으며, 하데스의 영역인 저승을 침범할 수 없었다. 이에 대해 그리스 신화의 한 대목은 좋은 시사점을 준다.

트라키아에 케익스라는 왕이 살고 있었다. 그는 정의롭고 온유한 사람이었으며, 그의 아내는 그를 충심으로 사랑하는 알키오네였다. 그런데 형이 불행하게 갑자기 죽고 잇달아 무섭고 괴상한 일들이 벌어졌다. 케익스는 태양의 신 아폴론에게 신탁을 물어 그 재앙을 피하고자 했다. 그가 아내에게 신탁을 물으러 간다고 말하자, 아내 알키오네는 불안한 마음이 들었고 또한 사랑하는 남편과 한시도 떨어져 있을 수 없기에 자신도 같이 가겠다고 말했다. 케익스도 아내와 떨어지는 것은 싫었지만 먼 바닷길에서 아내가 고생할 것을 염려해 아내의 청을 거절하고 혼자 떠났다. 그런데 케익스는 불행하게도 신탁을 찾아가던 중 풍랑을 만나 죽고 말았다.

남편이 죽은 줄도 모르고 아내 알키오네는 날마다 남편이 돌아오기만을 기다리면서 부부애의 수호신인 헤라에게 기도했다. "헤라 여신이여, 남편이 무사히 돌아오도록 해주시고, 그가 다른 여자를 보는 일이 없도록 해주십시오." 날마다 그 기도를 듣던 헤라는 견딜 수 없이 괴로웠다. 자신은 살아 있는 부부의 부부애를 보호해주는 신이지만 현세의 신이기에 죽은 자의 영역에는 간섭할 수 없었기 때문이었다. 헤라는 장례를 거행해야 할 손이 자기의 제단에 대고 간절히 기원하는 것을 견딜 수 없었다. 그래서 헤라는 잠의 신 히프노스를 불러 알키오네의 꿈에 나타나 남편 케익스가 죽었음을 알리도록 했다.[44] 남편이 죽었다는 것을 깨달은 알키오네

---

44   토마스 불핀치, 최혁순 옮김, 『그리스 로마 신화』, 범우사, 2002, 113~15쪽.

는 그제서야 기도를 멈추었다. 죽은 자를 위해 기도하는 것은 무망한 일이라고 생각했기 때문이다.

이렇게 산 자들을 다스리는 신과 죽은 자들을 다스리는 신이 나누어져 있다고 생각한 그리스인들과 로마인들은 살아 있는 자와 죽은 자는 엄격히 분리된 다른 세계에 속한다고 생각했다. 죽은 자는 죽은 자를 다스리는 신에게 속하기 때문에 산 자들은 더 이상 그와 상대해서는 안 되며, 죽은 자의 시체를 만져서도 안 되었다. 4세기 로마의 황제였던 율리아누스(Julianus)와 기독교 신자들의 이야기는 이러한 사실을 잘 보여준다. 율리아누스는 원래 기독교 신자였지만 기독교 교리가 너무나 허황되다고 생각해 다신교 신자로 돌아갔다. 그런데 당시 기독교 신자들은 위대한 신자들 가운데 하느님의 능력을 세상에 가져올 수 있는 사람이 있다고 믿었다. 기독교 신자들은 이들을 성인(Saints)라고 존숭했는데, 성인은 죽어서도 신비한 능력을 계속 가지고 있다고 생각했다. 때문에 기독교 신자들은 죽은 성인의 시체를 껴안고 키스하곤 했다. 율리아누스는 이 모습을 보고 다음과 같이 말했다.

> 매우 많이 모여든 군중 사이로, 사람들이 빽빽이 있는 가운데, 죽은 자의 불길한 모습으로서 모든 사람의 눈을 더럽히면서 죽은 자의 시체를 옮기다니. 죽은 자를 만지는 날은 얼마나 불운한 날인 줄 알기나 하는가? 그런 의식에 참가한 후에, 어떻게 신들에게 그리고 신전에 갈 수 있겠는가?[45]

우리는 율리아누스의 이 말에서 그리스인들과 로마인들이 죽은 자를 만지는 것은 부정한 일이며, 죽은 자를 만지는 날에는 산 자들의 신전에 갈 수 없다고 믿었다는 것을 알 수 있다.[46] 그의 말대로 그리스인들과 로

45　Julianus, J. Bidez · F. Cumont (ed.), *Epistulae et leges*, Paris: Les Belles Lettres, 1922, pp. 194~95.

마인들은 죽은 자가 있는 집을 방문하고 나올 때, 반드시 물을 뿌려 정화해야 한다고 믿었다. 어떤 곳에서는 장례식에 참가한 자들은 반드시 목욕을 해야 했다. 그렇게 정화 의식을 거친 다음에 희생 제사를 드린 후에야 (산 자들의) 신들과 정상적인 관계가 회복된다고 믿었다.[47]

구약성경의 죽은 자에 대한 관념은 그리스-로마적인 것과 너무나 흡사하다. 먼저 이스라엘 사람들은 그리스-로마인들처럼 죽은 자보다 산 자가 훨씬 행복하고 좋은 상태라고 생각했다. 구약성경 「전도서」에 나온 다음 구절은 이 사실을 잘 보여준다.

> 그렇다. 사람이란 산 자들과 어울려 지내는 동안 희망이 있다. 그래서 죽은 사자보다 살아 있는 강아지가 낫다고 하는 것이다.[48]

이 구절은 유대인의 현세 중심적 사상을 보여준다. 우리 속담의 "산 개가 죽은 정승보다 낫다"와 비슷한 이야기이다. 그리고 이스라엘 사람들도 죽은 자의 시체는 불결한 것이라고 생각했다. 「민수기」의 다음 구절들은 죽은 자가 불결한 것이며, 그 불결함을 씻기 위해서는 물로 정화 의식을 치러야 한다는 믿음이 있었음을 보여준다.

> 바깥에서 칼에 맞아 죽은 사람이나 자연사한 사람의 시체에 접촉한 사람 혹은 사람의 뼈나 무덤에 접촉한 사람은 누구든지 7일간 부정하다.[49]

> 어떤 사람의 시체이든지 간에, 시체와 접촉한 사람은 7일 동안 부정하

---

46 피터 브라운, 정기문 옮김, 『성인숭배』, 새물결, 2002.
47 Walter Burkert, John Raffan (tr.), *Greek Religion*, Basil Blackwell, 1985, pp. 43~44.
48 「전도서」 9:4.
49 「민수기」 19:16.

다. 그는 3일째 되는 날과 7일째 되는 날에 물로 씻는 정화 의식을 하면 깨끗한 사람이 될 것이다. 그러나 3일째 되는 날과 7일째 되는 날에 씻지 않았다면 계속 부정하다. 누구든지 시체와 접촉하고도 정화 의식을 치르지 않으면 야훼의 성막을 더럽히는 것이다. 그 사람은 이스라엘에서 추방해야 한다. 그는 더러움을 씻어주는 물을 몸에 뿌리지 않아 아직 부정을 벗지 못하고 부정을 탄 채로 있기 때문이다.[50]

이들 구절은 죽은 자가 부정하기에 야훼를 모시는 사제들은 각별히 죽은 자의 부정함에 오염되지 않도록 조심해야 한다고 규정하고 있다. 사제들은 부모와 형제, 출가하지 않은 누이가 죽었을 때는 어쩔 수 없지만 다른 자들이 죽었을 경우에는 아무리 가까운 친척이라고 해도 그를 추도하러 가서 부정을 타서는 안 되었다.[51] 사제보다 지위가 높은 대제사장이나 야훼에게 특별히 헌신하기로 한 나지르인(나실인)은 부모나 누이 형제가 죽어도 장례식에 참가해 부정을 타면 안 되었다.[52] 유대인들이 이렇게 죽은 자를 부정하게 여겼던 것은 그들이 그리스인들과 로마인들같이 현세 중심적인 세계관을 가지고 있었기 때문이다. 그들에게 야훼는 '산 자들의 하느님'이었다. 따라서 사람이 죽으면 그는 더 이상 야훼의 통치 아래 있지 않기 때문에 더 이상 "야훼를 찬양할 수도 없었다".[53] 야훼는 산 자들의 신이기 때문에 죽은 자들의 영역에 갈 수 없고, 따라서 죽은 자들의 세상에 있는 자가 야훼의 이름을 불러보아야 아무런 소용이 없었다. 야훼가 내세를 지배하는 신으로 인정받고 죽은 자가 야훼의 관할이 된다는 생각은 기원전 7세기 이후에나 등장한다.[54]

---

50 「민수기」 19:11-13.
51 「레위기」 21:1-2; 「에제키엘」 44:25.
52 「레위기」 21:10-11; 「민수기」 6:7.
53 「시편」 115:17.
54 야훼 신의 성격에 대해서는 정기문, 『그리스도교의 탄생』, 도서출판 길, 2016,

야훼의 변모: 요시아 개혁

지금까지 우리는 유대교와 기독교의 신 야훼가 원래는 이스라엘의 부족신이자 현세의 신임을 살펴보았다. 그렇다면 그가 언제 세계의 모든 역사를 주관하는 보편 신, 현세뿐만 아니라 내세까지 주관하는 신으로 바뀌었을까?

야훼의 변모를 이야기할 때, 두 가지 사건이 결정적으로 중요하게 여겨지고 있다. 첫 번째는 이른바 요시아 개혁이고, 두 번째는 바빌론 유수이다.

요시아는 유대 왕국의 왕이었는데, 기원전 621년경 대대적인 개혁을 추진했다. 그가 개혁을 단행하기 이전에 유대인들은 다신교와 혼합 종교를 믿고 있었다. 앞에서 유대인들의 조상이 야훼를 부족신으로 받아들였다고 했는데, 이제 그들이 다신교를 믿고 있었다고 말하면 기이하게 들릴 수도 있다. 그러나 앞에서 지적했듯이 이스라엘 민족의 기원은 매우 복잡하다. 출애굽을 경험한 사람은 12부족 가운데 소수였으며,[55] 대다수 주민은 줄곧 가나안 땅에 살았다. 따라서 대다수 이스라엘 사람은 가나안의 최고 신인 엘을 비롯해 여러 가나안 신을 숭배했다. 따라서 역사가 비교적 상세하게 기록되어 있는 왕정 시대에 유대인들은 다신교를 믿고 있었다. 가령 지혜의 왕이라 불리는 솔로몬은 모압의 그노스 신, 암몬의 밀곰(Molech) 신을 위한 성소를 건설했으며, 시돈의 아스도렛 여신을 숭배했다.[56] 또한 후대의 왕들은 솔로몬이 야훼를 위해 건설한 예루살렘 성전에 여러 신의 신상을 세웠으며, 나라 곳곳에 백성이 믿는 신들을 위한 신당을 세웠다.

71~75쪽 참조.
55 김정준, 「이스라엘의 민족형성과 정신문화 (상)」, 『창작과비평』 42, 1976, 567쪽.
56 「열왕기 상」 11:33.

이런 상황에서 요시아는 예루살렘 성전을 보수했는데, 그 과정에서 경전 하나를 발견했다. 이 경전은 대개 구약성경의 제4권인 「신명기」라고 말해지는데, 그 때문에 요시아의 개혁을 신명기 개혁이라고 부른다. 「신명기」는 야훼 유일신 신앙을 강력하게 주장하고 있는데, 이 책이 이때 발견되었다는 것이 매우 흥미롭다. 「신명기」가 이때 처음 발견되었다는 것은 기원전 621년 이전에 유대인들은 「신명기」라는 책을 몰랐다는 것, 그리고 「신명기」에 기록된 온갖 계명을 알지도, 지키지도 않았음을 의미하기 때문이다.

실제 요시아는 그 책을 발견한 후에 자신의 선조들이 책에 쓰인 대로 살지 않았음을 알고는 옷을 찢고 통탄했다. 그리고 대대적인 개혁을 펼쳤다. 야훼를 제외한 다른 모든 신을 숭배하는 것을 금지하고 다른 신들의 신상이나 그들을 숭배하던 성소를 말끔히 제거했다. 이렇게 요시아는 유대의 모든 백성이 오직 야훼만을 숭배하도록 하기 위해 강력한 개혁을 펼쳤다.[57] 요시아 개혁에 동조하는 학자들과 대신들은 이스라엘의 역사를 완전히 새로 썼으며, 이스라엘의 영웅 모세의 입을 빌려 야훼 신앙이 이스라엘 역사가 시작되던 순간부터 이스라엘 민족의 핵심적인 요소였다고 역설했다. 이들은 이 작업을 수행하면서 그때까지 내려오던 거의 모든 전승을 편집·수정했다. 따라서 지금 우리가 읽고 있는 구약성경의 상당 부분은 그들이 편집하고 수정한 것이다. 다시 말해 현재의 자료는 그들의 시각으로 각색된 것이다. 앞에서 이야기했던 주요 주제, 즉 엘과 야훼가 같은 신이라는 주장도 그들이 만들어낸 것이다.[58] 유대인들이 하나의 민족으로 출범하면서부터 단일 신 혹은 유일신 신앙을 추구했다는 신화를 만들어 낸 것도 그들이다.

---

57 「열왕기 하」 22~23장.
58 Margaret Barker, *The Great Angel*, John Knox Press, 1992, pp. 15~16.

야훼의 변모: 바빌론 유수

유대교의 발전을 이해하는 데 있어 두 번째로 중요한 것은 바빌론 유수이다.[59] 기원전 586년 신바빌로니아의 왕 네부카드네자르(Nebuchadnezzar)가 유대 왕국을 멸망시키고 왕국의 지도자들과 백성을 바빌론으로 끌고 갔다. 이것을 '바빌론 유수'라고 한다. 다행히 신바빌로니아 정부는 이들을 심하게 학대하지 않았는데, 나름대로 공동체를 유지하고 생계를 꾸릴 수 있도록 해주었다. 굴욕적인 포로 생활을 하면서 유대인들은 자신들의 신앙을 되돌아보고 이사야에서 에제키엘에 이르는 예언자들의 말씀을 되새겨 보았다. 그런 반성 속에서 유대인들은 자신들이 겪고 있는 고난이 자신들의 죄 때문이며, 야훼가 고난을 주신 것은 결국 자신들을 사랑해 반성할 수 있는 기회를 주기 위함이라고 결론내렸다.

이들은 먼저 유대의 멸망 직전에 편찬되었던 신명기 학파의 역사서(「여

---

[59] 철학자 버트런드 러셀(Bertrand Russell)은 유대교의 발전에서 바빌론 유수가 매우 중요하다는 것을 잘 알고 있었다. 그는 『나는 왜 기독교인이 아닌가』, 사회평론, 1999, 53쪽에서 유대인이 유일신 신앙을 갖게 된 것은 "그들이 예속되어 있던 시절 유대인들을 이방인들에 흡수시키려는 시도에 대한 반발" 때문이었을 것이라고 추정했다. 이는 유대의 유일신 신앙이 태곳적부터 있었던 것이 아니라 후대의 역사적 산물임을 지적하는 좋은 지적이라고 생각된다. 러셀이 이 글을 쓴 것은 1930년이었다. 러셀이 이른 시절에 이런 생각을 가졌던 것은 선각적인 일이다. 현대의 진보적인 신학자들 사이에 러셀의 이런 생각은 널리 받아들여지고 있는 '상식'이다. 보수적이라고 할지라도 객관적인 연구를 지향하는 신학자들은 이런 시각을 받아들이고 있다. 현대의 최고 신학자 가운데 한 명인 게르트 타이쎈은 게르트 타이쎈, 박찬웅·민경식 옮김, 『기독교의 탄생』, 대한기독교서회, 2008, 98~99쪽에서 이런 생각을 받아들이면서 자세히 설명했다. 그는 기원전 6세기 이전에 유대인들은 단일 신 숭배론을 표방하고 있었으며, 야훼를 유일신으로 숭배해야 한다는 생각을 갖게 된 것은 포로 생활의 경험 때문이라고 주장했다. 그에 따르면 바빌론 유수 기간에 유대인들은 "그들을 지배하는 민족들과 그들의 신을 인정하는가, 아니면 지상에서 겪은 파국을 하늘에서의 승리에 대한 기대감으로 보상받고 다른 신들의 존재를 인정하지 않으면서 야훼 신앙을 확고하게 만들 것인가 양자택일이었다"라고 말했다. 그가 스스로 목사이자 기독교 신자라고 밝혔다는 사실을 고려해보면 이는 혁신적인 일로 보인다.

호수아」에서 「열왕기 하」까지)들을 편집하고 증보했다. 신명기 학파는 바빌론 유수 시기 후기에 가장 활발하게 활동했으며, 모세에서 예루살렘의 멸망에 이르는 역사를 새로 썼다. 그리고 제사장 학파의 법전들도 이 기간에 수집되고 편찬되었다. 결국 구약성경의 대부분이 이 시기에 정리되고 편찬되었다. 이 때문에 구약성경의 많은 부분에는 이 시기의 시대 인식과 가치관이 들어가 있다.

이렇게 하여 바빌론 유수를 겪으면서 유대인들은 경전이라는 최고의 보물을 얻었다. 흔히 유대교를 '경전의 종교'라고 하는데, 이 점에서 진정한 유대교가 탄생한 것은 바빌론 유수 기간이었다. 경전을 얻으면서 유대 신앙의 중심은 율법이 되었다. 이전에도 율법이 없었던 것은 아니지만 바빌론 유수 이전에 유대 신앙의 중심은 제사에 있었다. 즉 바빌론 유수 이전에 유대인들은 예루살렘 성전에서 짐승을 죽여 희생 제사를 지내는 것이 신앙의 중심이라고 생각했다. 그런데 신바빌로니아와의 전쟁에서 패배한 이후 바빌론으로 끌려갔을 때, 그들에게는 제사를 드릴 성소도 성전도 없었으며 그 제사를 주관할 사제도 없었다. 따라서 이 시기의 유대인들은 야훼에게 다가가는 가장 중요한 지표로 율법을 설정했으며, 경전에 기록된 율법을 철저히 지키고자 노력했다. 가령 안식일은 창조 때부터 제정되어 이스라엘을 이스라엘답게 만든 것으로 여겨졌다.[60]

바빌론 유수 동안에 유대교의 경전들이 정비되었을 뿐만 아니라 그 신앙의 여러 요소가 중요한 변화를 겪었다. 바빌론에 끌려온 유대인들은 바빌로니아의 선진적인 문화를 목도하고 세계에 대한 안목을 넓혔을 뿐만 아니라 바빌로니아와 바빌로니아를 멸망시킨 페르시아로부터 중대한 영향을 받았다. 이때 유대인들은 참으로 위대하다고 할 수 있는 일을 해냈다. 흔히 문화 수준이 낮은 소수 집단이 문화 수준이 높은 다수 집단 속

---

60 존 브라이트, 박문재 옮김, 『이스라엘 역사』, 크리스천다이제스트, 1993, 478쪽.

에서 살게 되면 고유한 문화를 잃고 선진 문화에 동화되어 버린다. 그런데 유대인들은 바빌론에 풍부하게 넘쳐나던 메소포타미아의 여러 문화를 그들의 잣대로, 특히 야훼 숭배를 중심으로 재해석했다. 그들은 메소포타미아의 여러 신을 야훼보다 낮은 신으로 설정하고는 메소포타미아 신들이 맡았던 중요 기능을 원래 야훼가 맡았던 것이라고 주장했다. 가령 페르시아인들은 그들의 최고 신인 아후라 마즈다(Ahura Mazda)를 "하늘과 땅을 창조하신 하늘의 하느님"이라고 불렀다. 그런데 유대인들은 하늘을 창조하고 하늘을 주관하는 신이 아후라 마즈다가 아니라 야훼라고 주장하면서 야훼를 "하늘과 땅을 창조하신 하늘의 하느님"이라고 불렀다. 물론 바빌론 유수 이전에 유대인들은 이런 관념을 거의 갖고 있지 않았다.[61] 야훼는 그들의 부족 신이었지, 천지를 창조하거나 세계의 모든 일을 주관하는 보편 신이 아니었다.

유대인들이 바빌로니아제국과 페르시아제국의 신들을 야훼보다 낮은 존재라고 규정하고 나아가 그 신들의 속성을 야훼의 속성이라고 주장하면서 야훼는 유일신으로 변모하기 시작했다. 이런 야훼의 변모는 무엇보다도 그가 윤리성과 보편성, 유일성을 확보했다는 사실에서 명확히 드러난다. 그의 변모 과정을 좀더 자세히 살펴보자. 바빌론 유수기의 지도자였던 제2이사야는 야훼를 이원론적인 단일 신으로 제시하고 세계를 이원론적인 가치관으로 바라보았다. 이원론적 단일 신이란 신을 선한 신과 악한 신으로 철저하게 나누어 바라보는 것을 말한다. 이 관점에 서면 야훼는 철저하게 선한 신이 된다. 여기서 구(舊)바빌로니아 시절, 즉 기원전 19세기~기원전 18세기에 형성된 바빌로니아의 신화를 잠시 살펴보자.

바빌로니아 신화에 따르면 창조의 신은 마르두크(Marduk)이다. 태초에 끝없이 광활하고 엄청나게 깊은 심연이 있었다. 그 심연 가장 깊은 곳에는

---

61 주원준, 앞의 책, 2012, 52~53쪽.

흉측한 용의 모양을 한 여신 티아마트가 남편 킨구와 함께 살고 있었다. 그에 반해 밝은 빛의 무리들은 심연에서 올라와 천상에서 살고 있었다. 그 선한 존재들 가운데 라흐므와 라하무가 생겨났고, 또한 안샤르와 키샤르가 생겨났다. 그 둘 사이에서 하늘의 신 아누와 물의 신 에아가 태어났다.

암흑의 신 티아마트는 천상에서 선한 존재들이 번성하는 것을 보고는 그들과 일전(一戰)을 준비했다. 그녀는 바닷속 깊은 곳에서 괴물 군단을 모으고 사악한 용들을 불렀다. 티아마트가 전쟁 준비를 하고 있다는 소식을 들은 안샤르 신을 비롯한 선한 신들은 좋은 말로 그들을 타이르려고 했으나 악한 신들이 이에 응하지 않았다. 그리하여 안샤르 신은 에아의 아들인 마르두크 신에게 우주 만물의 통치권을 주고 선한 신들의 힘을 모아 악한 신들과 싸우도록 했다. 마르두크는 선한 신들의 힘을 모아 악한 신들을 물리치고는 그 대장인 티아마트를 죽였다. 그리고 티아마트의 시체를 갈라 그 한 조각으로 땅을 만들고, 다른 한 조각으로는 천상을 덮는 하늘을 만들었다. 그리고 창공에 등불을 달았는데, 대낮을 만드는 으뜸 빛인 니비루와 밤에 은은한 빛을 내는 난나루를 만들었다.[62]

이렇게 바빌로니아 신화는 분명 이원적인 구도를 가지고 있다. 즉 선과 악의 대립이 뚜렷하게 나타나 있는데, 선한 신이 승리해 세계를 지배하는 것으로 되어 있다. 이런 이원론적 세계관은 신바빌로니아 시대에 고차원적인 영적 의식으로 발전해 있었다. 신바빌로니아 시대의 송가(頌歌)와 기도문들에 등장하는 신들은 인간의 정의와 선에 대해 깊은 관심을 가지는 숭고한 존재였다. 어떤 학자는 이 기도문에 나오는 신들의 이름만을 야훼로 바꾸면 그 기도문을 아무런 수정 없이 유대인들이 사용할 수 있었을 것이라고 말하기도 했다.[63]

바빌로니아인들의 이원론적인 신관은 페르시아의 종교인 조로아스터교

62　에이미 크루즈, 배경화 편역, 『이야기 세계의 신화』, 푸른숲, 1998, 185~91쪽.
63　E. M. 번즈 외, 박상익 옮김, 『서양문명의 역사 I』, 소나무, 1994, 71쪽.

에서 좀더 뚜렷하게 관찰된다. 조로아스터교는 선한 신 아후라 마즈다와 악한 신 아리만이 대립하는 것으로 세계 역사가 진행되며, 결국에는 선한 신인 아후라 마즈다가 승리해 모든 사람이 부활한다는 신앙을 가지고 있다. 바빌론의 초기 신화와 조로아스터교가 질적으로 다른 것은 조로아스터교에서 선한 신과 악한 신은 자연의 형상을 갖지 않는 초월적인 존재라는 점이다.[64]

조로아스터교가 제시하고 있는 선한 신 아후라 마즈다는 우주와 세계를 지배하는 보편 신이며, 스스로 윤리적으로 행동하고 인간의 윤리를 조장하는 윤리적인 존재이다. 제2이사야는 야훼를 이런 보편적이고 윤리적인 존재라고 역설했다. 즉 야훼는 홀로 태초부터 우주와 세계를 지배하는 존재이며, 인간의 선을 조장하는 존재이다. 이 단계에서 야훼는 이스라엘 사람들을 여전히 선민으로 여기기는 하지만 무조건 그들 편만을 들 수는 없으며, 자신의 계명을 따르는 자들을 모두 보호해주어야 한다. 제2이사야를 보면, 야훼를 오직 유대인들만을 보호하는 부족신으로 설정하고 야훼가 다른 민족들을 극단적으로 증오하고 이스라엘 사람들을 무조건적으로 보호한다는 관념은 완전히 끝난 것처럼 느껴진다.

유대인들의 범위에 대한 「이사야」의 구절을 살펴보면서 이야기를 진행해보자.

야훼를 믿고 있는 외국인들은 "야훼께서 나를 당신의 백성에게서 제명할 것이다"라고 걱정하지 말라. 고자들도 "나는 마른 나무 같은 신세구나"라고 불평하지 말라. 야훼께서 이렇게 말씀하신다. "고자라도 나의 안식일을 지키고 나를 기쁘게 하는 일을 하고 나와 맺은 계약을 굳게 지키면, 나

---

64 조로아스터교 또한 현세에서 조로아스터를 믿는 자들이 믿지 않은 자들을 정복하라고 가르쳤다. 이에 대해서는 양백향, 「조로아스터교 세계관과 고대 페르시아 왕권의 상관관계」, 서울대학교 석사학위논문, 2011, 70쪽 참조.

는 나의 성전, 나의 성벽 안에 그들의 기념비를 세워주리라. …… 외국인들도 야훼에게 개종해 나를 섬기고, 야훼라는 이름을 사랑해 나의 종이 되어 안식일을 더럽히지 않고 지키고 나와 맺은 계약을 지킨다면, 나는 그들을 나의 거룩한 산에 불러다가 나의 기도처에서 기쁜 나날을 보내게 하리라. 그들이 나의 제단에 바치는 번제물과 희생 제물을 내가 기꺼이 받으리라. 나의 집은 모든 종족이 모여 기도하는 집이라 불릴 것이다."[65]

이 구절은 「이사야」 56장에 나오는데, 유대인들의 범위를 종족이나 혈통이 아니라 신앙으로 규정하고 모든 외국인에게 오직 야훼를 믿기만 하면 하느님의 백성이 될 수 있다고 선언하고 있다. 이 선언의 내용과 출애굽 당시에 야훼가 했던 명령, 즉 유대인이 아니라면 모두 죽이라는 명령과 비교해보면, 출애굽 당시의 야훼와 이 선언을 하고 있는 야훼가 같은 신이라고는 도저히 주장할 수 없을 것이다.

이렇게 바빌론 유수 이후 야훼는 부족신이 아니라 보편 신의 면모를 갖추어가고 있었다. 야훼의 이런 변모를 살펴보면서 빼놓고 갈 수 없는 이야기가 예언자 요나의 이야기이다. 요나가 「요나」를 집필한 연대에 대해서는 여러 가지 설명이 있으며, 현재로서는 통일된 견해가 없다. 「요나」 3:3에 "니느웨는 큰 성읍이었다"라는 표현이 과거시제로 되어 있기 때문에 니느웨(아시리아의 수도)가 파괴된 기원전 609년 이후의 작품으로 추정된다. 어쨌든 야훼는 요나에게 나타나 니느웨로 가서 그 성 사람들이 타락했으므로 그 성이 곧 멸망할 것을 전하라고 명령한다. 우여곡절 끝에 요나가 니느웨에 가서 야훼의 말을 전하자, 니느웨의 왕을 비롯한 백성은 크게 뉘우치고 단식하면서 야훼에게 자비를 베풀어줄 것을 기도한다. 니느웨 사람들이 죄를 뉘우치고 용서를 빌자, 야훼는 그들에 대한 심판을 거두었

---

65 「이사야」 56:3-7.

다. 물론, 「요나」에 등장하는 니느웨 사람들이 야훼를 믿고 회개했기 때문에 니느웨 성이 멸망을 면했다는 이야기는 역사적인 사실과 거리가 멀다. 아시리아인들은 포악한 정복자들이었으며, 그들이 이스라엘의 신을 받아들였다는 어떤 증거도 없기 때문이다. 그리고 기원전 609년 아시리아인들의 잔인한 통치에 시달리던 피정복자들이 반란을 일으켜 아시리아를 멸망시켰고 그 과정에서 니느웨는 흔적도 없이 사라져버렸다.

그런데 재미있는 것은 막상 니느웨 사람들이 회개하고 구원을 받자 요나가 야훼에게 불평을 했다는 것이다. 요나는 이렇게 말한다. "야훼여, 저는 잘 알고 있었습니다. 당신은 인자하시고 불쌍한 것을 그냥 보아 넘기지 못하시고 좀처럼 화를 내지 않으시며 사랑이 한없으시며, 악을 보고 벌하려 하시다가도 금방 마음을 누그러뜨리는 하느님이십니다."[66] 이 구절에서 요나는 야훼가 니느웨를 멸망시키지 않은 것이 못마땅했던 것이다. 그들은 이스라엘을 멸망시키고 유대 왕국에 핍박을 가했던 유대인들의 원수였기 때문이다. 어쨌든 요나의 불평에 대해 야훼는 이렇게 대답한다. "이 니느웨에는 자신의 오른쪽과 왼쪽을 구분하지 못하는 어린아이만 해도 12만 명이나 되고, 또한 가축도 많이 있다. 내가 어찌 이 큰 도시를 아끼지 않겠느냐?"[67] 이 구절에 나타난 야훼의 모습은 여호수아의 가나안 정복 당시, 이방인들에 대한 극도의 잔인성과 혐오감을 보여주던 모습과는 너무나 다르다. 이는 그동안 야훼 신의 성격에 중대한 변화가 있었음을 의미한다.

이렇듯 「요나」가 집필될 시기에 야훼는 이방인들에 대해서도 큰 포용성을 보여주고 있다. 그들은 키루스(Cyrus)가 세계를 통일했듯이 야훼에 대한 신앙이 세계를 통일하고 모든 이방인이 야훼에게로 돌아올 것이라고 믿고 있었던 것 같다. 이 시기에 유대 종교 지도자들이 이렇게 포용성을

---

66 「요나」 4:2.
67 「요나」 4:11.

강조한 것은 페르시아, 특히 키루스 대왕의 포용 정책에 큰 감동을 받았기 때문일 것이다. 키루스는 역사상 그 누구보다도 더 크고 관대한 포용성을 보여주었는데, 그의 통치 아래 전 세계가 하나의 공동체로 통일되는 것 같았다. 이렇게 바빌론 유수를 겪으면서 유대인의 신 야훼는 세계의 신, 내세의 신, 윤리적 신으로 변모해 지금의 유대인들이, 그리고 기독교인들이 숭배하는 유일신이 되었다.[68]

따라서 유대인들이 유일신 신앙을 가지게 된 것은 아브라함 때부터의 일이 아니며, 그들이 독자적인 능력으로 유일신 신앙을 만들어낸 것도 아니다. 또한 그들은 고대 세계에서 유일신 신앙을 추구했던 유일한 사람들도 아니다. 이집트와 동방, 그리스, 로마의 학식 있는 사람 상당수가 세계를 주재하는 신은 단 한 분뿐이라고 생각했으며, 신들의 조각상을 만들어 숭배하고 신에게 동물 희생을 드리는 것을 원시적이고 어리석은 행위라고 비난했다. 가령 기원전 6세기에 살았던 그리스 철학자 크세노파네스(Xenophanes)는 "신은 하나다. 신은 항상 고요하게 쉬시면서 오직 생각으로써 만물을 움직인다"라고 말했으며, 같은 시대에 살았던 피타고라스(Pythagoras)도 "신은 하나다"라고 말했다.[69] 이렇게 유대인이 유일신 신앙을 갖게 될 시기에 여러 사람이 유일신 신앙을 추구했다는 것은 당시 인간의 사유가 유일신을 추구할 수 있는 단계에 도달했다는 것을 의미한다.

---

68 그러나 이는 다소 도식적인 이해일 수 있다. 바빌론 유수 이전에 활동했던 이사야, 호세아를 비롯한 몇몇 예언자들의 글에서 이미 유일신, 보편 신의 개념이 관찰되기 시작하기 때문에 야훼에 대한 관념의 변화를 오로지 바빌론 유수를 통한 변화라고 설명할 수는 없다.
69 티모시 프리크·피터 갠디, 승영조 옮김, 『예수는 신화다: 기독교의 신은 이교도의 신인가』, 미지북스, 2009, 124~25쪽.

다시 '다신'(多神)으로

마지막으로 한 가지를 더 살펴보고 이 장을 마치고자 한다. 앞에서 살펴보았던 대로 바빌론 유수를 전후해 유대인들이 유일신 신앙을 확고하게 정립하고 이후에 유일신 신앙을 철저하게 견지했다면, 기독교는 도대체 어떻게 생겨날 수 있었을까? 예수의 제자들인 베드로나 바울은 예수를 하느님으로부터 특별한 사명을 받은 신적인 존재로 인식했다. 그들 생각에 예수는 천사들보다 더 높은 분으로 하느님에 버금가는 분이었다. 예수가 하느님이라면 원래 존재했던 야훼 하느님이 계시기에 하느님은 두 분이 된다. 현재 정통 기독교는 이 두 하느님이 완벽하게 둘이자 동시에 하나라고 가르치고 있다. 신앙이 깊은 사람들에게는 이런 '신비'가 쉽게 이해되겠지만 나와 같이 지성이 낮은 사람에게는 그런 진술은 모순으로 보일 뿐이다.

하여튼 초기 기독교 신자들이 예수를 야훼 하느님에 버금가는 새로운 하느님이라고 주장했다는 것은 엄연한 사실이다. 여기서 중요한 의문이 생긴다. 유대인들이 철저한 유일신 신앙을 견지하고 있었다면, 어떻게 '두 신' 이론이 등장할 수 있었는가? 예수를 하느님이라고 주장하는 것은 유대교의 정통 신앙에서 벗어난 비유대적 현상인가?

19세기 근대 신학을 이끌었던 독일 신학자들은 "그렇다"라고 자신 있게 대답했다. 그들은 유대인들이 철저하게 유일신을 믿었기 때문에 유대교 내에서 야훼의 신성을 약화하고 제2의 하느님을 설정하는 것은 불가능하다고 판단했다. 이 이론에 따르면 기독교는 탄생 초기에 예수를 인간 중의 뛰어난 자로 보았지만, 팔레스타인 밖으로 벗어나면서 헬레니즘 세계의 신 개념에 영향을 받아 예수를 점점 더 신격화했고 종국적으로는 제2의 하느님이라고 주장했다. 이 이론은 1913년 빌헬름 부세트(Wilhelm Bousset)의 작품 『주 그리스도』(*Kyrios Christos*)에서 체계화되었고 '신학자의 왕'이라는 별명을 얻으며 20세기 신학의 발전을 주도했던 루돌프 불트만(Rudolf Bultmann)이 보편화시켰다. 그리고 최근에는 버튼 맥(Burton Mack)을 비롯한 많은 학자의 지지를 받고 있다.[70]

그러나 20세기에 쿰란 문서를 비롯한 유대교 문서가 많이 발견되면서 이런 시각에 근본적으로 문제가 있다는 반론이 강력하게 제기되고 있다. 1970년대 마르틴 헹엘(Martin Hengel)과 앨런 시걸(Alan Segal) 등의 학자들이 유대의 묵시 문학에 주목하면서 제2성전기 유대교에 이미 '제2하느님'의 개념이 싹트고 있었다고 주장했다. 몇 가지 문서를 중심으로 이 주장을 살펴보자.

기원전 2세기 알렉산드리아에 에제키엘(Ezekiel)이라는 극작가가 살았는데, 그의 작품 가운데 유일하게 「엑사고게」(Exagōgē)만이 단편적으로 남아 있다. 이 작품은 모세가 이스라엘 사람들을 이집트에서 데리고 나오는 출애굽을 주제로 하고 있다. 그런데 이 작품에는 다음과 같은 구절이 나온다.

> 나는 시나이산 꼭대기에 있는 거대한 옥좌를 보았다. 그 옥좌는 하늘에까지 닿아 있었는데, 그곳에는 고귀한 분이 머리에는 왕관을 쓰고 왼손에는 거대한 홀(笏)을 들고 앉아 있었다. 그분은 나에게 오라고 오른손으로 손짓했다. 그리하여 나는 그분 앞으로 가서 옥좌 앞에 섰다. 그분은 나에게 홀을 건네주신 후에 그 거대한 옥좌에 앉으라고 명령하셨다. 그 후 그분은 왕관을 벗어 나에게 주시고 옥좌에서 비켜나셨다.[71]

이 구절에서 '나'는 모세이다. 따라서 이 구절에 따르면, 하느님이 그의

---

70 Paul Rhodes Eddy·Gregory Boyd, *The Jesus Legend: A Case for the Historical Reliability of the Synoptic Jesus Tradition*, Baker Academic, 2007, pp. 93~94.
71 Howard Jacobson, *The Exagoge of Ezekiel*, Cambridge University Press, 1983, p. 55

왕홀과 옥좌를 인간인 모세에게 주었다. 모세가 하느님의 옥좌와 왕홀을 받았다면 모세는 하느님이 되었고, 그 이전에 옥좌에 앉아 있던 하느님은 뒤로 물러난 존재가 된다.[72] 유일신 신앙을 철저하게 간직했던 유대인인 에제키엘이 인간이 하느님이 될 수 있다고 주장했다니 기이하게 보일 수 있다.

알렉산드리아인이었던 에제키엘 한 사람만이 이런 말을 했다면 우리는 그를 광인 혹은 유대교를 버린 배교자라고 규정할 수도 있을 것이다. 그러나 예수 시절 유행했던 유대 묵시 문학에는 인간이 하느님이 된다는 이야기가 여럿 있다. 가장 대표적인 것이 에녹(Enoch)의 비유서에 나오는 이야기이다. 에녹은 아담의 6대손이었는데, 하느님이 그를 사랑해 죽음을 맛보지 않고 하늘로 올라가게 했다. 기원전 2세기경부터 유대의 묵시가들은 그의 이름을 빌려 많은 글을 썼는데, 현재 에녹 문서로 다섯 권이 남아 있다. 이 문서들은 1~2세기에 매우 인기가 있었다. 쿰란 문서에 네 권이 포함되어 있었다는 사실, 2세기의 교부인 테르툴리아누스가 그것들을 정경에 포함했다는 사실,[73] 그리고 현재의 에티오피아 교회가 에녹 문서를 정경에 포함하고 있다는 것이 이러한 사실을 입증한다. 이 다섯 권 가운데 두 권이 '에녹의 비유'이다.

'에녹의 비유'에는 '사람의 아들'이 등장한다. 먼저 '사람의 아들'이 어떤 존재인지에 대해 구약성경의 한 권인 「다니엘서」를 통해 살펴보자.

> 나는 이렇게 밤의 환시 속에서 앞을 보고 있는데, '사람의 아들 같은 이'가 하늘에서 구름을 타고 와서 태곳적부터 계신 이 앞으로 인도되어 나아갔다. 그에게 통치권과 영광과 나라가 주어져 모든 민족과 나라, 언어가 다

---

72 Daniel Boyarin, *The Jewish Gospels: The Story of the Jewish Christ*, The New Press, 2012, p. 72.
73 이동진 편역, 『제2의 성서 아포크리파: 구약시대』, 해누리, 2001, 649쪽.

른 모든 사람이 그를 섬기게 되었다. 그의 통치는 영원한 통치로서 사라지지 않고 그의 나라는 멸망하지 않는다.[74]

이 구절에서 '사람의 아들'은 평범한 인간을 의미하지 않는다. 그는 사람의 형상을 하고 있는 신적인 존재를 말한다. '태곳적부터 계신 이'는 시간을 초월해 있는 신적 존재, 즉 야훼를 말한다. 따라서 이 구절에 따르면, 야훼가 '사람의 아들'에게 주권과 영화와 나라를 맡겼다. 「다니엘서」의 이런 예언을 믿은 유대인들과 초기 기독교 신자들은 '사람의 아들'이 구름을 타고 내려와 세상의 모든 악을 쓸어버리고 최후의 심판을 할 것이라고 믿었다. 그리하여 쿰란의 에세네파 같은 극단적인 종파는 '그날'이 오면 자신들도 천사로 변한 후에 하늘의 군대와 합류해 악의 세력과 싸울 것이라고 믿었다.[75] 하느님은 그들을 이끌고 벨리알이 이끄는 악의 군대와 전투를 벌일 것인데, 그 전투는 40년이나 계속될 것이었다.[76] '사람의 아들'은 그 종말 전쟁에서 하느님이 보낼 지도자이다.

이렇게 '사람의 아들'은 신적인 존재로서 야훼 하느님으로부터 특별한 권능과 주권을 받을 존재이다. 그런데 「에녹 2서」에 등장하는 사람의 아들의 모습이나 역할은 「다니엘서」에 등장하는 사람의 아들과 유사하다. 「에녹 2서」에 따르면, 에녹이 환상을 보았는데 두 명의 신적인 존재가 있었다. 한 분은 태곳적부터 계신 이로 그분의 머리는 양털 같이 하얗게 생

---

74 「다니엘서」 7:13-14.
75 에세네파에 대해서는 흥미로운 일화가 많이 전한다. 그들은 의례와 관련된 정결뿐만 아니라 도덕적 정결 또한 철저히 지키려고 했다. 그래서 공동체 구성원들에게 다음과 같이 가르쳤다. "만일 이웃에게 모질게 말하거나 알면서 속이는 자는 6개월, …… 어리석은 일을 그의 입에 담은 자는 3개월, 그의 이웃이 말하는 중에 말한 자는 10일 회개할 것이다. 그의 이웃 앞에서 인간적인 이유 없이 벌거벗고 걸은 자는 6개월 벌을 받는다." 이에 대해서는 조철수, 『예수 평전』, 김영사, 2010, 330~31쪽 참조.
76 김판임, 『쿰란 공동체와 초기그리스도교』, 비블리카 아카데미아, 2008, 182~83쪽.

졌다. 그와 함께 사람의 외형을 한 이, 즉 '사람의 아들'이 있다. '태곳적부터 계신 이'가 만물을 창조하기 전에 '사람의 아들'을 불러 그의 창조를 돕게 했으며, 모든 나라와 백성이 그를 경배하게 하셨다.[77]

이렇게 「에녹서」에서도 '사람의 아들'은 하느님과 함께 있던 신적 존재였다. 그런데 「에녹 2서」에서 계속 환상 속에서 진리를 계시받던 에녹이 갑자기 '사람의 아들'이 된다. 에녹을 이끌던 천사가 "당신이 바로 사람의 아들이다"[78]라고 선언했던 것이다. 그렇다면 태초부터 있었던 '사람의 아들'은 에녹의 모습으로 이 땅에 왔다. 에녹은 의롭게 세상을 산 이후에 죽음을 맛보지 않고 승천했으며, 이제 그가 '사람의 아들'로 지명받고 다시 이 세상을 심판하러 올 것이다.

「에녹서」의 '사람의 아들'에 대한 이야기는 알렉산드리아의 에제키엘이 전하는 이야기와 상통한다. 에제키엘의 이야기에서는 모세가 「에녹서」에서는 에녹이 하느님에 버금가는 신적인 존재가 되었고 하느님으로부터 권능을 받아 그의 역할을 대신하게 되었다. 이렇게 두 이야기는 인간과 신의 경계를 무너뜨리고 있으며, 야훼가 유일신으로서 세상을 홀로 창조하고 우주의 역사를 홀로 주관한다는 유일신 신앙을 허물고 있다.

바울을 비롯한 초기 기독교인들이 예수의 신성에 대해 구상했던 것도 에제키엘이나 「에녹서」의 이야기에 비추어 이해할 수 있다. 두 이야기에서 그랬듯이 예수는 의로운 사람이었는데, 사람의 아들로 지명받아 신적인 권능을 받았다. 그의 신성은 야훼 하느님에게 버금가는 것이었다. 그리하여 그는 세상에서 악마의 권세를 물리치고 천사들을 끌고 와 세상을 종말 시킨 후에 모든 사람을 심판하게 될 것이다.

지금까지의 이야기를 정리해보자. 예수를 초인간적인 존재 내지 제2하느님이라고 믿었던 초기 기독교도들의 믿음은 헬레니즘 세계에서 유래한

---

77 Daniel Boyarin, 앞의 책, 2012, pp. 78~79.
78 같은 책, p. 93.

것이 아니라 유대의 묵시 문학에서 유래했다. 기원전 2세기 이후 성행했던 유대 묵시 문학은 두 분의 최고 신이 존재했다고 믿었다. 한 분은 태곳적부터 계셨던 절대자이며, 다른 한 분은 그의 지명을 받은 '사람의 아들'이다. '사람의 아들'은 야훼에 버금가는 능력과 권한을 가지고 세상의 창조와 심판을 주관한다.

여기서 중요한 의문이 생긴다. 이렇게 최고 신과 그에 버금가는 신을 설정하는 유대 묵시 문학은 유일신 신앙을 고수하고 있는 것인가? 아니면 다신 신앙에 빠진 것인가? 유대교의 핵심이 유일신 신앙이라고 주장하는 자들은 유일신 신앙을 고수하는 것이라고 말할 것이지만, 두 명의 신을 설정한다는 측면에서 다신 신앙과 유사하다고 생각된다.

어떤 답을 선택하든지 간에 각자의 판단에 따를 것이지만, 분명한 것은 예수 시절 유대인들이 유일신 신앙을 강력하게 신봉했다는 것은 하나의 '신화'에 지나지 않는다는 사실이다. 20세기에 이루어진 고고학과 문헌학 연구에 의하면, 1세기 유대인들은 이방인들처럼 점성술과 주술을 신봉했으며, 그들의 모임 장소인 회당에 황도대를 비롯한 이방인들이 즐겨 사용하던 상징들을 그렸다. 또한 멜키체덱, 모세, 에녹 등과 같은 인물들, 즉 이스라엘의 영웅이나 족장, 그리고 미카엘이나 라파엘 같은 천사장 등을 야훼와 버금가는 신적인 존재로 인식했다.[79] 그리고 그들은 여러 영웅을 초자연적인 힘을 가진 신적인 인간으로 묘사하곤 했는데, 이는 주변의 헬레니즘적 사고방식의 영향을 받은 것이다.

따라서 1세기에 팔레스타인과 갈릴래아에 살았던 유대인들은 지금까지 생각했던 것보다 훨씬 더 주변 세계의 이방인들과 많은 공통점을 가지고 있었다. 이는 그 무엇보다도 제자들의 '이름'에서 극명하게 드러난다.

---

79 James D. G. Dunn, *Christology in the Making: A New Testament Inquiry into the Origins of the Doctrine of the Incarnation*, William Eerdmans, 1980, pp. 80~81. 이런 존재들에 대한 숙고가 일부 유대인들을 천상에 두 개의 신이 있다는 이단으로 이끌었다는 사실을 소개하고 있다.

12제자 가운데 안드레아와 필립보의 이름은 그리스식이다.[80] 베드로와 함께 초기 기독교의 쌍벽을 이루는 인물인 바울의 이름은 로마식이다. 예수의 제자들이 사용했던 이름뿐만 아니라 언어도 헬라어였다. 예수나 베드로 같은 초기 제자들은 아람어를 썼던 것 같지만, 예수의 말씀을 기록한 모든 글이 헬라어로 쓰였다는 것은 초기 기독교 신자들의 공용어가 헬라어였음을 의미한다. 이렇게 그리스식 이름을 쓰고 헬라어를 사용하면서 그리스의 사유에 물들어 있던 자들이 초기 기독교 신자들이었다. 따라서 베드로와 바울을 비롯한 초기 기독교 신자들이 예수를 하느님에 버금가는 존재로 여기게 되었던 것은 결코 유대교의 틀을 완전히 벗어난 파격적인 일은 아니었다.[81]

---

80 Oscar Cullmann, *Peter: Disciple, Apostle, Martyr*, Baylor University Press, 2011, p. 19; Pheme Perkins, *Peter: Apostle for the Whole Church*, Fortress Press, 2000, p. 40.
81 Paul Rhodes Eddy·Gregory A. Boyd, 앞의 책, 2007, pp. 29~31. 이 책의 저자들이 나와 의견을 같이 하는 것은 아니다. 그들은 최근의 연구 동향을 설명하면서 1세기 유대인들이 헬레니즘의 영향을 받아 '유일신 신앙'을 더 이상 완고할 정도로 강력하게 주장하지 않게 되었다는 것을 반박하고 있다. 그들에 따르면 신약과 구약 중간기에 인간과 신 사이의 중간 존재가 이전보다 중요한 역할을 하는 것은 맞지만, 그렇다고 하더라도 1세기 유대인들이 그런 존재들을 야훼처럼 숭배하지는 않았다고 지적했다.

■ 참고문헌

- 성경은 다음 문헌을 근거로 참조.
대한성서공회, 『공동 번역 성서 개정판 카톨릭용』, 1999.

Epistle of Barnabus
Epistula Apostolorum

Cyprianus, *Epistulae*.
Eusebius, Ἐκκλησιαστικὴ ἱστορία.
Hippolytus, *Commentary on Daniel*.
Ignatius, Letter to the Ephesians.
Irenaeus, *Against Heresies*.
Josephus, *Antiquitates Hudaicae*.
Josephus, *Bellum Judaicum*.
Josephus, *Jewish Antiquities*.
Justinus, *Dialogue with Trypho*.
Justinus, *I Apologia*.
Plinius, *Natural History*.

권영주, 「그레코-로만 전기의 장르적 특성에 비추어본 복음서 해석: 마가복음 2:1-3:6을 중심으로」, 『영산저널』 54, 2020.
그닐카, 요아힘, 정한교 옮김, 『나자렛 예수: 말씀과 역사』, 분도출판사, 2002.
그닐카, 요아힘, 이종한 옮김, 『바울로』, 분도출판사, 2008.
그래비, 레스터 L., 이유미 옮김, 『제2성전기 유대교: 느헤미야, 마카비, 힐렐과 예수 시대의 유대 역사와 종교』, 컨콜디아사, 2017.
김기혁, 「복음서에 나타난 혁명가적 예수와 체 게바라와의 비교연구」, 감리교신학대학교 석사학위논문, 2011.
김기홍, 『역사적 예수』, 창비, 2016.
김덕수, 『바울』, 살림, 2018.
김득중, 『복음서의 비유들』, 컨콜디아사, 1988.

김득중, 『요한의 신학』, 컨콜디아사, 1994.
김득중, 『주요 주제들을 통해서 본 복음서들의 신학』, 한들, 2006.
김영호, 「갈라디아서 2장에 나타나는 바울의 예루살렘 방문에 대한 역사적-주석적 고찰」, 『신학정론』 40-11, 2022.
김인철, 『유대 문화로 읽는 복음서들의 난제들 (상)』, 그리심, 2007.
김재현, 『Q복음서와 원시 기독교』, 한국학술정보, 2009.
김정준, 「이스라엘의 민족형성과 정신문화 (상)」, 『창작과비평』 42, 1976.
김종형, 「그룹과 천사의 비교 연구」, 연세대학교 석사학위논문, 2003.
김주찬, 『밧모섬에서 돌아온 사도 요한』, 옥합, 2004.
김진호, 『예수 역사학』, 다산글방, 2000.
김창선, 『유대교와 헬레니즘』, 한국성서학연구소, 2011.
김장성, 「설교 구조의 다양성 중 하나로서의 마르코 복음서 샌드위치 구조 연구」, 총신대학교 석사학위논문, 2012.
김철해, 「사도 바울과 사도 베드로가 서로에게 미친 영향」, 『신학연구』 6-1, 2007.
김철홍, 「고린도후서 11:23-12:10의 네 가지 주제와 바울의 거짓사도 논쟁」, 『신학연구』 15, 2016.
김판임, 『쿰란 공동체와 초기그리스도교』, 비블리카아카데미아, 2008.
김형진, 「나그함마디 문서(The Nag Hammadi library)의 예수 이해: 영지주의적 이해」, 감리신학대학교 석사학위논문, 2006.
남성현, 『고대 기독교 예술사』, 예담, 2011.
던, 제임스 D. G., 김득중·이광훈 옮김, 『신약성서의 통일성과 다양성』, 솔로몬, 2005.
드레인, 존, 서희연 옮김, 『성경의 탄생』, 옥당, 2011.
디몬트지, 맥스, 김재신 옮김, 『이스라엘 역사 사천년』, 크리스천다이제스트, 1995.
라일리, 그레고리, 박원일 옮김, 『하느님의 강』, 한국기독교연구소, 2005.
러셀, 버트런드, 송은경 옮김, 『나는 왜 기독교인이 아닌가』, 사회평론, 1999.
로드스, 데이빗, 「젤롯운동의 기원과 역사」, 『신학사상』 81, 1993.
마르티네즈, F.·티그셸라아르, E. 영어 편역, 강성열 옮김, 『사해문서 1』, 나남, 2008.
맥, 버튼, 김덕순 옮김, 『잃어버린 복음서: Q복음과 기독교의 기원』, 한국기독교연구소, 1999.
머피, 프레더릭, 유선명 옮김, 『초기 유대교와 예수 운동』, 새물결플러스, 2020.
메츠거, 브루스 M. 외, 장성민 외 옮김, 『신약의 본문』, 한국성서학연구소, 2009.
미타 마사히로, 『성서의 수수께끼를 푼다』, 동방미디어, 1998.
민희식, 『성서의 뿌리: 오리엔트 문명과 구약성서』, 블루리본, 2013.
박두환, 「"천년왕국"(ἐβασίλευσαν μετά τοῦ Χριστοῦ χίλια ἔτη)에 관한 종교

사-전승사적 연구: 요한계시록 20장 4-10절을 중심으로」,『신약논단』 20-3, 2013.
박영희,「호칭을 통한 우가릿의 엘과 바알, 고대 이스라엘의 야훼 비교」,『서양고대사 연구』 32, 2012.
박찬웅,「헬레니즘 문화와 유대교 전통의 충돌」, *Canon & Culture* 4-2, 2009.
박찬웅,「헬레니즘 시대 유대 사회의 재편 과정: 통치구조 관계를 중심으로 — 원시 기독교의 선교모델과 관련하여」,『대학과 선교』 29, 2015.
박찬웅,「세례 요한과 헤롯 안티파스에 관한 비교 연구」,『신약연구』 16-3, 2017.
박찬웅,「로마제국 시대 유대 사회의 중형재판권에 관한 연구」,『신학논단』 89, 2017.
배현주,「예수의 어머니 마리아」,『교육 교회』 164, 1990.
번즈, E. M. 외, 박상익 옮김,『서양문명의 역사 I』, 소나무, 1994.
보그, 마커스 엮음, 남정우 옮김,『예수 2000년』, 대한기독교서회, 2003.
보그, 마커스·크로산, 존 도미닉, 김준우 옮김,『첫 번째 크리스마스』, 한국기독교연구소, 2011.
불핀치, 토마스, 최혁순 옮김,『그리스 로마 신화』, 범우사, 2002.
브라운, 레이먼드, 김광식 옮김,『신약성서 그리스도론 입문』, 분도출판사, 1999.
브라운, 레이몬드 E., 이순성 옮김,「예수의 죽음을 동반하는 종말론적 사건, 특히 잠자던 성도들의 되살아남(마태 27:51-53)」,『신약전망』 186, 2014.
브라운, 피터, 정기문 옮김,『성인숭배』, 새물결, 2002.
브라이트, 존, 박문재 옮김,『이스라엘 역사』, 크리스천다이제스트, 1993.
블로흐, 마르크, 한정숙 옮김,『봉건사회 1』, 한길사, 1986.
샌더스, E. P., 황종구 옮김,『예수와 유대교』, 크리스천다이제스트, 1994/2008.
서중석,『복음서해석』, 대한기독교서회, 1991.
서양중세사학회,『서양 중세사 강의』, 느티나무, 2003.
송창현,「쿰란 사본의 종말론에 관한 연구」,『가톨릭 신학과 사상』 74, 2014.
송혜경,『신약 외경 입문 상권: 신약 외경총론』, 한님성서연구소, 2012.
송혜경,『영지주의자들의 성서』, 한님성서연구소, 2014.
송혜경 역주,『신약 외경 상권: 복음서』, 한님성서연구소, 2009.
송혜경 역주,『신약 외경 하권: 행전, 서간, 계시록』, 한님성서연구소, 2011.
송혜경 역주,『신약 외경 I』, 한님성서연구소, 2021.
스탠퍼드, 피터, 차백만 옮김,『예정된 악인 유다』, 미래의창, 2016.
신상화,『로마』, 청년사, 2004.
아슬란, 레자, 민경식 옮김,『젤롯』, 와이즈베리, 2014.
아시모프, 아이작, 박웅희 옮김,『아시모프의 바이블: 신약, 로마의 바람을 타고 세계로 가다』, 들녘, 2002.

양백향, 「조로아스터교 세계관과 고대 페르시아 왕권의 상관관계」, 서울대학교 석사학위논문, 2011.
양용의, 『마르코 복음서 어떻게 읽을 것인가』, 한국성서유니온선교회, 2010.
양용의, 「예수의 적대자들과 예수의 진정한 가족」, 『국제신학』 2, 2000.
에반스, 크레이그, 성기문 옮김, 『만들어진 예수』, 새물결플러스, 2011.
예레미아스, 요아힘, 한국신학연구소번역실 옮김, 『예수 시대의 예루살렘: 신약성서 시대의 사회경제사 연구』, 한국신학연구소, 1992.
예수 그리스도, 김율희 옮김, 『예수 가스펠』, 프레시안북, 2009.
오강남, 『예수는 없다』, 현암사, 2001.
오순제, 「초대교회 형성기 유대 그리스도교의 발생과 변천에 대한 연구」, 서울기독대학교, 2018.
요세푸스, 김지찬 옮김, 『유대고대사』(전3권), 생명의말씀사, 1987.
요세푸스, 박정수·박찬웅 옮김, 『유대전쟁사』(전2권), 나남, 2008.
우예지, 「요한 복음의 사마리아 선교 이해: 요 4:1-4:2 중심으로」, 감리교신학대학교 석사학위논문, 2012.
유태엽, 『마태오의 신학』, 감리교신학대학교출판부, 2008.
유희수, 『낯선 중세』, 문학과지성사, 2018.
윤영준, 「고대 이스라엘의 비관용적인 단일숭배의 기원에 관한 연구: 에살핫돈의 왕위계승조약과의 관계를 중심으로」, 한세대학교 박사학위논문, 2008.
윤철호, 『너희는 나를 누구라 하느냐』, 대한기독교서회, 2013.
이경숙, 「여신 숭배론을 통해 본 이스라엘 왕국 시대의 종교적 갈등」, 『기독교사상』 444, 1995.
이동진 편역, 『제2의 성서 아포크리파: 구약시대』, 해누리, 2001.
이상목, 「예루살렘 교회의 야고보: 초기 교회의 정황과 야고보의 역할」, 『대학과 선교』, 2018.
이상웅, 「로마 가톨릭교회의 마리아론에 대한 비판적 고찰」, 『개혁논총』 32, 2014.
이요엘, 『고고학자들의 카리스마를 클릭하라』, 평단문화사, 2006.
이용범, 「요한福音과 쿰란文書의 終末論 比較 硏究」, 계명대학교 박사학위논문, 1997.
이윤경, 「벨리알과 사탄에 대한 역사적 개념 변천 연구」, 『한국기독교신학논총』 76, 2011.
이희창, 「구약에 나타난 메시아 개념 연구」, 칼빈대학교 석사학위논문, 2005.
전웅제, 「마태와 누가에 나타난 예수 출생 설화 비교」, 감리교신학대학교 석사학위논문, 2009.
정기문, 「신약성경에 묘사된 바리사이파 상에 대한 검토」, 『전북사학』 33, 2008.

정기문, 「예수와 여성」, 『동국사학』 54, 2013.
정기문, 「예수의 출생에 대한 고찰」, 『동국사학』 56, 2014.
정기문, 『그리스도교의 탄생』, 도서출판 길, 2016.
정기문, 「예수의 수난과 제자들의 무장」, 『서양고대사연구』 57, 2020.
정승우, 『인류의 영원한 고전: 신약성서』, 아이세움, 2007.
정현경, 「요한 복음서의 여성제자들」, 서강대학교 석사학위논문, 2013.
조경수, 「사도행전에 나타난 예루살렘 교회연구」, 호서대학교 석사학위논문, 2003.
조배현, 「빌라도(Pontius Pilate)에 관한 연구: 역사적 빌라도와 정경적 빌라도」, 총신대학교 석사학위논문, 2017.
조승호, 「예수의 산헤드린 재판 재구성」, 장로회신학대학교 석사학위논문, 2005.
조인형, 『로마의 카타콤』, 하늘양식, 2013.
조재천, 「누가-행전에 나타난 빌라도의 초상」, 『신약논단』 18-4, 2011.
조재형, 「고린도전서에 나타난 그레코-로만의 공동 식사: 뛰시아(OOOOO) 희생제의로 살펴본 그리스도교의 성찬」, 『Canon & Culture』 13-2, 2019.
조철수, 『메소포타미아와 히브리 신화』, 도서출판 길, 2000.
조철수, 『예수 평전』, 김영사, 2010.
존슨, 폴, 이종인 옮김, 『예수 평전』, RHK, 2012.
주승중, 「위대한 교환의 절기, 성탄절」, 『새가정』 573, 2005.
주원준, 『구약성경과 신들』, 한님성서연구소, 2012.
차정식, 『예수는 어떻게 죽었는가』, 한들, 2006.
최갑종 편역, 『최근의 예수 연구』, 기독교문서선교회, 1994.
최동훈, 『구약의 하나님은 신약의 하나님이 아니다』, 삼인, 2011.
최순봉, 「유다스 호 이스카리오테스」, 『광신논단』 17, 2008.
최혜영, 「마리아 숭배의 기원: 황제 숭배 및 여성성을 중심으로」, 『서양고대사연구』 22, 2008.
카세르, 로돌프 외, 김환영 외 옮김, 『예수와 유다의 밀약: 유다복음서』, YBM SISA, 2006.
콧체, 레이문트·묄러, 베른트 편, 이신건 옮김, 『고대교회와 동방교회』, 한국신학연구소, 1995.
큄멜, W. G., 박익수 옮김, 『신약정경개론』, 대한기독교서회, 2004.
크라우스, 롤프, 김영 옮김, 『모세는 파라오였다』, 이룸, 2003.
크로산, 존 도미닉, 김준우 옮김, 『역사적 예수』, 한국기독교연구소, 2000.
크루즈, 에이미, 배경화 편역, 『이야기 세계의 신화』, 푸른숲, 1998.
타이쎈, 게르트, 박찬웅·민경식 옮김, 『기독교의 탄생』, 대한기독교서회, 2008.
타이쎈, 게르트·메르츠, 아네테, 손성현 옮김, 『역사적 예수: 예수의 역사적 삶에 대한 총체적 연구』, 다산글방, 2001.
톰슨, 데미안, 이종인 외 옮김, 『종말: 새로운 천년에 대한 믿음과 두려움』, 푸른숲, 1999.
트로크메, 에티엔트, 유상현 옮김, 『초기 기독교의 형성』, 대한기독교서회, 2003.
페이절스, 일레인, 권영주 옮김, 『사탄의 탄생』, 루비박스, 2006.
프리크, 티모시·갠디, 피터, 승영조 옮김, 『예수는 신화다: 기독교의 신은 이교도의 신인가』, 미지북스, 2009.
플래쳐, 윌리암, 이은선·이경성 옮김, 『신학의 역사』, 기독교문서선교회, 1996.
호슬리, 리차드 A., 손성현 옮김, 『크리스마스의 해방』, 다산글방, 2000.
황성규, 「고대 이스라엘의 야훼신앙과 이방인의 갈릴래아」, 『신학연구』 3, 1991.

Armstrong, Karen, *A History of God*, Ballantine Books, 1993.
Bammel, Ernst·Moule, C. F. D., (eds.), *Jesus and the Politics of His Day*, Cambridge University Press, 1985.
Barker, Margaret, *The Great Angel*, John Knox Press, 1992.
Barnhart, Joe E.·Kraeger, Linda T., *In Search of First-century Christianity*, Ashgate, 2000.
Barton, Stephen C. (ed.), *The Cambridge Companion to the Gospels*, Cambridge University Press, 2006.
Bauckham, Richard, *Jude and the Relatives of Jesus in the Early Church*, London: T&T Clark, 1990.
Bauckham, Richard, *Jesus and the Eyewitnesses*, Eerdmans, 2008.
Becker, Eve-Marie, *The Birth of Christian History: Memory and Time from Mark to Luke-Acts*, Yale University Press, 2017.
Bidez, Julianus·Cumont, F. (ed.), *Epistulae et leges*, Paris: Les Belles Lettres, 1922.
Box, George Herbert, *The Virgin Birth of Jesus*, The Young Church Man, 1916.
Boyarin, Daniel, *The Jewish Gospels: The Story of the Jewish Christ*, The New Press, 2012.
Brandon, George F., *Jesus and the Zealots: A Study of the Political Factor in Primitive Christianity*, Charles Scribner's Sons, 1967.
Brent, Allen, *Cyprian and Roman Carthage*, Cambridge University Press, 2010.
Brown, Raymond, *The Birth of the Messiah: A Commentary on the Infancy Narratives in the Gospels of Matthew and Luke*, Doubleday, 1977.
Brown, Raymond, *The Community of the Beloved Disciple*, Paulist Press, 1979.

Brown, Raymond, *An Introduction to New Testament Christology*, Paulist Press, 1994.

Brunt, Peter A., *Italian Manpower 225 B.C.-A.D. 14*, Clarendon Press, 1971.

Burkert, Walter·Raffan, John (tr.), *Greek Religion*, Basil Blackwell, 1985.

Burkett, Delbert, *An Introduction to the New Testament and the Origins of Christianity*, Cambridge University Press, 2002.

Butz, Jeffrey J., *The Brother of Jesus and the Lost Teachings of Christianity*, Inner Traditions, 2005.

Calytor, W. Graham·Bagnall, Roger S., "The Beginnings of the Roman Provincial Census: A New Declaration from 3 BCE, Greek Roman and Byzantine Studies", *Greek Roman and Byzantine Studies* 55, 2015.

Clifford, Paula, *A Brief History of End Time: Prophecy and Apocalypse, then and now*, Sacristy Press, 2016.

Corley, Jeremy, *New Perspectives on the Nativity*, T&T Clark, 2009.

Crispino, Enrica, *Michelangelo*, Giunti, 2001.

Crossan, John Dominic, "Mark and Relatives of Jesus", *Novum Testamentum* 15-2, 1973.

Crossan, John Dominic·Reed, Jonathan L., *In Search of Paul: How Jesus's Apostle opposed Rome's Empire with God's Kingdom*, Harper San Francisco, 2004.

Cullmann, Oscar, *Peter: Disciple, Apostle, Martyr*, Baylor University Press, 2011.

Daigneault, André, *The Good Thief*, Xulon, 2005.

Davies, Philip R., *In Search of "Ancient Israel": A Study in Biblical Origins*, Continuum, 1995.

Derrett, Duncan M., "Oracles, Myth, and Luke's Nativity Story", *Novum Testamentum*, vol. 54, 2012.

Dunn, James D. G., *Christology in the Making: A New Testament Inquiry into the Origins of the Doctrine of the Incarnation*, William Eerdmans, 1980.

Dunn, James D. G., *Beginning from Jerusalem*, Grand Rapids: William B. Eerdmans, 2009.

Eddy, Paul Rhodes·Boyd, Gregory, *The Jesus Legend: A Case for the Historical Reliability of the Synoptic Jesus Tradition*, Baker Academic, 2007.

Ehrman, Bart, *Jesus: Apocalyptic Prophet of the New Millennium*, Oxford University Press, 1999.

Ehrman, Bart, *Peter, Paul & Mary Magdalene: The Followers of Jesus in History and Legend*, Oxford University Press, 2006.

Ehrman, Bart, *Jesus, Interrupted*, Harper One, 2009.

Ehrman, Bart, *Forgery and Counterforgery: The Use of Literary Deceit in Early Christian Polemics*, Oxford University Press, 2013.

Eisen, Ute E.·Mader, Heidrun Elisabeth (eds.), *Talking God in Society: Multidisciplinary (Re)constructions of Ancient*, Göttingen: Vandenhoeck & Ruprecht, 2020.

Eisenman, Robert, *James: The Brother of Jesus*, Penguin, 1997.

Ellegard, Alvar, *Jesus: One Hundred Years Before Christ*, The Overlook Press, 2002.

Farmer, David, *Oxford Dictionary of Saints*, Oxford University Press, 1978.

Ferguson, Everett, *Encyclopedia of Early Christianity*, Garland Publishing Inc., 1998.

Ferguson, John·Clark, Francis, *War, Peace, and Religion*, Open University Press, 1973.

Frassetto, Michael (ed.), *The Year 1000: Religious and Social Response to the Turning of the First Millennium*, Springer, 2003.

Fredriksen, Paula, *Jesus of Nazareth, King of the Jews: A Jewish Life and the Emergence of Christianity*, Vintage, 2000.

Funk, Robert·Hoover, Roy, And The Jesus Seminar, *The Five Gospel: What Did Jesus Really Say?*, Harper One, 1993.

Gibson, Jack J., *Peter Between Jerusalem and Antioch: Peter, James, and the Gentiles*, Mohr Siebeck, 2013.

Gonzalez, Justo, *The Story of Christianity: The Early Church to the Dawn of the Reformation*, Harper San Francisco, 1984.

Hahn, Scott (ed.), *Reading Salvation: Word, Worship, and the Mysteries*, Emmaus Road Publishing, 2005.

Hannah, Darrell D., "The Four-Gospel 'Canon' in the *Epistula Apostolorum*", *The Journal of Theological Studies* 59-2, 2008.

Hengel, Martin, *Between Jesus and Paul: Studies in the Earliest History of Christianity*, Wipf and Stock Publishers, 1983.

Hengel, Martin·Schwemer, Anna Maria·Bowden, John (tr.), *Paul Between Damascus and Antioch: The Unknown Years*, Louisville, Ky.: Westminster John Knox Press, 1997.

Hipolytis, *In Danielem*, 4 (http://www.newadvent.org/fathers/0502.htm).
Hoehner, Harold W., *Chronological Aspects of the Life of Christ*, Zondervan Academic, 2010.
Holmen, Tom (ed.), *Jesus from Judaism to Christianity*, T&T Clark, 2007.
Hopkins, Keith, *A World Full of Gods: The Strange Triumph of Christianity*, Plueme, 1999.
Horsley, Richard (ed.), *Christian Origins*, Fortress Press, 2005.
Jacobson, Howard, *The Exagoge of Ezekiel*, Cambridge University Press, 1983.
Jervell, Jacob, *Luke and the People of God*, Minneapolis: Augsburg Publishing House, 1972.
Jones, Ivor, *The Gospel of Matthew*, Epworth, 1994.
Keim, Theodore, *The History of Jesus of Nazara*, Wipf and Stock, 2016.
Kgatle, Mookgo Solomon, "Discipleship understandings and misunderstandings in Mark 10:35-42. A reader response criticism", *Stellenbosch Theological Journal* 3-1, 2017.
Krans, Jan, et al. (ed), *Paul, John, and Apocalyptic Eschatology*, Brill, 2013.
Lalleman, Pieter J., *The Acts of John: A Two-stage Initiation Into Johannine Gnosticism*, Peeters, 1998.
Le Goff, Jacques, *In Search of Sacred Time: Jacobus de Voragine and The Golden Legend*, Princeton University Press, 2014.
Mack, Burton, *Who Wrote the New Testament*, Harper One, 1995.
Mack, Burton, *The Christian Myth: Origins, Logic, and Legacy*, Continuum, 2001.
Marcus, Joel, *Mark 1-8*, New York, 2000.
McGlffert, Arthur C., *A History of Christianity in the Apostolic Age*, 1951.
Meier, John P., "The Circle of the Twelve: Did It Exist during Jesus' Public Ministry?", *Journal of Biblical Literature* 116-4, 1997.
Middleton, Paul, *Radical Martyrdom and Cosmic Conflict in Early Christianity*, T&T Clark, 2006.
Moss, Candida R., *The Other Christs*, Oxford University Press, 2010.
Moss, Candida R., *The Myth of Persecution*, Harper One, 2013.
Ogg, George, *The Chronology of the Public Ministry of Jesus*, Cambridge: Cambridge University Press, 1940.
Overman, J. Andrew, *Matthew's Gospel and Formative Judaism*, Fortress Press, 1990.

Pagels, Elaine, *Beyond Belief: The Secret Gospel of Thomas*, Random House, 2003.
Painter, John, *Just James: The Brother of Jesus in History and Tradition*, Univ. of South Carolina Press, 2004.
Perdue, Thomas H., *Passover & Sukkot*, AuthorHouse, 2011.
Perkins, Pheme, *Gnosticism and the New Testament*, Fortress Press, 1993.
Perkins, Pheme, *Peter: Apostle for the Whole Church*, Fortress Press, 2000.
Porter, E.·Bedard, Stephen J., *Unmasking the Pagan Christ: An Evangelical Response to the Cosmic Christ Idea*, Toronto: Clements Publishing, 2006.
Price, Robert, *Deconstructing Jesus*, Prometheus Books, 2000.
Riesner, Rainer·Scott, Douglas W. (tr.), *Paul's Early Period: Chronology, Mission Strategy, Theology*, Grand Rapids: Wm. Eerdmans, 1998(Germany original edition, 1994).
Roskam, Hendrika Nicoline, *The Purpose of the Gospel of Mark in its Historical and Social Context*, Leiden: Brill, 2004.
Saldarini, Anthony J., *Pharisees, Scribes and Sadducees in Palestinian Society: A Sociological Approach*, Dove Booksellers, 2001.
Salzman, Michele Renee, *On Roman Time: The Codex-Calendar of 354 and the Rhythms of Urban Life in Late Antiquity*, University of California Press, 1991.
Scholer, David M. (ed.), *Social Distinctives of the Christians in the First Century: Pivotal Essays by E. A. Judge*, Baker Academic, 2008.
Segal, Alan F., *Life After Death: A History of the Afterlife in Western Religion*, New York: Doubleday, 1989.
Segal, Alan F., *Two Powers in Heaven*, Brill, 2002.
Shanks, Hershel·Witherington III, Ben, *The Brother of Jesus*, Harper San Francisco, 2003.
Shoemaker, Stephen J., "Rethinking the 'Gnostic Mary': Mary of Nazareth and Mary of Magdala in Early Christian Tradition", *Journal of Early Christian Studies* 9-4, 2001.
Smith, Julia M. H., *Europe After Rome: A New Cultural History 500-1000*, Oxford University Press, 2005.
Song Hyekyoung, 「The Historicity of Jesus and the Potential Resource of the Apocryphal Gospel」, 『가톨릭 신학과 사상』 82, 2019.
Sordi, Marta·Bedini, Annabel (tr.), *The Christians and the Roman Empire*,

Routledge, 1994.

Stein, Robert H., *Mark*, Baker Academic, 2008.

Stevens, Luke J., "Did Eusebius Read Papias?", *The Journal of Theological Studies* 70-1, 2019.

Stewart, Robert (ed.), *The Resurrection of Jesus*, Fortress Press, 2006.

Still, Jay, *The New Testament Historical Enrichment Book*, WestBow, 2014.

Thompson, Thomas L., *The Mythic Past: Biblical Archaeology and the Myth of Israel*, Basic Books, 1999.

Thorley, John, "When Was Jesus Born?", *Greece & Rome*, vol. 28, 1981.

Tobin, Paul, *The Rejection of Pascal's Wager*, Authors online, 2009.

Vardaman, Jerry et al. (eds.), *Chronos, Kairos, Christos: Nativity and Chronological Studies Presented to Jack Finegan*, Eisenbrauns, 1989.

Vermes, Géza, *The Nativity: History and Legend*, Doubleday, 2006.

Waston, Francis·Parkhouse, Sarah (eds.), *Connecting Gospels*, Oxford University Press, 2018.

Weeden, Theodore, *Mark: Traditions in Conflict*, Fortress, 1971.

Wells, George Albert, *The Jesus Legend*, Open Court, 1996.

White, Michael, *From Jesus to Christianity*, Harper San Francisco, 2004.

Yoder, Joshua, *Representatives of Roman Rule: Roman Provincial Governors in Luke-Acts*, Berlin: Walter de Gruyter, 2014.

■ 찾아보기

「골로새서」 221
「니코데모의 복음서」 131
「다니엘서」 132, 134, 151, 254, 255
「디다케(Didache)-12사도의 가르침」 196
「로마인들에게 보낸 서간」 75, 82
「루카 복음서」 8~12, 14, 16, 21, 28, 30~37, 40, 43, 44, 47, 50, 51, 64, 76, 77, 82~84, 87, 88, 100, 106, 109, 110, 115~18, 138, 146, 148, 153, 161, 163, 166, 194~96, 205, 210, 212, 215
「마르코 복음서」 10, 12, 15, 27, 28, 35~37, 44, 59~64, 67, 71, 74, 75, 77, 81, 83, 88, 95, 98, 100, 102, 110~14, 116~18, 143, 145, 146, 161, 163, 194~97, 210~17
「막달라 마리아 복음서」 92~94, 193
「마카베오 2서」 124, 125
「마태오 복음서」 6~8, 10~12, 16, 17, 28, 31~40, 43, 44, 52, 64, 76, 77, 78, 81, 83, 84, 94, 100, 105, 110, 114~17, 129, 130, 146, 153, 161, 163~65, 191, 194, 195, 210, 212, 214~17

「말라기」 48
「미가서」 35
「민수기」 240
「바르나바 서간」 151, 152
「베드로 행전」 103, 186, 192
「베드로의 둘째 서간」 18, 147~49, 151
「사도들의 서간」 149, 164, 165
「사도행전」 20, 29, 69, 102, 103, 139, 161, 165, 166, 170, 176, 181, 209
「사무엘 상·하」 97
「수태고지」 58
「신명기」 222, 243
「안드레아 행전」 186, 188, 189, 192
「야고보 원복음서」 13, 34, 73, 78, 79
「야고보 제1계시록」 70
「야고보의 비밀 가르침」 93
「에녹 2서」 255, 256
「에녹서」 122, 132, 256
「에비온파 복음서」 164
「에제키엘」 197
「엑사고게」(Exagōgē) 253
「에페소 신자들에게 보낸 서간」 79
「여호수아」 97, 244
「역대 상·하」 97

「예레미야」 197
「요나」 249, 250
「요한 묵시록」 156, 157
「요한 복음서」 9~11, 13, 37, 38, 40, 42, 44, 48, 52~54, 64, 66~68, 71, 75, 81, 84, 89, 92, 104, 108, 110, 117, 118, 161, 163~65, 167, 171, 172, 211~14
「요한 행전」 186~89
「요한의 비밀 가르침」 93
「유다 복음서」 175
「의심하는 토마스」 172
「이사야」 35, 196, 248, 249
「이사야의 승천」 79
「전도서」 240
「창세기」 219, 221, 222, 224, 225
「최후의 만찬」 159
「테살로니카 신자들에게 보낸 둘째 서간」 143~46
「테살로니카 신자들에게 보낸 첫째 서간」 145
「토마스 복음서」 172, 173, 195
「토마스 행전」 186, 189
「트랄레스 신자들에게 보낸 서간」 79
「판관기」 39
「피에타」 57, 58
「필립보 복음서」 93, 192
「필립보 행전」 192
「히브리인의 복음서」 70
『교회사』 166
『대예언기』 155
『상식』(Common Sence) 235
『업적록』 30
『유대 고대사』 51
『유대인 트리폰과의 대화』 80
『이단들을 반박함』 55
『이성의 시대』(The Age of Reason) 235
『제1변증』 81
『주 그리스도』(Kyrios Christos) 252
『탈무드』(Talmud) 39
『휴거』(Reptured) 155

12부족 106, 162, 168, 229, 242
12제자 16, 20, 21, 37, 100, 102, 105~07, 161, 163, 165~67, 169, 170, 176, 177, 179, 180, 183, 184, 186, 191~97, 258
12지파 21, 193, 196, 197
4복음서 10, 20, 38, 44, 45, 53, 56, 80~83, 93, 111, 118, 161, 167, 170, 172, 193~96, 210~12
Q복음서 194, 195

|ㄱ|

가나안 정복 236, 250
가말리엘(Gamaliel) 207
가말리엘 2세(Gamaliel II) 211
가브리엘(Gabriel) 28, 58
가톨릭교회 14, 49, 50, 74, 86
가현설(假現說) 187
갈라티아(Galatia) 166
갈리아(Gallia) 189
갈릴래아(Galilee) 11, 13, 21, 28, 31, 38, 40, 58, 64, 68, 71, 91, 92,

94, 106, 119, 163, 167~69, 171, 176, 177, 180, 182, 213, 214, 257
갈릴래아의 베들레헴 42
개종 23, 69, 80, 140, 148, 166, 169, 194, 208~10, 249
겟세마니(Gethsemane) 88, 89, 91, 100, 108, 109, 113, 171
견유철학자 5, 119
경전의 종교 245
계시 12, 13, 60, 77, 78, 93, 132, 133, 140, 141, 152, 156, 157, 173, 187, 193, 207, 256
공관복음서 37, 52~54, 64, 67, 163, 165, 213, 214
공생애 9, 44, 45, 47, 50, 52, 53, 60, 63, 64, 66~68, 76, 83, 84, 119, 120, 134, 138, 139, 167, 171, 180, 213, 214
그닐카, 요아힘(Gnilka, Joachim) 60
그레고리우스 13세(Gregorius XIII) 49
그레고리우스, 투르의(Gregory of Tours) 154
그레고리우스력 49
그루지야어 13, 34
그리스 49, 188~90, 251, 258
그리스 신화 238
그리스 철학 79
그리스어 → 헬라어
기름부음 97, 120
기름부음을 받은 자 74, 97

기적 22, 38, 58, 62, 65, 66, 68, 102, 120, 166, 167, 171, 177, 182, 186, 189, 205, 206, 215

|ㄴ|

나그함마디 문서 69
나바테아(Nabatea) 54
나자렛(Nazareth) 11, 28, 30, 32~34, 37~40, 42, 58, 64, 66, 76
나타나엘(Nathanael) 20, 37, 161~65, 167, 168, 171
나폴리(Napoli) 192
네로(Nero) 170
네부카드네자르(Nebuchadnezzar) 244
네스토리우스(Nestorius) 85, 86
네스토리우스 논쟁 85
니고데모(Nicodemus) 206
니산월 53, 54
니케아 공의회 188

|ㄷ|

다 빈치, 레오나르도(da vinci, Leonardo) 58, 159
다마스쿠스(Damascus) 140
다미선교회 156
다신교 80, 231, 239, 242
다윗(David) 11, 13, 38, 41, 42, 51, 75~82, 84, 229
다윗의 아들 120

다윗제국 197
대(大)야고보(Iacobus Maior) 15, 16,
 20, 67, 69, 70, 72, 99, 101~05,
 139, 146, 161, 162, 164~68,
 170, 171, 177, 183~85, 188,
 192, 194, 210
대제사장 14, 32, 78, 88, 89, 95,
 107, 113, 114, 116, 121, 137,
 174, 179, 183, 201, 207, 210,
 214~16, 241
데키우스(Decius) 153
도미티아누스(Domitianus) 76
독사의 자식들 108, 200, 216
동방교회 14, 47, 49, 74, 192
동방박사 6, 33, 34
동방정교 49

| ㄹ |

라오디케이아(Laodicea) 157
라틴어 13, 34, 169, 188
러셀, 버트런드(Russell, Bertrand)
 244
러시아 49
레무스(Remus) 36, 123
로마 교회 10, 46, 47, 54, 93, 148,
 152, 191, 192, 196
로마제국 8, 28, 29, 32, 36, 43, 48,
 49, 51, 76, 81, 89~91, 93, 104,
 108, 112, 114, 115, 117, 118,
 139, 168, 184
로물루스(Romulus) 36, 123

르네상스 57, 172
리옹 55, 175
리옹 교회 44

| ㅁ |

마따디아(Mattathias) 200, 201
마르두크(Marduk) 246, 247
마르코(Mark) 210
마르코의 다락방 69, 159, 182
마르키온(Marcion) 237
마리아(Maria) 6, 8, 11~14, 28, 32,
 35, 42, 43, 49, 50, 57~60,
 63~67, 69, 72~74, 77~81,
 83~86, 104, 167, 171, 172
마술사 5, 186
마카베오(Maccabeus) 124, 126, 200
마카베오 전쟁 126, 200
마태오(Matthaeus) 20, 105, 161,
 162, 164~66, 168, 169, 176,
 177, 191, 192, 202
막달라 마리아(Magdala Maria) 66,
 74, 178, 193
만성절(萬聖節) 50
맥, 버튼(Mack, Burton) 253
메소포타미아(Mesopotamia) 246
메시아 38, 41, 62, 74~77, 97~99,
 104, 113~16, 118~22, 126,
 134, 151, 183, 184, 193, 206,
 212
메시아의 비밀 62, 99
메토디우스(Methodius) 154

멜키체덱(Melchizedek) 221, 225, 257
모세(Moses) 28, 35, 37, 41, 97, 100, 202, 209, 220, 223, 225~28, 230, 233~35, 237, 243, 245, 253, 254, 256, 257
모세 오경 41, 97, 169
몬타누스(Montanus) 152
무력 혁명 14, 16, 89, 91, 92, 119, 120, 122
묵시 문학 93, 136, 140, 141, 183, 253, 254, 257
묵시 신앙 80, 124, 151
묵시 종말론 134, 141, 147
므두셀라(Methuselah) 153
미디안족 225, 226, 228, 234, 235,
미켈란젤로(Michelangelo) 9, 57
미트라교 48

| ㅂ |

바르나바(Barnabas) 151, 185, 209
바르톨로메오(Bartholomaeus) 20, 105, 161, 162, 165, 168, 176, 191, 192
바리사이파 21~23, 108, 140, 175, 199~217
바빌로니아 신화 246, 247
바빌로니아제국 246
바빌론(Babylon) 244~46, 248
바빌론 유수 76, 231, 242, 244~46, 249, 251, 252

바울(Paulus) 5, 22, 23, 35, 45, 69, 72, 75, 82, 102, 103, 139~45, 151, 165, 166, 169, 170, 183, 185, 194, 207~09, 256, 258
바울파 72
바이스, 크리스티안(Weisse, Christian) 194
발렌티누스(Valentinus) 10, 52
버로, 에릭(Burrows, Eric) 7
베드로(Petrus) 15, 16, 20, 22, 37, 67, 94~96, 98~100, 102, 103, 105, 106, 120, 139, 148, 161, 163~67, 170, 171, 173, 175, 177~81, 183~86, 188, 190, 191, 194, 196, 206, 207, 252, 258
베들레헴(Bethlehem) 6, 8, 11, 19, 27, 28, 30, 32~35, 37, 38, 40, 42, 43, 75, 152
베르길리우스(Vergilius) 36
베사이다(Bethsaida) 171, 175
벨하우젠, 율리우스(Welhausen, Julius) 197
본디오 빌라도(Pontius Pilatus) 45, 55, 89, 90, 111~18, 121, 204, 216
부세트, 빌헬름(Bousset, Wilhelm) 252
부활 17, 22, 53, 54, 69, 70, 103, 111, 127, 129~32, 139, 140, 142, 145, 149, 163, 164, 172, 181, 183, 190, 193, 206, 208, 214,

237, 248
부활절(復活節) 54
불가타 성경 74
불트만, 루돌프(Bultmann, Rudolf) 197
비폭력 평화운동 88

| ㅅ |

사도 교부 79, 148
사도 요한 15, 16, 19, 20, 46, 84, 99, 100~05, 139, 145, 152, 156, 157, 161, 164~67, 170, 171, 177, 183, 184, 186~88, 191, 194, 207
사도회의 102~04, 185
사두가이파 108, 210
사람의 아들 15, 17, 80, 92, 93, 95, 135~38, 143, 197, 203, 254~57
사르디스(Sardis) 157
사마리아(Samaria) 11, 12, 31, 40~42, 79, 100, 169
사무엘(Samuel) 97
사울(Saul) 97
사탄(Satan) 15, 95, 96, 123, 126, 127
사투르누스(Saturnus) 47
사해(死海, Dead Sea) 133
사후세계 23
산헤드린(Sanhedrin) 22, 116, 137, 207

산헤드린 재판 116, 121
살레르노(Salerno) 192
살로메(Salome) 73, 74
삼손(Samson) 39
샌드위치 구조 61
샤머니즘 219
서방교회 49, 54, 74, 192
선교 활동 22, 140, 166, 170, 188, 189, 192, 206, 207
설교 58, 86, 91, 144, 154, 183, 205~07
성관계 36, 58, 73, 77, 80, 123, 189, 190, 233, 234
성령 58, 159, 182, 183
성전 의례 5
성탄절(聖誕節) 27, 34, 46~49
세례 9, 44, 50~52, 58, 101, 213
세례 요한 9, 44, 49~52, 54, 58, 84, 91, 92, 99, 120, 134, 139, 167, 171, 178, 213
셀레우코스 왕조 200
소아시아 152, 188
소(小)야고보(Iacobus Minor) 20, 74, 105, 161, 162, 167, 168, 176
솔라리, 크리스토포로(Solari, Cristoforo) 57
솔로몬(Solomon) 41, 51, 231, 242
수난 62, 67, 70, 83, 88, 100, 101, 111, 118, 143
수난 이야기 111, 112, 114, 195
수태고지 12
순교 79, 81, 94, 167, 171, 172, 186,

188, 190~92, 196, 210
슈미탈스, 발터(Schmithals, Walter) 197
스미르나(Smyrna) 157
스미르나 교회 79
스키타이(Scythians) 85, 166, 190
승천 69, 86, 131, 159, 165, 171, 182, 206, 256
시걸, 앨런(Segal, Alan) 253
시나이산(Mount Sinai) 202, 226, 233, 253
시리아 8, 28, 31, 43, 45, 51, 124, 202, 224, 228
시리아어 13, 34, 188
시카리파 105, 106, 168
신바빌로니아 244, 245, 247
신비주의 141
신성모독 68, 203
신학적 읽기 61
실베스테르 2세(Sylvester II) 154
십계명 87
십보라(Zipporah) 225
십자가 처형 66

| ㅇ |

아나누스(Ananus) 210
아담(Adam) 153, 254
아라비아(Arabia) 85, 228
아람어 106, 168, 258
아랍어 13, 34, 188
아레타스 4세(Aretas IV) 54

아르메니아 교회 49
아르메니아어 13, 34
아르켈라우스(Archelaus) 31
아리마태아(Arimathea) 131
아브라함(Abraham) 9, 17, 44, 138, 222~26, 228, 237, 251
아시리아(Assyria) 41, 197, 249, 250
아시아(Asia) 104, 145, 146, 157, 166, 170, 172, 184, 188, 189
아시아 교회 45, 54, 93
아시아 선교 170
아우구스투스(Augustus) 8, 28, 30, 31, 36, 43, 45, 50
아우구스티누스(Augustinus) 74, 189
아우렐리아누스(Aurelianus) 48
아폴론(Apollo) 36, 238
아프리카(Africa) 189,
아프리카누스, 섹스투스 율리우스 (Africanus, Sextus Julius) 154
아후라 마즈다(Ahura Mazda) 246, 248
안드레아(Andreas) 20, 105, 161, 164~67, 171, 177, 188~92, 258
안식일(安息日) 19, 122, 133, 152, 200, 201, 203, 213, 245, 248, 249
안티오코스 4세(Antiochus IV) 124, 200, 201
안티오키아 79, 196, 209

안티오키아 교회 151, 185, 209
안티오키아 사건 185
알렉산드로스 대왕(Alexandros the Great) 36, 123
알패오(Alphaeus) 20, 105, 162, 167, 168, 176
애니미즘 219
앵글리, 어니스트(Angley, Ernest) 155
야브네(Jabneh) 211
야훼(Yahweh) 23, 124, 219~37, 241~52, 255~57
어셔, 제임스(Ussher, James) 20, 155
에녹(Enoch) 254, 255~57
에녹의 비유 254
에블라(Ebla) 228
에세네파 5, 39, 122, 126, 132, 133, 201, 202, 255
에우세비우스(Eusebius) 21, 165, 166, 191
에제키엘(Ezekiel, 예언자) 97, 244
에제키엘(Ezekiel, 극작가) 253, 254, 256
에티오피아(Ethiopia) 192
에티오피아 교회 149, 254
에티오피아어 164
에페소(Ephesus) 86, 104, 145, 157, 167, 188
에페소 공의회 86
에페소 교회 54
에피루스(Epirus) 190
에피파니우스(Epiphanius) 85

엘 샤다이(El Shaddai) 223
엘(El) 신 222~26
엘 엘욘(El Elyon) 221~23, 225
엘리사벳(Elizabeth) 84
엘리야(Elijah) 100, 178
여호수아(Jehoshua) 236, 250
열심당(熱心黨, Zealot) 16, 104~07, 168, 169
열심당원 시몬(Simon Cananeus) 20, 105, 161, 162, 164, 165, 176, 192
영지주의 5, 93, 186, 187
예레미야(Jeremiae) 97, 178
예루살렘 6, 11, 13, 17, 22, 28, 33, 34, 42, 52, 53, 66, 72, 75, 77, 88, 90, 101, 103, 109, 112, 119~22, 126, 130, 131, 134, 137~39, 154, 159, 166, 167, 169, 172, 182~84, 201, 202, 206, 207, 211, 213~16, 225, 231, 245
예루살렘 교회 22, 63, 69, 93, 94, 102~04, 139, 151, 170~72, 183~85, 193, 194, 209
예루살렘 사도회의 104, 185, 208
예루살렘 성전 17, 33, 73, 75, 82, 109, 111, 112, 130, 143, 242, 243, 245
예루살렘의 봄 184
예리코(Jericho) 17, 75, 138
오리게네스(Origenes) 10, 46, 52, 70
오병이어(五餠二魚) 171

외경(外經)　70, 79, 82, 93, 132, 149, 173, 178, 186, 189, 193
요나단(Jonathan)　201
요세푸스(Josephus)　31, 39, 51, 54, 90, 92, 98, 105, 111, 119, 167, 199, 202, 210
요셉(Joseph)　13, 14, 28, 30, 32, 35~37, 42, 60, 63, 67, 73, 74, 76~83
요시아(Josiah)　242, 243
요시아 개혁　242, 243
요한 공동체　42
우가리트(Ugarit)　224, 228
우상숭배　48
우피치 박물관　58
원시 기독교　63, 67
원정통 교회　93, 147
원죄　86
유다 이스카리옷(Iudas Iscariot)　20, 105~107, 137, 161, 162, 164, 168, 169, 171, 173~75, 179, 184, 192, 204
유대 왕국　31, 32, 97, 201, 231, 242, 244, 250
유대 제1차 반란　105, 112, 199, 211
유대교　21, 23, 61, 65, 72, 112, 131~33, 140, 169, 185, 200, 201, 203, 207, 208, 211~15, 219, 237, 242, 244, 245, 252~54, 257, 258
유대인의 왕　75, 89, 98, 113, 117, 121
유스티누스(Justinus)　14, 79~81, 127
유월절(逾越節)　52~54, 111, 113, 139
유일신　23, 219~21, 231, 233, 244, 246, 251, 252, 256
유일신 신앙　231, 243, 244, 251, 252, 254, 256, 257
율리아누스(Julianus)　239
율리우스력　48, 49, 155
율법　21, 28, 65, 72, 82, 116, 140, 183, 185, 200, 202~04, 209, 210, 212, 215, 216, 232, 245
은총　58, 73, 77, 78
이그나티우스(Ignatius)　79, 81
이레나이우스(Irenaeus)　44, 45, 55, 56, 175
이방인　22, 36, 40, 51, 62, 71, 72, 148, 207~09, 244, 250, 257
이방인 교회　151, 185
이사악(Isaac)　223, 226, 228, 231
이사야(Isaiah)　244, 251
이스라엘　6, 11, 21, 27, 32, 33, 38, 40~42, 47, 51, 65, 73, 97~99, 107, 120~22, 162, 169, 193, 196, 197, 220, 221, 223, 224, 226~31, 233~37, 240~43, 245, 248, 250, 253, 257
이스라엘 공동체　40
이장림　155, 156
이집트(Egypt)　29, 32~34, 49, 69, 93, 175, 189, 192, 195, 220, 225, 227~29, 234, 251, 253
이집트 피난설　33

이탈리아(Italy) 30, 189
인구 조사 28~33, 35
인노켄티우스 1세(Innocentius I) 189
인도(India) 189, 191

| ㅈ |

자카이, 요하난 벤(Zakkai, Johanan ben) 211
재림 18, 127, 129, 139, 142~44, 149, 150, 155, 182
적그리스도 145, 153
점성술 257
정결례 28, 65, 82, 133, 213, 214
정경(正經) 45, 93, 173, 178, 254
정치적 메시아 94, 126, 174
정화 의식 240, 241
제베대오 20, 99, 101, 105, 161, 164, 166, 167, 170
제우스(Zeus) 36, 238
조로아스터교 6, 36, 48, 132, 247, 248
종교적 메시아 126
종말 16, 18~21, 121~23, 125, 126, 129, 132~35, 138~57, 162, 182, 196, 197, 202, 255
종말 신앙 16, 132
종말론 131, 132, 139, 152, 182, 201
지중해 22, 207, 211
진정한 가족 61, 62

| ㅊ |

차라투스트라(Zarathustra) 36
차코스 코덱스(Codex Tchacos) 175
찰스워스, 제임스(Charlesworth, James) 193
처녀 탄생 설화 35
천국의 도래 135
천년하루설 18
천문학 7
천사 28, 36, 58, 72, 73, 100, 122~27, 135, 136, 143, 171, 208, 221, 252, 255~57
천지창조 19
초대교회 34, 44, 46, 47, 54, 141, 162, 164, 165, 168, 172, 180, 182, 185, 187, 188
초신성(超新星, supernova) 7
최후의 날 122, 123, 125, 126, 136
최후의 만찬 53, 137, 159, 160, 170
최후의 심판 17, 18, 127, 136, 137, 255
출애굽 시대 97

| ㅋ |

카나(Cana) 64, 66, 163
카라바조(Caravaggio) 172
카르타고(Carthage) 153
카이사르, 율리우스(Caesar, Julius) 48, 155, 204
카이사리아(Caesarea) 178
카타콤(Catacomb) 160

카파도키아(Cappadocia) 166
카파르나움(Capharnaum) 167, 168
칼리굴라(Caligula) 103, 134
케파(Cepha) 165, 167, 185
케플러, 요하네스(Kepler, Johannes) 7
켄족 225
코린토 교회 196
콘스탄티노폴리스(Constantinopolis) 85, 190, 191
콘스탄티노폴리스 교회 190, 191
콘첼만, 한스(Conzelmann, Hans) 10, 52
콜럼버스, 크리스토퍼(Columbus, Christopher) 155
콥트어 13, 34, 164
콰드라투스(Quadratus) 131
쿰란 공동체 133, 134
쿰란 문서 132, 133, 253, 254
퀴리니우스(Qurinius) 8, 28, 31, 43
크로산, 존 도미니크(Crossan, John Dominic) 62, 63, 110, 195
크리소스토무스, 요안네스(Chrisostomus, Joannes) 7
크세노파네스(Xenophanes) 251
클라우디우스(Claudius) 45, 55, 103
클레멘스, 로마의(Clemens of Rome) 148, 196
클레멘스, 알렉산드리아의(Clemens of Alexandria) 10, 47, 52, 70, 152
키루스(Cyrus) 250, 251
키프리아누스(Cyprianus) 153, 154
킹, 마틴 루터(King, Martin Luther) 87

| ㅌ |

타대오(Thaddaeus) 20, 105, 162, 164, 168, 176, 192
타르수아나(Tarsuana) 192
타리움(Tarrium) 192
태양신 숭배 48
테르툴리아누스(Tertullianus) 152, 254
테살로니카 교회 141, 144
토마스(Thomas) 20, 105, 161, 162~66, 168, 171~73, 178, 189~91, 195
트라야누스(Trajanus) 196
트라키아(Thracia) 85, 238
티베리우스(Tiberius) 9, 44, 50, 51
티아티라(Thyatira) 157

| ㅍ |

파르티아(Parthia) 166
파피아스(Papias) 46, 70, 103, 164
팔레스타인(Palestine) 13, 41, 97, 112, 113, 147, 252, 257
페르가몬(Pergamon) 157
페르시아(Persia) 6, 132, 192, 245, 247, 251
페르시아제국 246

페인, 토머스(Paine, Thomas) 235
포도주 64~66, 221, 225
포세이돈(Poseidon) 238
폰투스(Pontus) 166
폼페이우스(Pompeius) 31
프랑스(France) 50
플라톤(Platon) 36
플리니우스(Plinius) 132
피느아스(Phinehas) 234
피렌체(Firenze) 58
피타고라스(Pythagoras) 251
필로(Philo) 111
필립보(Philippus) 20, 37, 38, 105, 161, 164~67, 171, 172, 192, 258
필하우어, 필리프(Vielhauer, Philipp) 197

| ㅎ |

하느님을 낳은 여인 85, 86
하데스(Hedes) 238
하드리아누스(Hadrianus) 131
하스몬 왕조 201
하시딤파 200, 201
할례 28, 82, 200, 209
할례당 72
핼러윈 데이 50
헤게시푸스(Hegesippus) 70
헤라(Hera) 238
헤로데(Herod) 8, 22, 30~32, 34, 43, 98, 125, 206, 216
헤로데 아그리파 1세(Herod Agrippa I) 31, 103, 167, 184
헤로데 아그리파 2세(Herod Agrippa II) 31
헤로데 안티파스(Herod Antipas) 31, 52, 54, 91, 92
헬라어 5, 6, 12, 13, 15, 34, 38, 59, 90, 96, 97, 113, 159, 164, 165, 167~69, 258
헬라어 구약성경 35
헬레니즘 39, 252, 256, 258
헬레니즘적 사고방식 257
헹엘, 마르틴(Hengel, Martin) 253
호렙산 → 시나이산
회개운동 201
회심 69
희생 제물 85, 249
히브리어 구약성경 35, 222
히에라폴리스(Hierapolis) 103, 164, 172
히에로니무스(Hieronymus) 74, 192
히폴리투스(Hippolytus) 10, 19, 46, 47, 152~54
히르카누스(Hyrcanus) 201, 202